社会资本匹配与审计行为：
理论框架和影响机理研究

李文颖／著

图书在版编目(CIP)数据

社会资本匹配与审计行为：理论框架和影响机理研究 / 李文颖著. —上海：立信会计出版社，2022.10
（序伦财经文库）
ISBN 978-7-5429-6999-6

Ⅰ.①社… Ⅱ.①李… Ⅲ.①社会资本—审计—研究 Ⅳ.①F014.391②F239.6

中国版本图书馆 CIP 数据核字（2022）第 197427 号

责任编辑　张巧玲
助理编辑　汪玉玲　倪丹燕

社会资本匹配与审计行为：理论框架和影响机理研究
SHEHUI ZIBEN PIPEI YU SHENJI XINGWEI LILUN KUANGJIA HE YINGXIANG JILI YANJIU

出版发行	立信会计出版社			
地　　址	上海市中山西路 2230 号	邮政编码	200235	
电　　话	(021)64411389	传　　真	(021)64411325	
网　　址	www.lixinaph.com	电子邮箱	lixinaph2019@126.com	
网上书店	http://lixin.jd.com		http://lxkjcbs.tmall.com	
经　　销	各地新华书店			
印　　刷	江苏凤凰数码印务有限公司			
开　　本	710 毫米×1000 毫米	1/16		
印　　张	11.25			
字　　数	227 千字			
版　　次	2022 年 10 月第 1 版			
印　　次	2022 年 10 月 第 1 次			
书　　号	ISBN 978-7-5429-6999-6/F			
定　　价	59.00 元			

如有印订差错，请与本社联系调换

前　言

　　社会资本是指在人际互动过程中产生的相互信任、互动规范和社会关系网络。转轨时期的弱法制环境下,我国强关系的人情社会特征更为鲜明,社会资本的要素——"关系"成为学者开展组织研究、理解中国商业活动的重要维度。不同构面和类别的社会资本是除市场和组织力量外的第三种资源配置力量,对宏观经济增长、组织的生存发展、交易合作、战略决策和技术创新等经济行为均有强大的解释力度,审计行为也不例外地受社会资本力量的支配。

　　当前我国新兴资本市场频现公司财务舞弊、审计失败事件,其背后均有异化的审计关系,镶嵌在关系网络中的审计师独立性的丧失,损害了审计质量。根植于"关系"的中国社会情境,如何在防止触发社会资本人情机制前提下,充分发挥其资源配置功能?

　　审计领域的研究当前更多侧重非社会资本的互动研究,仅有部分社会资本研究关注到事务所与客户的某一种社会关联或单维社会关联对审计行为的影响,缺少从整体上对双方社会资本的匹配及审计效应的剖析,并缺少对如下问题的系统性回答:如何将社会资本嵌入当前审计理论研究框架?事务所与客户进行各构面社会资本互动时发挥的功能有哪些?各功能对审计行为的影响路径是什么?本书旨在回答这些问题。

　　本书研究内容如下。

　　(1) 本书系统梳理社会资本的理论发展进程,通过引用社会认同论、制度环境论、资源依赖论,将各构面社会资本依次嵌入审计理论框架中。

　　(2) 借鉴学者对企业社会资本的研究模式,分别剖析事务所与客户不同构面社会资本互动时所发挥的功能,即依据事务所和客户有无社会关联,区分出认知面、关系面、结构面在社会资本互动时所发挥的两大类功能。

　　(3) 本书逐个论证各功能对审计行为的具体作用路径。

　　本书研究结论如下。

　　本书运用2006年至2011年审计师籍贯和审计调整独特数据,手工整理、识别出审计师乡土经历、教育经历和工作经历阶段与客户可能发生的各类社会关联,并设计无社会关联时审计双方社会资本的测量方法,然后逐个检验社会资本互动时各功能类别以及功能对审计行为的作用机理。本书研究发现:

(1) 事务所与客户在认知、关系和结构三层面社会资本互动时发挥的功能各异。有社会关联时,事务所与客户进行认知面和关系面社会资本的互动,发挥身份型和规范型两类认同与协调功能;无社会关联时,事务所与客户进行结构面社会资本的互动,发挥相对资源权力功能。

(2) 审计双方不同类型的社会关联对审计行为的影响机制不同。乡土关联对审计质量起主导作用的影响机制是基于身份型、规范型认同与协调功能的信息机制,提升审计质量。在工作关联中,与客户高管为同事的关联发挥基于身份型认同与协调功能的信息机制,由当地事务所审计、曾审计过该客户以及较长的事务所任期形成的双方工作关联可发挥基于规范型认同与协调功能的信息机制,有助于审计质量的提升。而教育经历中形成的校友关联则发挥身份型认同与协调功能,但因利益导向性强,触发人情交换机制,对审计质量会产生负面影响。进一步考察社会资本认同与协调功能的信息机制影响因子,研究发现,随着审计师工作同事中的同乡人数或曾审计过该客户的同事人数增多,以及注册会计师执业年限加长或宏观经济环境变好、市场中介服务完善度较好,身份型、规范型认同与协调功能的信息机制作用的发挥将更为显著;同时,基于身份型认同与协调功能的信息机制较弱时,基于规范型认同与协调功能的信息机制可有效补充信息优势,显著提升审计质量。

(3) 无社会关联时,事务所相对客户社会资本的相对资源权力越大,审计质量越高。审计师与高管团队中各成员展开审计沟通交流时,事务所的政治和商业型社会资本均起到了显著保障审计质量的作用;而客户的政治社会资本与审计质量负相关,商业社会资本作用并不明显。另外,高管团队中,CEO、CFO以及不兼任CEO的董事长的政治社会资本对审计质量均有负面影响,且 CEO、CFO 政治社会资本较大时,容易产生权力寻租、加剧代理问题,会降低审计质量。

本书研究贡献在于:

(1) 本书揭示了审计双方社会资本互动机理及对审计行为的影响机理,包括新理论框架解读、功能界定以及各功能的具体作用路径,形成了"社会资本来源、属性与内涵——社会资本互动发挥的不同功能——各功能对审计行为影响机制的差异"闭合链研究的分析范式,为后续审计领域社会资本进一步研究提供了科学清晰的逻辑推演思路。

(2) 本书研究成果有助于理解社会资本各构面对审计行为的影响路径和经济效应导向,可有效指导审计供求双方的匹配、提高审计市场效率。对事务所的审计业务人员派遣、审计市场双方资本匹配政策的完善,以及客户平衡商业社会资本和政治社会资本的经济效用均有现实启示意义。

本书为国家自然科学基金项目"会计师事务所风险识别、传导及溢出效应研究——基于机器学习分析(NSFC-72102146)"以及"会计师事务所分所与集团子公司社会资本匹配度及影响机理:审计行为和公司治理效应(NSFC-71672009)"2019年上海高校青年教师培养资助计划阶段性成果,适用于审计领域实务工作者和理论研究者阅读。

李文颖

2022年10月

目　　录

第一章　绪　　论 … 1
第一节　研究背景与问题提出 … 1
　　一、现实背景 … 1
　　二、理论背景 … 3
　　三、问题提出 … 4
第二节　概念界定 … 5
　　一、经济资本、人力与结构资本、社会资本 … 5
　　二、社会资本匹配（互动） … 7
　　三、审计行为 … 7
第三节　研究目的与意义 … 7
　　一、研究目的 … 7
　　二、研究意义 … 8
第四节　研究内容、框架与方法 … 9
　　一、研究内容和框架 … 9
　　二、研究方法 … 11
第五节　研究创新 … 11

第二章　文献回顾与理论基础 … 13
第一节　社会资本理论发展进程 … 13
　　一、兴起阶段：网络镶嵌理论 … 13
　　二、发展阶段：结构资源论与结构洞论 … 15
　　三、完善阶段：信任概念 … 16
　　四、小结 … 17
第二节　企业社会资本研究现状 … 18
　　一、不同构面社会资本的计量研究 … 18

二、社会资本的生成、维护机制与效用研究 ·················· 21
三、企业社会资本的子网络研究 ························· 23
四、文献述评 ···································· 25
第三节 审计行为及其社会资本研究现状 ···················· 26
一、审计行为研究现状 ······························ 26
二、审计领域社会资本研究 ··························· 30
三、文献述评 ···································· 32
第四节 与社会资本匹配相关的理论基础 ···················· 33
一、社会认同论 ·································· 34
二、规范观——制度环境理论 ························· 34
三、资源观——资源基础/依赖理论 ······················ 35
第五节 本章小结 ···································· 36

第三章 我国审计市场资本匹配现状 ··························· 38
第一节 事务所与客户资本匹配的制度背景 ···················· 38
第二节 事务所与客户资本匹配的现状分析 ···················· 40
一、研究设计 ···································· 43
二、描述性统计 ·································· 48
三、回归分析 ···································· 51
第三节 本章小结 ···································· 58

第四章 嵌入社会资本的审计研究理论框架 ······················ 59
第一节 理论框架概述 ································ 59
第二节 社会资本互动：认同与协调功能的机理分析 ·············· 63
一、特殊信任中介：身份型认同与关系型协调功能 ············ 64
二、一般信任中介：规范型认同与协调功能 ················ 65
三、认同与协调功能的审计效应导向分析 ·················· 66
第三节 社会资本互动：相对资源权力功能的机理分析 ············ 67
一、结构面社会资本的理论基础 ························ 67
二、结构面社会资本匹配：相对资源权力功能 ··············· 68
第四节 社会资本互动的各功能逻辑关系 ···················· 71
第五节 本章小结 ···································· 73

目 录

第五章 社会资本认同与协调功能的审计效应研究 …………………… 75
第一节 理论推导与研究假设 ………………………………………… 75
一、教育与工作经历阶段认同与协调功能的作用机理 ………… 75
二、乡土经历阶段认同与协调功能的作用机理 ………………… 77
第二节 研究设计 ……………………………………………………… 79
一、认同与协调功能测度方法 …………………………………… 79
二、模型设计 ……………………………………………………… 81
三、样本筛选与数据来源 ………………………………………… 84
第三节 实证分析 ……………………………………………………… 84
一、描述性统计 …………………………………………………… 84
二、回归结果分析 ………………………………………………… 88
第四节 扩展性研究 …………………………………………………… 91
一、认同与协调功能对审计行为影响路径的细分检验 ………… 92
二、认同与协调功能的作用机制影响因子探析 ………………… 96
第五节 稳健性检验 …………………………………………………… 103
一、主观偏好的干扰性检验 ……………………………………… 103
二、内生性检验 …………………………………………………… 106
三、样本群测试 …………………………………………………… 109
四、衡量方法测试 ………………………………………………… 113
第六节 本章小结 ……………………………………………………… 114

第六章 社会资本相对资源权力功能的审计效应研究 ………………… 116
第一节 理论推导与研究假设 ………………………………………… 116
第二节 研究设计 ……………………………………………………… 119
一、事务所(总所)社会资本权力计量方法 ……………………… 119
二、客户社会资本权力计量方法 ………………………………… 122
三、模型设计 ……………………………………………………… 123
四、样本与数据来源 ……………………………………………… 124
第三节 实证分析 ……………………………………………………… 124
一、描述性统计 …………………………………………………… 124
二、回归结果分析 ………………………………………………… 126
第四节 扩展性研究 …………………………………………………… 128

一、政治社会资本和商业社会资本细分研究 …………… 128
     二、其他类型社会资本细分研究 …………………………… 132
  第五节 稳健性检验 …………………………………………… 139
  第六节 本章小结 ……………………………………………… 141

第七章 结论、启示与展望 ………………………………………… 143
  第一节 研究结论 ……………………………………………… 143
  第二节 现实启示 ……………………………………………… 144
  第三节 研究展望 ……………………………………………… 146

参考文献 …………………………………………………………… 148

附录 A 审计职业声誉的有效性问题重点文献统计 …………… 164
附录 B 审计双方社会资本的互动功能与影响机理 …………… 167

第一章　绪　　论

第一节　研究背景与问题提出

一、现实背景

概括地说,除了人力、物力、财力(物力和财力,又可统称为经济资本;人力与各类内部制度,又称人力资本),组织中还有一种重要的资源——社会资本。社会资本是在人际交往过程中产生的社会关系网络,表现为群体内外部建立的多层次社会关联[1][2]。从组织内部来看[3],内部社会资本包含企业的各业务部门如生产研发部、市场部、财务等部门间的相互关系;从组织外部来看,外部社会资本按照企业与政府、金融机构、研发机构或产业链上下游其他企业的关系分为政府型社会关联、金融型社会关联、技术型社会关联、市场型社会关联等。内部社会资本有助于提升集体行动力,外部社会关联形成的关系网络可用来刻画组织从外界可调动的资源总量,这可以看出社会资本在组织内个体与个体间、外部组织间的信任合作、资源配置上均会起到重要作用。

讨论社会资本有着非常独特的中国情境。西方团体社会格局以工具性关系为特征,相比社会资本,人力与结构资本发挥着更加重要的作用。与之不同的是,我国社会具有典型的差序格局特征[4],即根据关系亲疏远近形成层层的自我中心社会网络,各层面适用不同的互动规范。在关系导向型的"人情"社会[5][6]中,社会资本起到约束和规范(包括审计行为在内)中国经济管理行为的作用。自费孝通1948年提出该特征至今,中国社会仍保持着这种基本形态(差序格局),这意味着处于不同次序关系的行为人之间的互动规则具有差异性。自20世纪90年代起,社会关联在经济行为中的烙印有大量生动写照,"关系"(guanxi)已成为国际学界和商界深入理解中国式商业管理和经济交易行为的重要维度。

一方面,差序格局下,相似行为规范、准则和文化下的人更易进行交易和合作。血缘、地缘、人缘呈现多类型的关系网络,因身份或规范的相同带来信任,因信任而带来影响力[7],从而触发和改变其他决策者的经济行为,组织或个人声誉和社会影响力便逐渐建立和积累。积累的社会资本可以成为经济资本的重要"养料",可与经济资本相互转化,这样组织不断从社会资本中获取信息资源等,增强自身经济竞争力。如同乡关系在国民企业家中作用非常突出,后来现代企业家因地域形成不同的经商团体和文化,如晋商、徽商和"浙江帮""浙大帮""复旦帮"①等。我们也经常可以看到同一细分产业的网络背后有大量社会关系的支撑,产业的网络形态取决于社会关系的形态,也随着社会关系网络形态的变化发生产业变迁。如快递物流巨头背后因血缘关系相互扶持做大做强,最后形成相互竞争的良好市场态势。即便是小小的全国打印机店网络、莆田系鞋业网络和医院网络②等产业背后均是社会关系网络在起到资源配置的作用。

另一方面,我国社会主义市场经济体制改革40多年,仍有政府规制时期国家产业战略、经济计划分步走的烙印和特征,产业集群不是自发形成的,大多数是在政府指导下开展的,如浙江模式、广东模式③等,但强大的"有形之手"也给"权力寻租"带来了便利。

可以说,一方面,作为社会成员的经济主体行为无不镶嵌在多重紧密的社会关系网络之中。社会资本成为理解中国经济发展和企业成长驱动力的重要观察维度,但另一方面这种关系网络又会导致人情交换和寻租之殇。无独有偶,作为市场中介组织的会计师事务所,形成的审计市场也存在明显的地域特征,审计产业的经济业态也不例外,不可避免会打上社会环境的烙印。

我国上市公司普遍存在不更换事务所、审计费用黏性的现象[8],这表明审计供需双方的社会关系和经济关系是较为稳定的,为加强双方社会关联提供了天然温床。资本市场发展30多年来,审计失败案件层出不穷。财务造假事件发生后,外界先观察到的是财务虚构和审计师独立性受损,经过一段时间的发酵和挖掘,其背后深层次的原因逐渐浮现,经媒体披露后发现,其中均有某种社会关系或资本发挥关键作用。从早年的银鸽投资(1998)、绿大地(2011)、万福生科事件(2013)到方正

---

① 详见网址 https://zj.zjol.com.cn/news/846244.html, http://ent.zjol.com.cn/jyck/201705/t20170525_4043133.shtml 和 http://www.xinhuanet.com/fortune/2015-12/14/c_128527066.htm。

② 全国打印店背后的关系网络解读详见腾讯新闻 http://hn.qq.com/a/20150715/020267.htm,网易财经 http://news.163.com/15/0505/03/AOQS4AIG00014Q4P.html,凤凰新闻 http://v.ifeng.com/video/7910697.shtml 和 http://news.wugu.com.cn/article/1036141.html。关于四大快递巨头的家族相关详见搜狐财经报道 http://www.sohu.com/a/208397989_99952273 和 http://app.myzaker.com/news/article.php?pk=593e4e9b1bc8e03405000010。福建莆田鞋业和医院网络相关报道详见 http://event.sj998.com/caizhidao/491402-2.shtml, http://www.sohu.com/a/73186246_349357 和 http://news.sohu.com/20160625/n456225713.shtml。

③ 详见 http://zjnews.zjol.com.cn/zjnews/zjxw/201709/t20170927_5222364.shtml, http://www.fx361.com/page/2018/0207/2855573.shtml 和 https://baike.baidu.com/item/%E9%B9%BF%E4%B8%9C%E6%A8%A1%E5%BC%8F/5495706?fr=aladdin。

科技(2014)①、证监会发审委委员被调查与财务造假有关②等一系列非预期财务案件均显现出因商业和社会活动形成的社会关系资本对审计经济活动的重大影响。直接寻租式的审计意见购买、收买审计师沉默、承诺购买非审计服务或未来任职或者被审计方以解雇或更换审计方威胁等损害审计质量的行为模式具有隐蔽性和惯性,长期以来难以为外方所发现或予以重视。不少学者批判这种凌驾于正式规则上的人情交换,并发现其破坏了正常经济秩序。

但审计领域的学术研究对该现实的解读不足,仅从审计双方单维的社会关系中捕捉可能的审计质量损害机制,无法从整体上把握社会资本的形式、功能和作用路径。审计理论研究亟须从社会资本的源头出发,追本溯源,系统性厘清与社会资本相关的几个问题:人情交换的触发场景、非正式社会规范的正向影响途径,以及社会关系网络的资源大小等。社会资本的讨论在弱法制监管环境③下的关系型社会显得尤为必要。

二、理论背景

当前对社会资本的研究主要集中于对被审计方——企业这一商业组织进行探讨,并聚焦于三个领域的研究:如何计量、生成和维护社会资本,不同类别社会资本对经济行为的影响机理研究,以及社会关系子网络的经济价值等。但其中鲜有系统性探讨社会资本对审计经济行为的影响机理。

《审计理论结构》一书的出版开启了审计领域规范式研究先河,使审计学科从重视实务和技术的经验学科转变为系统性学科研究,一系列如审计本质、目标、假设、原则和准则等概念体系得以建立。自20世纪80年代以来,规范式研究的传统审计学得益于过去几十年新古典经济学理论的进步,借鉴信息经济学、委托代理理论和保险经济理论发展成为现代审计理论,现代审计理论主要从代理需求、信号传递需求和保险价值等不同侧面综合解释了独立审计制度的产生与发展规

---

① 银鸽投资与1998、1999年度审计方河南亚太会计师事务所存在私人关系,发生财务造假,详见http://www.liuyangshi.cn/liuyangxinwen/zt/48671.html。绿大地(2011)和万福生科事件(2013)后,大部分客户跟随审计团队分流,审计关系不变,详见http://finance.ifeng.com/stock/special/wfskzj/20130520/8050719.shtml,以及http://www.ccstock.cn/stock/gupiaoyaowen/2013-05-16/A1182284.html,http://money.163.com/13/0311/08/8PM2KIH100252EEK.html。2014年媒体披露方正科技经与上海上会事务所曾连续沟通交流,以新业务和长期聘任承诺最终改变其披露立场,以隐匿巨额表外资金,详见http://www.foods1.com/news/2617444。

② 本次被调查的三位委员包括立信会计师事务所(特殊普通合伙)合伙人谢忠平、北京天圆全会计师事务所董事孙小波,还包括大华会计师事务所董事、执行合伙人韩建旻,他们涉乐视网IPO。详见http://tech.qq.com/a/20171031/019549.htm。

③ 目前我国审计市场整体呈现出主体客户——上市公司财务报告监管弱、注册会计师的诉讼风险偏低的基本情况。

律[9][10][11]，其从诞生起就打上了古典经济学的烙印，即遵从理性经济人假说，它强调理性人在有限的经济资源约束下做出利益最大化决策。

如果从社会科学的发展进程看，经济学和社会学从对立走向了交融，经济学家们吸收借鉴社会学理论，不断冲破理性经济人假说这一限制，拓展到有限理性、非理性经济人假设下的经济行为探讨，产生了著名的以交易成本为核心的制度经济学，以及系统研究人非理性经济决策的行为经济学。管理学也在此背景下发展出现代管理理论，而同时依托组织管理理论和经济理论的审计学研究，逐步从经验统计走向实证科学。未来审计领域的研究同样会遵循社会科学理论发展规律，借鉴社会学理论，平衡经济人和社会人的双重属性探讨。

但当前审计理论研究与现实的迫切需求存在一定程度的脱节，学者多从客户的规模、资本结构等实体资本[12]或公司结构资本（如公司治理、代理问题等[13][14]方面探讨审计行为，包括对审计方规模等实体资本或人力资本的选择等，此低度社会化（under-socializied approach[15]）的假设忽视了行为人的社会人属性，以及双方社会资本及社会资本匹配情况在审计过程中的效用。

在实际工作中，每个审计人员不可避免地处于由亲属、朋友、同事和同乡等关系构成的复杂社会网络中；事务所作为市场中介有其所依赖的关系网络，以加强信息流通，减少信息孤岛现象，盘活局部市场；企业同样密织着社会网络以谋求生存和发展。若忽视这些社会情境，仅使用现有纯理性经济人假说下的审计理论框架，易导致对审计质量、定价、事务所聘任效果等审计行为的预估偏差和筛查遗漏。事实上，社会关联组成的社会关系网络已经成为介于市场与组织的第三类资源配置方式[16]。那么，审计的双方资本互动模式会如何？互动过程中又通过哪些作用路径影响到审计资源配置？如何发挥第三类资源配置力量——社会资本来优化审计行为，已成为目前国际审计领域研究的前沿和重大命题。

三、问题提出

根据研究主题，本书主要研究问题如下：

（1）依据社会资本内涵，如何将社会资本嵌入当前审计理论研究框架中，进而形成新的理论框架？

（2）社会资本拥有十分丰富的层次，不同层面的社会资本互动时发挥哪些功能？

（3）在不同功能分类下，事务所与客户社会资本对审计行为的影响逻辑是什么？同一功能下，再进一步细分社会资本类别，哪些类别的社会资本对该功能的审计效应起到关键性作用？

第二节 概 念 界 定

一、经济资本、人力与结构资本、社会资本

"资本"一词来自经济学理论,其初始是指能产生新的价值的物质统称。经济学家们开发的经济增长模型早期仅包括土地、货币等物质资本。20世纪60年代,学者们开始注意到人力资源的经济价值,故在原有经济生产函数中加入劳动这一人力资本,这将资本的内涵从实体性物质范畴拓展到更为抽象和广义的领域,增强了经济增长之谜的现实解释力度。之后,受法国社会学家布迪厄[17]社会资本界定的启发,即社会资本是个人或团体社会连带的总和,经济学家劳里[18]于同年将社会资本引入经济解释中,他认为同土地、人力等组织资本一样,社会资本是一个组织重要的生产要素,能为企业带来经济增值。随着经济社会学科的不断成熟与发展,经济学者越来越关注社会资本在组织中的经济行为,如组织内部与外部的信任与合作行为、组织良好规范的形成、组织资源的获取与拓展等行为中发挥的重要作用。已有研究系统总结了各类资本的属性与特征差异,并建立了不同的划分标准,如Coleman[19]将资本划分为经济资本、文化资本、社会资本,此时并未将规范等纳入;Alder和Kwon[3]将资本划分为物质资本、财务资本、人力资本以及社会资本四种;Burt(1992)则将资本划分为财务资本、人力资本与社会资本,将物质资本划入广义概念上的财务资本中。总体上来说,依据本书研究对象资本可划为非社会资本与社会资本,非社会资本根据抽象与否进一步可划分为实体属性的经济资本(界定组织的物质资源)以及抽象属性的人力与结构资本(界定组织的人力资源与规章制度)。三类资本的具体内涵如下。

(一)经济资本

经济资本,又称物质资本,为企业可变现的全部财务性资产,如厂房、土地、原材料、机器设备等实务资产、经营情况等,充当其他资本的经济载体与物质基础。

(二)人力与结构资本

一个团队或组织显性或隐性的知识及认知能力的集合[20]统称为人力与结构资本,包括组织成员整体的知识与能力等人力资本,公司治理结构、正式规章制度等结构资本。

(三)社会资本①

除了经济资本、人力与结构资本,组织还有第三类不同属性的资本——社会资

---

① 这里仅介绍社会资本的基本含义,详细的社会资本理论发展进程请见后文第二章第一节。

本,它是在人际交往中产生的一种资本[1][2]。

根据社会资本的表现形式[21],社会资本可划分为认知面、关系面和结构面三个层面的社会资本,认知面社会资本用来描述心理层面的人与人之间的愿景认同与信任程度,关系面社会资本着重概括人与人的社会关联(系)情况,而结构面社会资本用来刻画组织整体的社会关联组成的网络结构,组织从外部的这一社会(关系)网络可调用或获取社会资源。其中,社会网络是多种社会关联(系)的结构面表达。根据可调用的社会资源属性,结构面社会资本可进一步细分为政治社会资本(简称政治资本)、商业社会资本和其他社会资本。

(四) 三类资本的关系

三类资本有相似属性,也有一定的差异性,相互间亦可以互相转化。例如,三类资本均为生产性资源,可帮助企业生成新的价值。而它们之间的差异在于,社会资本产生于人际交往,具有其他组织资本不具备的关系属性,具有情感性功能;同时,两两互动过程中形成的社会资本,天然具有一定强度的排他性,可替代性弱,不像人力资本那样流动性强,而且社会关系的维护成本较高。在转换方面,经济资本和人力与结构资本可轻易转化为社会资本,社会资本也可转化为非社会资本,如Coleman[22]首次分析了社会资本对人力资本的促进作用,认为社会资本为人力资本的新生、传递和获取提供积极性的社会条件,只是社会资本的转化率较低,具有路径依赖特征。多样性的社会关联可拓宽组织从外部环境中获取商品、服务、人才、资金、信息等关键竞争要素的条件和机会,帮助不同资源进行交换和结合,进而生成新的经济、人力与结构等非社会资本[21][23],实现单靠物质、人力与结构资本无法达到的目的,以提高组织效率。现实商业活动的价值(或称新的资本)产生于资本间的连接与协同[24],而审计活动的价值创造过程就是这三类资本间连接与协同的过程。审计活动的资本分类与互动如图1-1所示。

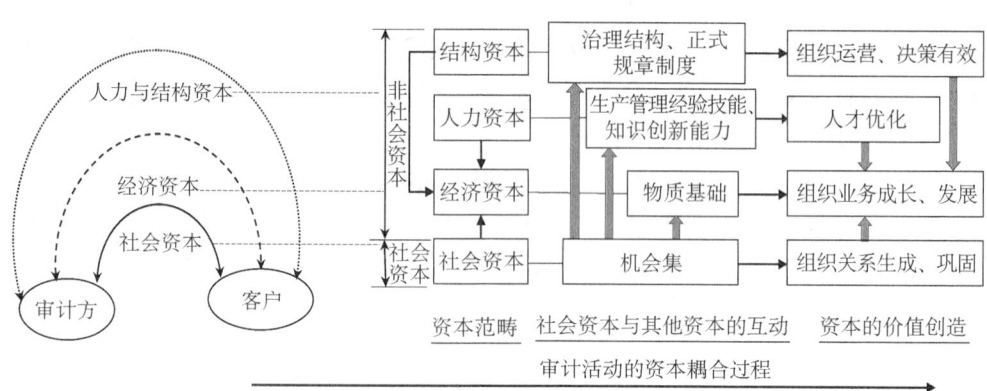

图1-1 审计活动的资本分类与互动

二、社会资本匹配(互动)

资本"匹配"意为事务所与客户两个主体间的资本相对状态,本书的资本互动意即资本匹配。社会资本匹配即旨在对两个主体间的社会资本相对情况进行考察。由于社会资本蕴含认知、关系和结构三个层面的内涵,既包括关系面的社会关联(系),又包含结构面的由社会关联形成的关系网络,故事务所与客户两个主体之间社会资本匹配时会产生两种情况:

(1)当审计双方有社会关联时,两者的关系网络进行互联,考察双方的社会资本匹配情况,即观察两者所有可能的社会关联,为审计双方认知和关系面的社会资本互动。

(2)当审计双方无社会关联时,双方社会资本匹配情况则是观察两个不连接的关系网络匹配大小,为审计双方结构面的社会资本互动。不同层面的互动所发挥的功能也不尽相同。

三、审计行为

审计行为是审计主体实施审计时所采取的一系列活动,产生于审计委托人、被审计人和审计人这种三方关系的互动之中,故审计行为包含会计师事务所的审计行为以及事务所与客户的互动行为,包括如审计轮换、审计定价、审计过程、审计意见、审计质量等一系列审计业务的经济活动[25]。

因此,本书讨论的资本匹配对审计行为的影响机理可综合表述为资本匹配的审计效应。社会资本匹配对审计行为的影响机理分析包括双方社会资本匹配(互动)的功能分析以及各功能对审计行为的作用途径分析两个层面。

同时,由于一系列财务报告审计活动最终反映在工作底稿和审计报告中,底稿中的审计总调整数据即审计行为的综合产出,因此它可作为真实审计质量的代理变量,本书将从审计调整情况来综合观察审计行为。

第三节 研究目的与意义

一、研究目的

围绕本书所要研究的主题——"社会资本匹配与审计行为:理论框架和影响机理",本书的研究共分为三大模块:第一模块,构建嵌入社会资本的审计研究理论框架。第二模块,对不同层面的社会资本互动进行功能分类,不同层面的社会资本互动时发挥的功能也会有所区别。第三模块,考察不同功能类别下社会资本匹配对审计行为的影响机理。

其中,第二模块中功能的分类讨论和第三模块中不同功能对审计行为的影响机理是相关、递进的。功能注重挖掘社会资本内涵,梳理事务所与客户社会资本互动时可能发挥的功能,为社会资本匹配对审计活动作用链条的前端环节;而社会资本匹配对审计行为的影响机理则注重描述各功能的具体作用过程,刻画的是作用链条的后端环节。全书章节编排围绕此三大模块依次展开。

二、研究意义

(一) 理论意义

本书构建了嵌入社会资本的审计理论框架,并分析了社会资本匹配对审计行为的影响机理,对审计领域社会资本研究有一定理论的启示意义。

(1) 拓宽了社会资本理论的应用研究。本书首次尝试将社会资本匹配引入现有审计理论范式,通过系统探讨审计双方社会资本匹配的基本假设、理论根基、互动功能、主要内容和具体发挥过程,形成了一个完整的嵌入社会资本的新审计理论框架分析范式,即"社会资本来源、属性与内涵——社会资本互动发挥的不同功能——各功能对审计行为影响机制的差异",使审计领域的社会资本研究框架化、系统化。

(2) 剖析了审计双方社会资本互动的影响机制,丰富了审计理论研究。本书从社会资本具有认知、关系、结构三层构面的内涵出发,引入社会学理论如社会认同论、网络镶嵌理论、网络结构洞论和结构资源论,以及组织资源理论和制度理论,识别出审计双方在社会资本互动时所发挥的不同功能,并回答了各功能对审计行为的具体影响路径,从而系统性揭示了审计双方社会资本的匹配情况在审计决策过程中的作用,有助于理解审计决策过程"黑箱",丰富了现有的审计理论研究。

(二) 现实意义

在关系型经济和弱法制环境下,审计具有人力资本服务型和审计过程天然隐蔽性的职业特点,人际网络和社会关联在审计过程的每个环节以及审计产出中发挥着不可或缺的作用。本书剖析审计双方的社会资本匹配情况如何影响审计行为,有如下现实意义:

(1) 有助于投资者理解和预测不同类别的社会资本匹配情况将导致的经济后果,可及时防范和规避投资风险。

(2) 厘清并实证验证了社会资本匹配对审计行为的影响机理,有利于突破现有局限于事务所与客户物质资本匹配的政策模式,为未来将社会资本匹配纳入审计市场监管政策、优化审计市场资源配置效率提供理论和经验证据支撑。

(3) 本书关于事务所社会资本不同类别对审计质量的影响结论,以及事务所与客户的不同社会关联对审计行为的异质性影响结论,可为会计师事务所控制审计业务质量、优化业务人员配置等提供决策参考。

总之,本书通过系统梳理审计活动中双方社会资本及匹配情况的理论根基和互动功能,厘清社会资本各功能对审计行为的影响机理,对有效匹配审计供求双方、改善市场监管、提高审计市场效率有重要现实意义。

第四节 研究内容、框架与方法

一、研究内容和框架

围绕研究问题,本书依据逻辑链条"社会资本来源、属性与内涵——社会资本互动发挥的不同功能——各功能对审计行为影响机制的差异"系统性展开研究。相应研究框架如图1-2所示,对应各章节研究内容如下。

第一部分:审计行为与社会资本文献回顾与理论基础,对应第二章。依据研究目的,本书先逐一回顾社会资本内涵发展进程、客户社会资本研究现状、审计行为与社会资本的研究现状三类文献,并分别评述;然后交代剖析审计双方社会资本互动时所需的理论基础。其中,梳理社会资本内涵有助于理解后文将社会资本嵌入现有审计理论框架的理论依据,以及对事务所与客户社会资本互动功能的界定,而阐述当前客户的社会资本研究情况则可用来启发审计双方社会资本不同互动功能下对审计行为影响机理的思路。

第二部分:我国审计市场资本匹配现状的讨论,对应第三章。梳理审计市场当前的资本匹配政策,并设计模型检验当前政策指导下审计市场资本匹配的有效性。依据检验结果回答我国审计市场资本匹配是否有效、社会资本研究何以必要的问题。

第三部分:社会资本嵌入审计研究框架及双方社会资本互动的功能剖析,对应第四章。该部分先回答了"在现有审计理论框架中如何将社会资本嵌入审计研究"的问题,即交代了嵌入社会资本的审计研究所依据的社会学和组织学理论,这是全文逻辑推导的理论来源,为该部分划分有无社会关联来研究社会资本互动提供理论依据。然后该部分进一步讨论了双方社会资本互动时可能发挥的多重功能,回答"事务所与客户社会资本互动时发挥了什么功能"的问题。从社会资本多层面的内涵出发,依据事务所与客户有无社会关联将社会资本互动严格界定为两大类功能:认同与协调功能、相对资源权力功能。该部分内容为第四部分逐一考察社会资本两大类功能对审计行为的影响机理提供理论基础。

第四部分:审计双方社会资本互动时各功能对审计行为影响机理研究,对应第五章、第六章。该部分在前文社会资本互动的功能分类基础上,吸收现有审计行为

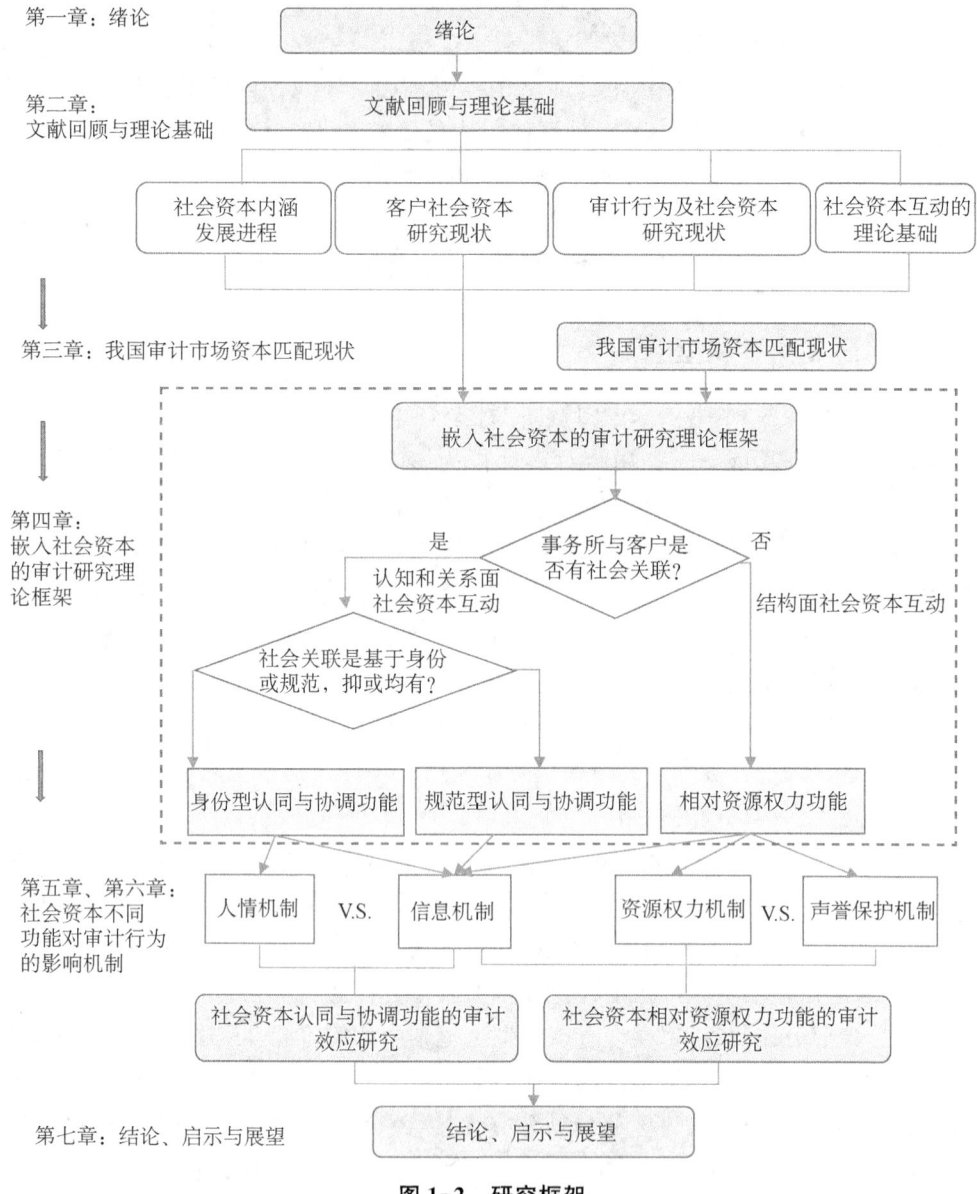

图1-2 研究框架

研究的理论观点,剖析总结新框架下,事务所与客户存在社会关联时认同与协调功能的作用路径以及无社会关联时相对资源权力功能的作用路径,回答"社会资本互动功能对审计行为的影响机制是什么""哪些类型的社会资本在对审计行为产生显著影响"的问题。

第五部分:结论、启示与研究展望,对应第七章。

二、研究方法

根据研究内容,本书所用的技术方法与图 1-2 研究框架一一对应。技术路线如图 1-3 所示,主要是规范分析法和实证分析法相结合的方法。本书先运用规范分析法界定审计双方社会资本互动时产生的不同功能,识别出两大类互动功能:认同与协调功能和相对资源权力功能,然后依据研究对象两类功能分别选择实证分析法、博弈分析法和实证分析综合法,考察各功能对审计行为的影响机理。

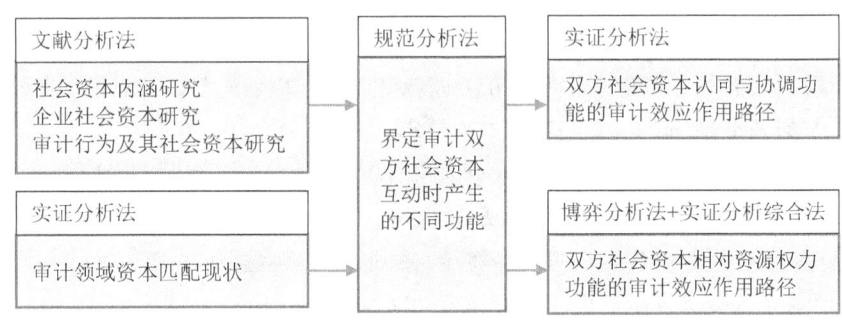

图 1-3 技术路线

第五节 研究创新

(一)尝试构建审计领域社会资本匹配研究的理论框架和分析模式

从理性经济人拓展到经济社会人假说,本书首次尝试将社会资本嵌入审计理论研究框架并创建了社会资本匹配审计效应的分析范式。具体地,本书运用社会认同论、网络镶嵌论和结构资源论等相关理论和信任概念,从社会资本属性特征和基本要素着手,区分出社会资本互动时的双重功能,并进一步探究各功能对审计行为的具体影响途径,形成了完整的"社会资本来源、属性与内涵——社会资本互动发挥的不同功能——各功能对审计行为影响机制的差异"闭合链研究,为后期审计领域学者拓展事务所社会资本、企业社会资本、事务所或客户的子社会网络等分领域研究提供了科学、清晰的理论分析范式。

(二)系统性剖析和辨别社会资本对审计行为的多重影响机理

以往的研究仅关注单个社会关联层面的审计效应,本书首次系统性剖析了审计双方社会资本匹配情况对审计行为可能发挥的功能及影响途径。具体地,基于社会资本内涵的不同构面,本书区分了有社会关联和无社会关联的社会资本功能及影响途径,推演出认同与协调功能、相对资源权力功能及其对审计行为的影响机理，深化了社会资本在审计领域功效的理论研究。

(三) 改善和补充审计领域社会资本的计量方法和实证证据

第一，运用独特的审计师籍贯数据，本书通过实验设计和稳健检验，系统性逐一验证审计师社会经历各阶段(出生和成长、教育、工作阶段)形成的社会资本对审计行为不同的影响机理，补充了现有研究集中于教育和工作阶段审计行为研究的经验证据。

第二，已有研究以审计调整后的客户质量间接替代审计质量，混淆了客户本身质量和审计质量；本书则利用独特的审计调整数据创新性剥离开审计质量和客户质量，检验了我国审计市场当下资本匹配现状的有效性和问题来源，凸显社会资本探讨的现实必要性。同时，以往研究限于缺乏数据仅从审计费用或审计意见等角度单方面刻画审计行为；由于审计调整是审计行为的综合产出，较之以往研究，运用审计调整数据可以从整体上直接把握审计行为，本书首次提供了双方社会资本互动时不同功能对审计行为的综合影响证据。

第三，已有研究关注事务所与客户的单维社会关联或客户某一类社会资本对审计行为的影响，本书则既系统性捕获了事务所与客户的社会关联(囊括行为人生命历程中的乡土、教育以及工作关联)，又首次设计了事务所和客户无关系层面的社会关联时社会资本的计量方法，并实证检验了当审计双方无社会关联时，社会资本相对值大小对审计行为的影响情况，完善了审计领域的社会资本实证证据。

第二章 文献回顾与理论基础

本书研究主题为事务所与客户的社会资本匹配对审计行为的影响机理,研究对象为事务所与客户,研究内容为社会资本匹配与审计行为,故本章的文献梳理将紧密围绕研究对象和研究内容,依次介绍:社会资本内涵发展进程、企业社会资本研究现状、审计行为及其社会资本研究现状、与社会资本匹配相关的理论基础,最后进行综合评述。

第一节 社会资本理论发展进程

除了前文提及的组织内外部社会资本二分法,社会资本内涵的兴起与发展脉络也是从个体社会资本向集体社会资本,从宏观、微观社会资本向中观社会资本发展。科尔曼(Coleman)、林南(Lin Nan)、格拉诺维特(Granovetter)和博特(Burt)等学者在不同层面的社会资本理论拓展上做出了突出贡献。由于不同分类方法存在一定的交叉重复性,为清晰阐述各学者对社会资本界定标准的边界,下面参照两类划分方法,分别介绍各细分类别下社会资本的内涵及发展脉络。

依据研究对象的不同,Brown[26]将社会资本划分为宏观、中观、微观三层,分别以局部或整体社会、组织、个体为研究对象。而 Alder 和 Kwon[3]将社会资本划分为个体社会资本和集体社会资本,两类划分标准的关系是,局部社会是多人集合,可看作大型集体,故宏观和中观归属于集体社会资本,以个体为研究对象的微观社会资本即个体社会资本(表2-1)。

一、兴起阶段:网络镶嵌理论

1933年,埃尔顿·梅奥在《工业文明的人类问题》一书中,运用霍桑实验证明,劳动者不等同于机器,也不仅仅为环境的反应者。人的工作成果受周围人的良好关系等社会环境影响。因工作关系连结在一起的劳动者构成一张复杂的动态人际关系网络,角色、规则和地位在网络中产生,经济行为即在这种社会网络中产生和发展。自从社会人假说提出以后,社会学迎来了飞跃式的发展,而社会资本理论的研究则为社会学和经济学研究搭建了沟通的桥梁,两大学科理论开始相互融合和渗透,为从社会理论视角观察和解释经济现象提供了有力证据。

表 2-1 社会资本类别划分统计①

划分依据	划分类别	学者与提出时间	具体内涵
资本获得来源	政治型社会资本、商业型社会资本		政治型社会资本简称政治资本,为企业与政府的社会关联 商业型社会资本包括:金融型社会关联、技术型社会关联、产业链条视角的市场型社会关联(如与供应商或竞争对手的社会关联等)
资本获得形态	纵向、横向和其他社会资本	边燕杰和丘海雄(2000)[27]	纵向社会资本:与上级领导机关、政府部门以及下属企业的社会联系 横向社会资本:与其他企业的社会关系,包括竞争者、供应商、客户和金融机构等 其他社会资本:非经济活动中与社会的联系
资本获得方向	内部社会资本、外部社会资本	Alder 和 Kwon(2002)	内部社会资本包含企业的各业务部门如生产研发部、市场部、财务等部门间的相互关系 外部社会资本按与政府、金融机构、研发机构、产业链上下游其他企业的关系可分为政治型、金融型、技术型、商业型社会资本
研究对象1	个人社会资本、组织社会资本	Alder 和 Kwon(2002)	—
研究对象2	个体和集体:宏观、中观和微观社会资本	Brown(1997)	宏观社会资本:社会信任、社会规范 中观社会资本即组织社会资本 微观社会资本即个人社会资本
情感性和工具性属性	认知型社会资本、结构型社会资本	Uphoff(1996)	—

---

① 后文的理论推导和扩展性检验均以表 2-1 中的社会资本划分类别展开。如依据社会资本的三层面——认知面、关系面和结构面社会资本内涵,在研究事务所与客户的各层面社会资本互动时,可依次表示为对有社会关联(认知面、关系面社会资本互动)和无社会关联(结构面社会资本的互动)两种情况的研究。另外,后文在测算无社会关联的社会资本时运用了表 2-1 中政治型和商业型社会资本、个人和组织社会资本类别;后文扩展性检验中,又进一步细分了组织内部和外部社会资本。全书社会资本类别的划分方法视研究子主题的目标、数据可获得性和计量便利性而定。

续表

划分依据	划分类别	学者与提出时间	具体内涵
情感性和工具性属性	认知面、关系面、结构面社会资本	Nahapiet 和 Ghoshal (1998)[21]	认知面:信任、义务等 关系面:共同符码、共同语言、共有叙事(规范) 结构面:网络连带、网络构型、可使用的组织资源

社会资本的定义在20世纪70年代由法国学者布迪厄[17]首次提出,他认为社会资本是个人或团体社会连带的总和。个人社会资本是个人通过人际关系所形成的可动员的资源。格拉诺维特[28]是在社会资本正式提出并受到广泛关注前,最早研究个体社会关系对职业发展的影响的作者,其将个人的社会连带划分为弱连带和强连带,通过调查问卷发现了弱连带的经典证据,即社会学研究连带关系强弱对职业地位影响时,美国社会求职业者更容易通过弱关系获得与其相匹配的工作,弱连带帮助获得信息,强连带则用于加强信任和合作。其又于1985年提出网络镶嵌论,核心观点为:将社会视作一个人际关系网,经济行为人处于各个节点,各个节点间的"线段"代表行为人之间的社会关联,个人的经济行为时刻"嵌入"在社会网络结构中,所有经济决策均受制于社会网络的结构形态和网络位置。解释和预测人的经济行为不能脱离对这一社会网络的探讨,自此开启了社会资本子领域——社会网络的相关研究。

引用率最高的社会资本定义来自美国学者Coleman[22][19]在美国期刊对Bourdieu[17]定义的正式运用,其进一步借鉴Granovetter[28][15]的研究,将社会资本定义为"镶嵌于个人或企业及企业成员所涉入的社会网络中,能带来特定行为的多种实体",并进一步给出社会资本通过哪些方式引发特定行动,共有三类:第一类是个人的义务和对他人行为的预期,第二类是群体规范,第三类是权威连带、获得信息的潜力、自发组织以及工作目标的组织架构形态。该定义点明了社会资本的三要素:信任、规范、社会关系,为后续一系列社会资本内涵的拓展提供了逻辑起点。

二、发展阶段:结构资源论与结构洞论

林南[29][30]是个体社会资本领域的开拓者和集大成者。他建立了个体社会资本的社会资源观,首次将社会资本明确视作资源,认为行为人的种种社会连带,不论是Granovetter[28]所说的强连带还是弱连带,最终会形成一个以个体为中心的网络结构,社会资本就是镶嵌在网络中可达到的资源。此后,个体社会资本研究领域多关注个体如何获取网络结构中的资源。Burt[31]提出结构洞概念(structural hole),即如果一个企业与两节点位置的组织相连,而这两节点并不互连,出现连接

"洞",则两节点的组织进行信息和其他交流均需通过该企业进行,就认为占据网络结构洞位置的该企业具备独特的"桥梁"式竞争优势,这个关键位置是信息通道的中介点(betweenness),较之其他节点可获取更多信息流的同时能控制信息流动方向,拥有信息优势和控制优势,"商机"产生的逻辑就在于此。真实商业业态中不可能存在所有企业均有两两直接连接的"完美"网络,结构洞是普遍存在的,Burt这一结构洞理论的提出大大推进了网络结构形态特征方面的研究进展,增强了社会资本的现实解释力度。

三、完善阶段:信任概念

社会资本兴起和初步发展阶段还仅限于对个体社会资本的探讨,随着学者对信任概念解读的加深,社会资本的内涵拓展到了对集体社会资本的研究。由于社会资本的三要素(信任、规范和社会关系网络)中,社会关系网络是建立在其他两要素(信任和规范)的基础上的,而规范是行为人共同默认和遵守的一种行为"信念",也是一种信任外显,故理解社会资本内涵必离不开对信任这一核心概念的挖掘和解析。

Granovetter[15]提出信任是连接所有经济行为的中介变量、合作行为发生的必要基础。行为人在交换和交流的过程中,信任即作为媒介,在交易达成之前,一方即能成功预期对方不会损害自己利益,即信任程度较高,这样能降低对交易预测的不确定性,提高经济交易成功概率[32]。以此着眼集体社会资本的研究得到很大的完善。学者们将信任概念进一步拓展,将其划分成特殊信任和一般信任。特殊信任则是指对某些特定对象的行为期待,这种特殊信任的建立多基于更为紧密的人与人间的关系连带[33][34]。而一般信任在社会学中被定义为人们依一定秩序或规范对不特定对象的行为期待[35],即来自规范的可预料行为期待。前者具有情感性功能,增加社会关联强度;后者具有工具性功能,催生并激发规范的建立和应用。这样,社会资本要素——规范的形成机理剖析便融进信任领域的研究中来,即规范的研究等同于一般信任的研究。正是基于两要素——信任与规范的这种关系,Uphoff[36]将社会资本划分为认知型社会资本(cognitive)和结构型(structural)社会资本,其中三要素中的社会关系网络要素属于结构型社会资本,而信任、规范要素则均归属于认知型社会资本。正是基于信任与规范的关系,集体社会资本不再局限于以组织为集体对象的探讨,小社会这一更大群体规模的集体也进入经济社会学家的研究视野,根据群体规模的大小,集体社会资本分为中观社会资本和宏观社会资本,社会规范与社会信任即宏观层面的集体社会资本表达。信任概念与类别大大扩展了社会资本内涵的边界。

普特南[37]最早研究集体宏观社会资本。他发现第二次世界大战后,美国整体的社会信任度出现下降趋势,社会资本的下降会阻碍经济交易的高效运行。自此,宏观社会资本受到国际广泛关注。有部分研究进一步考察了宏观层次的社会资本大小的经济效应,包括社会资本对交易活跃度、企业投融资等经济活动的影响。Guiso 等[38]研究了国与国之间的相互信任度对经济行为的影响,相互间信任度越高,经济交换越活跃。潘越等[39][40]发现宏观社会资本与政治关联存在替代效应。在省级社会信任度高的地区 IPO 盈余管理降低、已经上市的公司更愿意进行多元化的投资与合作,尤其是在法律保护较弱的地区社会资本的这种治理作用更强。其机理在于,群体中的相互信任度高时,群体成员所感知成员间的违约风险水平降低,风险补偿要求也有所降低,更利于交易达成和合作深化,从而提升经济效率,故在社会资本水平高的地区,私募股权等融资的规模也较大[41]。

受 Coleman[22]社会资本三要素定义启发,较 Uphoff[36]划分方法更为细致,Nahapiet 和 Ghoshal[21]将关系从结构型社会资本概念中剥离出来,区分出了认知面、关系面和结构面三个层面的社会资本,成为集体社会资本研究常被引用的划分方法,来刻画集体中各成员,或者集体与集体间的社会关系,各维度社会资本定义如下:

(1) 结构维社会资本:网络连带、网络构型、可使用的组织资源①。

(2) 关系维社会资本:共同符码、共同语言、共有叙事(规范)。

(3) 认知维社会资本:信任、义务等。

认知面、关系面和结构面社会资本是交互作用、相互关联的[21],如属于认知层面对愿景和目标的心理感知与关系层面的身份属性认同高度相关;特定的网络结构构型尤其是对称性社会网络,一定程度上也反映了双方强关联的交际关系和心理认知的一致性[42];结构面社会资本来源于关系互动,故关系面可能在一段时间后改变结构面,而结构面也会反向影响关系面大小[43]。但三者并不保持绝对的相互促进作用,一个有效的促进结构面社会资本的网络结构可能并不是促进关系面社会资本和认知面社会资本的最佳路径。如有助于高效信息流动的电子化沟通方式可能会弱化面对面交流[44]等,三层面交互作用的方向并不总是相互促进。故讨论社会资本的功效时应区分三层面,逐个探讨其作用机理。

四、小结

综合来看,社会资本理论从网络镶嵌论、结构资源观到结构洞论,随着对社会

---

① 结构层面的社会资本与结构资本的概念不同,依据组织理论定义,结构资本为组织治理结构、正式规章制度等能为企业创造价值的组织结构资源,用以表达组织的责权利分配情况,与物质资本、人力资本、社会资本合称为组织资本;而结构层面的社会资本旨在刻画社会资本的显化网络,用以表达组织的社会网络结构特征,属于社会资本内涵的细分范畴,与结构资本并不属于同一层级。

资本要素之———信任概念的不断挖掘,对社会资本内涵的认识不断成熟与发展。不同构面的社会资本,相应的内涵侧重点也有所差异。现有社会资本内涵研究仍存在不足,即社会资本定义的交叉性造成了研究困难。此外,已有研究中关注集体社会资本的较多,尤以结构面社会资本的研究为甚,关系和认知面的研究则较浅,这是由计量便利性和数据可获得性决定的。如何清晰界定研究对象所属的社会资本层面和范畴、准确计量各层面社会资本仍是社会资本领域当前研究面临的巨大挑战[43][45]。

但社会资本因包括信任、规范和关系网络在内的人际互动要素,可有效解释社会主体人的经济行为,具有强大的解释力量和经济激发动能,因而受到越来越多的关注。这一概念已经渗透到经济社会学、组织行为学、企业管理等领域中。社会资本丰富的内涵为我们研究各侧面的社会资本对审计行为的影响机理提供了坚实的理论基础。

第二节 企业社会资本研究现状

早期社会资本主要用于政治及其他民间团体研究,集中于社会学和政治学领域,而后扩展到中观组织——企业层面的研究中来。企业社会资本的研究隶属于中观集体层次——组织社会资本研究范畴,是随着社会资本概念和外延的不断拓展而发展的。

这一领域的研究主要集中于两方面探讨,一方面侧重于刻画企业社会资本不同构面上的计量和描述,尤其是结构面的网络形态(图2-1上半部分);另一方面侧重于企业社会资本的形成因子、作用过程及经济后果,可概括为企业社会资本的生成作用链。根据社会资本的生成环节(图2-1中部和下半部分)将划分为:

(1) 资本的生成与维护机制研究。

(2) 社会资本的效用研究,包括对绩效、战略、组织学习、创新、投融资等活动的影响研究。

(3) 企业社会资本的子网络研究,如连锁董事网络、企业家或创始人网络、所有权网络以及不同子网络间关联性的研究。

一、不同构面社会资本的计量研究

既然社会资本是嵌在社会关系网络中的资源,一个核心命题即如何挖掘出网络中的资源,当前学者对社会资本度量方法研究成果较为丰富。

在个人社会资本方面,与Flap[46]思路相一致,Lin[47]视社会资本为一种可达到的资源,并认为个体社会资源的大小取决于三项指标:连带的广度即能获得资源的

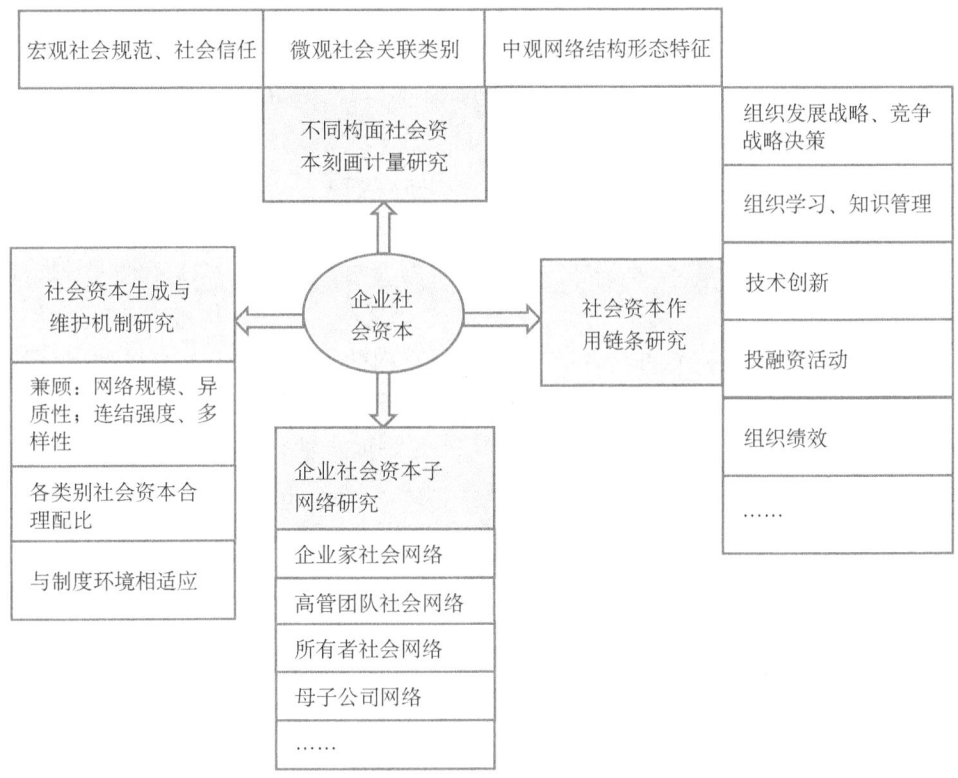

图 2-1　企业社会资本细分研究统计

社会连带数量、连带的强度即双方互动程度、连带的异质度即与其连带的其他人的资源同质程度。

在集体社会资本方面，信任度量是社会资本计量的重要构面[21]，社会学家开发出了多种宏观社会资本的衡量方法。一种传统的方式是基于认知维度，运用社会信任度来表示宏观社会资本大小。问卷调查方式进行宏观社会资本和个人社会资本的衡量。Putnam[1]选取选举参与度、社团热情度、慈善事业水平和公德心等指标。Guiso等[48]使用了选举参与率和自愿无偿献血率，选取原因是这两种自发的行为不受法律、经济动机等的影响，而是受人们内在倾向和行为规范等社会资本因素的影响。世界银行也开发了世界价值观量表［World Value Survey (WVS)］[49]，以随机问卷的方式调查人们的主观价值观念，用统计受试人认为"大部分人是可以信任的"所占的比例来度量各国内部社会信任情况，以便于国际比较，这成为国外学者常用的宏观社会资本衡量指标。

政治参与度等指标并不用于我国具体国情，因而国内学者基于中国情境开发出测度社会信任的调查问卷。潘越[39]借鉴张维迎[50]分省份的企业信任指数，其数据来自中国企业家调查系统对全国各省份的管理者和领导者发出的调查问卷,统计受试者对所有省份的守信程度排序。而戴亦一、潘越和刘新宇[41]同时采用慈善指数和社会信任度来衡量社会资本,总的来说,宏观社会资本的测度方法不一,需要学者根据研究对象和所处的社会环境特征进行具体设计,这无疑增加了宏观社会资本的研究难度,但也有一定的便利性。由于社会资本是形成于规则、文化和社会关系网络中的,这些在短期内均具有一定程度的惯性,故短期内宏观社会信任度数值具有相当的稳定性,可直接利用现有学者调查问卷所得出的社会信任度数据,减少了重复调查工作。

由前文社会资本内涵可知,信任是社会资本内涵中非常重要的组成部分,但并不是全部。社会资本的要素除了信任以及与信任有关的规范,还包括客观的社会关系网络。故社会资本的计量除了上述信任等测度方法,另一要素——社会关系网络有其自成一体的测量方法。

Burt[31]的结构洞理论推进了对社会资本网络结构形态特征描述的研究进展。到目前为止,学者开发的网络特征形态的度量方法有多种,除了网络规模(网络上的节点总数量)、网络密度(网络各节点的连接线段数量)宏观性基本特征,还有网络中心度、连接多样性等,它们关注点不同,但均着重刻画网络的位置。其中中心度(又称集中度)是社会网络结构的核心指标,旨在表述社会网络上每个节点所处网络的位置,有程度中心度、中介中心度等分项指标[51][52])。程度中心衡量与该行动者建立起连接的比率,在网络中拥有最高程度中心度的行动者,其在网络中拥有的非正式权力和影响力就最高[53][54];中介中心度用来统计网络上其他节点实现互动必须通过该行动者进行连接的比率,即结构洞比率,用来捕获信息等资源优势[31]。

国内在研究集体层面企业社会资本的度量方面,边燕杰和丘海雄[27]将社会资本依据企业法人代表资本获得来源划分为纵向、横向和其他社会资本,分别用企业法人代表是否在政府任职、是否在其他行业任职以及其他社会关系如何来度量。这一划分成为后期学者研究中常用的企业社会资本划分和计量方法的经典参考[55-59]。耿新和张体勤[58]根据研究目的——组织动态能力,划分了商业社会资本、技术社会资本和制度社会资本,其中技术社会资本指与高校科研机构或其他中介组织技术人员的社会关系,而企业与政府和银行的关系被列入制度社会资本。朱建民和王红燕[59]则研究企业创新相关的知识吸收能力,重点关注知识的转化,故将社会资本分为纵向、横向和斜向社会资本,其中重点探讨斜向社会资本,它囊括企业与政府、金融机构、大学和科研机构、行业协会等非同一产业组织的社会关系。

二、社会资本的生成、维护机制与效用研究

(一) 社会资本的生成与维护机制

群体的社会资本可以与经济资本相互转化,可从社会资本中获取信息资源等,增强自身经济竞争力[47]。故了解如何对社会进行投资、维护将很大程度上改善企业商业活动,提高自身竞争力。

社会资本的形成依靠行为主体的多次社会交往,从而积累出社会关系、网络资源,但由于社会资本具有易损耗性的特点,需要精心维护[60]。学者们共同认为,企业应分别在社会关系网络的规模、强度和种类上加以识别和维护。其中,Coleman[19]最早提到社会关系网络有非封闭型和封闭型两种,不同的网络形态下,信息等资源的流动速度、方向也会有所差异。网络密度和规模分别表示社会资本的强度和多少,但网络资源的同质性或异质性、连接多样性或多元化也会影响社会资本的变现值。网络异质性越强、连接多样性越高,就意味着社会资本越丰富,越有可能帮助企业搜寻到所需外界资源和信息。研究表明,连接的多样性帮助企业获得有利的网络中心位置,获取关键资源和信息,提升企业业绩[61][62]。

另外,社会资本的生成和维护是动态的[63],企业应有策略调整自身的社会资本大小和构成。组织制度观认为,企业不同的发展阶段需要的关键资源不同,据此赵晶(2016)认为在企业发展不同阶段,不同类别的社会资本发挥的重要性也有所差异,企业应有所偏重,明确制定各类社会资本的比重,生成可产生关键性资源的社会资本,以实现投入产出最大化。企业所处的制度环境不断变化,企业须实时调整各类社会资本配比,以使社会资本给企业带来的收益最大化[64]。陈倩倩和尹义华[65]利用中国数据发现,在制度环境较好的地区,民营企业市场性社会资本对民营企业价值的影响大于权力性社会资本,否则,相反。胡旭阳和吴一平[66]则专门探讨了家族企业政治类社会资本代际间的传承和维护问题。

(二) 企业社会资本的效用研究

企业社会资本的效用研究包括社会资本对企业绩效、战略、组织学习、创新、融资等活动的影响。

首先开展的是社会资本的绩效研究。Granovetter[28]依次区分了社会关联的强弱,划分为强连带和弱连带,相比强连带,弱连带广的求职者更易于获得非冗余有效信息,增加求职成功率。而在日本和中国则发现了依靠强连带找工作更有效的相反结论[67][68],且中国学者早期研究多聚焦到关系的负面影响[69][70],西方学者则观察到关系的正面作用[19],这些截然相反的对立证据均与各个国家特定的文化或制度背景异质性有关。

在组织效用层面,David Knoke[2]最早揭示社会资本对组织商业经济活动的影

响机理,他提出企业的社会资本可为其商业经济活动提供信息优势和控制优势,帮助企业更有效地开展商业活动。Sabatini[71]按照相互信任程度将社会资本从大到小划分纽带型、桥梁型和连接型三类来刻画企业的社会资本,纽带型通过血缘、种族和家庭纽带等建立,这种关系网络具有封闭性和排他性;桥梁型依托某些群体资格相同度,如性别、年龄和社会地位等;连接型则是将不同群体资格的人连接起来的社会关系,其为最弱的关系连带。家族管理中纽带型社会资本虽有助于提升群体忠诚度、促进互信合作,但在外部环境不利的情形下,纽带型社会资本易形成宗派小团体,阻碍资源在更大范围内的有效配置,不利于知识和信息的分享;而弱关系的连接型则非常方便信息扩散和知识获取;处于中间形态的桥梁型社会资本经济导向则比较复杂,视其具体网络结构形态和社会情境而定。由此可见,关系面社会资本的经济导向取决于具体社会情境和具体的网络结构形态,如 Li 等[72]发现,管理层社会关联对企业绩效的显著提升多发生在非外资企业和环境不确定性较大的情境下。而结构面社会资本的绩效研究结论较为一致,大量研究观测到在产业网络或社会关系网络中占据结构洞位置的企业因控制优势获得 Burt 租金[31],进而提升企业业绩[73][74]。

除了企业绩效,企业开展的其他活动如创新、知识管理等投资活动、融资活动动机或成功与否也会一定程度上受企业社会资本的影响。已有研究发现,企业若拥有同行业较多的外部社会资本,意味着企业更容易从外界获取所需资源和信息,更易搜寻到商机,研发投资意愿增强,创新活动活跃[75]。若组织内部拥有较丰富的社会资本(即组织内部人员信息和知识结构),其对行业内信息和知识的分享与融合能力则较强(即吸收能力强),企业也更愿意进行研发投入的创新活动。孙永风、廖貅武和李垣[76]总结社会资本对知识整合的作用规律,认为社会资本与知识管理并不是完全正相关,而是成倒 U 形关系,与外界过多的社会联系,会让组织流入过多的信息和知识流,给企业知识学习带来混乱,占用大量时间和资源"消化",社会资本应保持在适度的水平方能发挥知识整合功效。由此可见,社会资本可用于改善组织学习、提升技术创新活动。但也有研究证实,政治资本对企业创新有负向影响,企业利用较低的成本成功获得政治寻租后,因资源诅咒效应不愿意承担风险更大收益有可能为零的创新研发活动。而另一方面,企业高管的政治网络可帮助企业成功开展多元化战略[77],可帮企业降低交易成本,进入高壁垒行业,提升企业绩效[78]。在组织另一活动——融资活动方面,学者们也关注到社会资本影响关系型信贷和融资活动。如大型企业拥有丰富的社会资本可帮助其获得 IPO,而相比大型企业,中小企业更依赖社会资本从银行等金融机构获得资金[79]。董振林和邹国庆[80]讨论了权变视角下企业社会资本与绩效的关系,发现制度环境具有显著的调节效应。

由此可见,社会资本类似于一种道德的经济资源,通过与合作方合作获取隐性知识、专业技能或行为联动等[81][82][83][23],以拥有信息优势和控制优势,即社会资本通过提供条件和机会,帮助不同资源进行交换和结合,降低交易费用、提高合作效率,进而形成特殊的竞争优势。但不同维度的社会资本对企业行为的影响机理并不尽相同,有时会发生互斥现象,即不同类别的社会资本对同一作用对象的影响有可能是完全相异的,研究社会资本功效时应对不同类别的社会资本区分考察;同时,社会资本的作用大小还取决于企业本身特征与外部制度环境。

三、企业社会资本的子网络研究

公司金融研究领域成果显示,社会资本作为一个干扰变量深度影响企业中人力资源的融资能力和盈利能力发挥,进而影响经济效用[84]。这是由于群体的经济行为镶嵌在社会网络中,社会资本作为群体社会连带的加和,其大小和特性深刻影响群体经济行为的导向[15]。学者针对企业的不同子网络展开了丰富研究,包括企业家或经营者社会网络、所有权网络、连锁董事社会网络等。

(一) 企业家或经营者社会网络

企业家或经营者社会网络指企业家、创始人或经营者在商业交往中形成的社会关系网络。根据高阶理论,企业家、创始人或经营者是企业重要的生产要素,作为使企业内部与外部环境相互联结的关键性"节点",对企业的设立和发展产生长足影响[85]。能量耗散理论指出,企业则是一个典型的能量耗散结构,必须依靠从组织外部不断获取资源、信息优势等负熵流使组织维持有序状态。优秀的所有者或管理者必须有足够的社会资源网络,在初创期给企业带来原始资源禀赋;并且在企业发展阶段,所有者或经营者应有足够匹配的社会资本为企业获取得以存续经营的资源和信息,形成可持续性竞争优势,进而提高企业业绩。杨鹏鹏等[86]、贺远琼、田志龙和陈昀[87]运用问卷调查法也分别验证了我国企业家社会资本、高管社会资本对企业绩效的显著提升作用。尤其在环境不确定情形下,高管的社会资本在资源型企业中更发挥显著影响[87]。游家兴和邹雨菲[88]则证实了企业家社会资本对企业的经营多元化战略的深刻作用。

总的来说,社会资本作为企业高管获得的一种无形资产,便于企业获得物质、信息和感情的帮助,实现企业目标[89]。故日常经营过程中,可积极整合和维护所有者或管理者的个人社会资本,将其与企业发展战略相结合,助力投资融资决策,甚至研发等创新性活动。具有较强的外部社会资本可增强决策者之间的信息传递,降低信息风险溢价,改善融资效率[90][91]、并购绩效[92],进而整体上提高企业财务绩效[93][94][95][96]。

但一方面,决策者间紧密的个人关系也可能会干扰公司治理制度的正常运行,弱化对管理层的有效权力控制和监督[97],甚至因人际关系发生自利性合谋,增加交易成本、损害投资者利益[98][99]。如 Nguyen[100]发现若董事会内部成员与 CEO 存在私人关系,会削弱对 CEO 的有效监督,降低薪酬与绩效的敏感性,不利于实施有效激励。此外,社会资本高的管理者也意味着对其他人的决策能施加重大影响,有可能最终导致服从管理者意志的非最优经营决策,使公司价值流失[101]。除非董事会中独立董事拥有较大的社会地位[102],否则在董事会决策时其他成员会选择不挑战的策略以顺从 CEO 意见,位于高阶网络位置的 CEO 行为发生"堑壕效应",导致较差的财务绩效。

由此看来,社会关联形态的社会资本和网络形态的社会资本有可能发挥相异的经济效应。在探讨组织社会资本时,不仅需要清晰界定社会资本属于个体还是组织,若属于个体是社会关联还是社会网络,社会关联的类别以及强弱程度如何、社会网络结构形态如何,只有这样才能清晰刻画社会资本的丰富经济效用和经济导向。如赵晶等[103]探讨了个人与组织社会资本的契合度问题,提出社会资本的有效性区域概念,他们认为个人社会资本与组织社会资本并不是完全契合的,个人有效性区域部分的社会资本才是可以为企业所利用的,契合度越高、稳定性越强,为寻求公司有效治理、企业稳定成长提供了科学理论依据。另外,仅组织内部社会资本契合是不够的,赵晶[104]借鉴组织制度理论,认为企业要结合市场特征,使组织社会资本结构具有环境适应性,即社会资本要与市场需求耦合匹配,才能使组织可持续性发展。

(二) 所有权网络

处于转型经济体和关系型社会中,企业常见发生社会资本使用的合法性问题。因我国公司的治理机制仍不完善,职业经理人市场有待发展,企业对所有者网络的需求权重自然加大,故国内研究不仅关注到国外学者的主研究对象——职业经理人的社会资本,还对企业的所有者社会关系网络十分重视。和经营者社会资本作用路径相似,股东的社会资本也对企业财务治理效率施加显著正向影响[96]。祝继高和王春飞[105]在国美事件中,从社会资本的视角解读了股东能否有效控制管理层,大股东相对控股情况下,管理层会利用多种社会连带削弱股东对董事会的控制,管理层的社会资本控制决策方式部分代替了股东的股权控制决策方式。高闯和关鑫、关鑫、高闯和吴维库,关鑫和高闯、高闯和郭斌[106-109],以及赵晶、关鑫和高闯、高闯、郭斌和赵晶、赵晶等、赵晶和郭海[110-113]在一系列研究中提出社会资本控制链概念,并检验社会资本控制假说的普适性,发现显性的股权控制链之后,还有大量隐性的社会资本控制链在左右着公司治理形态。终极股东对上市公司的实际控制度往往与股权控制度之间存在着较大偏差,即存在双重控制链而产生的控制权溢价,尤其是在股权分散的公司,社会资本控制链对股权控制链有更重要的互补作用,使实际控制人得以施行更为隐蔽的隧道挖掘,以实现企业所有者的资源控制和决策控制。如在国美事件中赵晶[104]指出,实际控制人转换时,黄光裕以政治社会资本为主的个人社会资本与组织社会资本脱钩[114],此时,陈晓与员工、供应商和投资者间建立的商业社会资本为其在股权比例非常低时带来了隐性控制权,从而实现与企业发展战略相契合的组织社会资本网络置换。

(三)连锁董事社会网络

连锁董事社会网络是指以某董事个体为中心得以相互连结的企业网络(属于个体网络)[115],因连锁董事现象在国内外均具有普遍性,这一领域涌现出大量丰富的实践证据。关于其经济效应主要有两种主流对立观点:一是连锁董事网络的治理功能。研究认为连锁董事网络是一种超越产权的公司治理机制[116],尤其在外部环境不确定时,网络内企业互享资源和商业信息,并从中获利,对企业绩效、财务报告质量、并购绩效、投资绩效和股票期权回溯等在内的薪酬绩效均有显著影响,可起到降低商业风险的治理作用[117-118][119][120][121][122]。另一方则将其视为和管理层等阶层的权责安排,发生"网络寻租"[123][124][125]。由此可见,连锁董事社会网络的研究现状与企业家或经营者子社会网络经济效应正反情况基本一致,真实结果还是取决于组织在特定情境下的理性计算[126]与所要研究的是网络形态的哪一剖面(如量和质的测量指标下,其经济效用也有所差异[127])。

四、文献述评

西方管理学从科学管理发展到开始关心社会关系网络、企业文化,20世纪60年代战略概念产生,用来协调组织与环境的相容性。相应地,帮助企业获得战略性竞争优势的社会资本便得到深入研究。对一个企业来说,社会关系网络可为企业带来有效的内部管理和高效率的经济产出,与先进的技术和科学管理理念同等重要。

目前的社会资本研究渗透于经济、金融和企业管理领域,当前企业社会资本的研究成果丰富,多聚焦于单企业社会资本的获取、形成、测量及作用链条等研究领域,其中企业社会资本的生成作用链条研究较为广泛深入。对组织间社会资本的互动领域则多集中探讨有产业链经济纽带的两企业间的经济资源互动关系。

整体来看,企业社会资本有别于纯经济属性的其他资本,兼具社会属性,其经济产出形式具有特殊性。不同类别的社会资本对同一研究对象的作用机理并不相同,有时互斥;企业的社会关系网络可促进信息分享与资源置换,帮助企业降低交易成本、实现资源配置优化;但同时经营者或所有者的社会资本过大则有可能制约公司治理制度的有效发挥、削弱监督,易发生管理者或大股东目标和企业终极目标的异化问题。此外,人际关系的维护也有自身成本,行为人动用社会关联攫取自身利益时也会考虑成本——利益法则。可见,对组织社会资本经济效应导向探讨时应具化,充分考虑个人社会资本和组织社会资本作用路径差异、社会关联和关系网络的形态差异、不同社会关联的强弱差异等,然后根据研究的不同主旨分层次与视角地加以剖析,防止对社会资本经济效应的片面解读。一言以蔽之,分类别讨论社会资本经济效用的思维贯穿了企业社会资本各个细分领域的研究,这为本书划分事务所与客户有社会关联的社会资本互动、无社会关联下双网络形态的社会资本互动两种情境,并分别考察各情境下社会资本互动时发生的不同功能提供了可借鉴的科学思路。

第三节 审计行为及其社会资本研究现状

审计行业自设立之初即被誉为"经济警察",作为监督并合理鉴证公司财务状况的基本职能而存在。Lesage 和 Wechtler[128]汇总了 1926—2005 年 80 年内审计领域的研究成果,将现有审计领域研究归纳为 16 项分主题,分别为审计师与客户联系(审计师与客户社会关系、审计报告与财报使用者、职业能力、国际监管、非审计服务、审计服务合同、审计责任与诉讼)、公司治理、持续经营审计意见、审计市场、税务审计、审计抽样、审计方法(审计程序、欺诈风险与审计、审计判断)、审计教育。其中前 8 项是审计领域的学术研究重点,旨在刻画审计质量的需求、审计的外部治理作用和审计市场最优结构探讨等,这三方面均有社会资本的相关探讨。

一、审计行为研究现状

审计需求是一切审计经济价值产生的前提和必要条件[48][129],故企业对审计师的选择动机奠基了或在某种程度上决定了后续一系列审计行为的特征(管理学激励理论:"动机决定行为"的生动例子)。依据研究惯例,审计领域研究常将事务所经济规模等价于高质量审计行为,认同事务所经济资本大则人力资本质量也高的隐含假设(资产专用性准租理论[130][12]),国内外绝大多数研究均以"国际四大"会计师事务所代指高质量审计行为,且国际四大会计师事务所有明显的收费溢价行为,因而,审计师的选择情况基本等同于客户已经进行了高低审计质量和定价的匹配。由此可见,审计师选择情况对审计收费、审计质量等审计行为情况具有决定性作用。同时,与西方高度集中的审计市场不同,我国审计市场供给竞争激烈,集中度较低,客户尤其是上市公司这类优质客户在双方匹配策略上占据主导选择地位,是典型的买方市场[131-134],故我国研究多从审计服务需求方——客户的审计需求动机角度分析审计师选择情况。

而决定企业审计需求动机的则是企业三类组织资本的结构形态,即经济资本、人力与结构资本和社会资本的大小与特征。客户拥有的资本禀赋如经济资本、人力与结构资本等并不尽相同,资本禀赋不同使得客户对外部审计需求的动机也呈现出差异性(图2-2左侧)①。

现有研究即基于观察企业不同的经济资本、人力与结构资本情况推论其审计质量需求动机,进而解释其包括审计师选择等审计行为(图2-2中右侧箭头指示)。审计需求有三类来源,相关理论概括为:

(1) 代理需求假说,其解释逻辑借鉴 Jensen 和 Meckling[135]对企业委托代理关系、代理人机会主义行为与理性预期下监督约束机制的讨论。

(2) 信息系统观(因会计信息决策有用观的出现而盛行、延伸)与信号传递假说(基于信息不对称视角)。

(3) 保险假说:将审计服务的本质从鉴证机制延伸到拥有保险价值的机制。

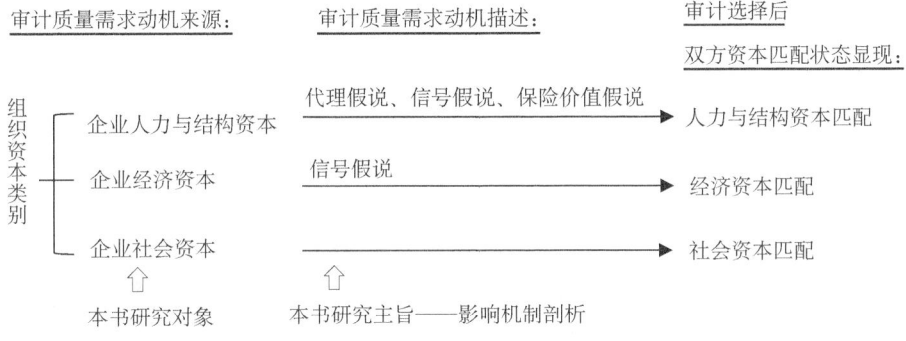

图 2-2　审计研究现状与本书逻辑起点

(一) 客户选择审计师的代理假说——客户人力与结构资本与事务所匹配

代理问题是近几十年来现代公司治理②领域的核心研究命题。随着所有权与控制权的分离,以及进一步地控制权和现金流权的分离,公司治理方面产生了两类代理问题[135-138]。第一类是所有者即股东与经营管理层的利益兼容问题,第二类是大股东掏空公司资产的隧道挖掘效应,如何保证外部投资者的合法利益不被经理层和控制股东侵吞的问题。据此,公司治理的核心命题就是如何架构企业内部领导决策体系,构建股东、董事以及经理间的责权利分配与制衡机制,以保证关键重大事项决策的正确有效性。而高管人员的激励问题正是通过制度合理配置股东

---

① 可总结为:客户审计选择的动机即审计需求与供给方的资本匹配动机,而客户的审计选择行为所呈现的后果即审计双方各类资本匹配的情况显现。

② 公司治理是一种用来监督、制衡公司内部代理人的行为,并在维持所有参与主体的利益基本平衡的前提下,追求股东财富最大化目标而存在的机制。它既是用于缓解代理问题的投资者保护机制,也是一种最大化股东财富的价值创造机制。

与高管人员之间的权利与责任,使其他利益相关方和股东利益最大化。公司内部治理体系包括所有权结构[139]、董事会治理[140]、管理层行为、信息披露[141]、公司伦理[142-143]等。这是企业的人力资本(尤其是管理层人力资本)与结构资本呈现出的不同形态。研究显示,当内部治理体系较弱时,企业所有者会寻求外部治理机制如独立审计、独立董事等机制予以缓解代理矛盾。这样选择后就外显为企业不同的结构资本形态与事务所的匹配。

审计契约订立的初衷之一是其作为一种公司的外部治理机制,用以缓解企业内部委托人与代理人间的利益冲突,可以说客户对事务所的质量需求偏好主要来源于客户自身代理问题。根据契约论观点,企业通过缔结一系列契约界定权利和责任来规范契约方经济行为,权责的划分界定了组织结构形态,映射到契约行为人的动机激励和行为偏好上,因此客户特定的审计师选择偏好会反映在其结构资本如股权结构、董事会等不同的权责分配设计上(图 2-2 首行链条:"企业人力与结构资本——代理假说")。所有权和经营权未分离时,代理成本较低,对外披露动机较弱,倾向于选择审计质量相对较低的非"四大"匹配[144]。第一类代理即股东与管理层间代理问题较大的公司也多偏好发挥审计外部监督功能,即聘任高质量的审计师降低企业剩余损失、缓解代理冲突,相关研究涉及客户的人力与结构资本与事务所互动情形如独立董事比例、审计委员会职能、董事会治理水平、管理层持股比、家族董事席超额控制等[145][146][147][148]。如独立董事比例[11]、股权集中度越高[149],管理层持股越低、董事会治理越好[150],越倾向于选择四大。也有部分证据显示一些公司的局部结构特征并不影响审计质量需求[151]。针对第二类代理即大小股东间的代理问题相关外部审计治理讨论,如股权集中度高的客户倾向选择大型事务所[152]等。张敏等[153]指出,机构持股比例较大时,更倾向与高质量事务所匹配,发挥监督效应。

(二)客户选择审计师的信号假说——客户经济资本、结构资本与事务所匹配

一方面,信号传递假说解释了客户经济资本与事务所匹配互动。

从理性经济人角度分析,事务所基于利润最大化动机会自发与资产规模大、经济效益好的客户合作,而经济实力较好的企业在支付同等或相近费用的情况下倾向于聘任声誉高的大型会计师事务所,通过高质量事务所的聘任向外界释放信号,帮助外界投资者区分经济实力异质的公司。如客户规模越大[154][13],越倾向于选择四大会计师事务所。Kausar 等[155]发现企业选择高质量的事务所实施审计能对外界提供增量信息,降低企业的融资成本。

另外,如果企业具有较高信息复杂性或不确定性,基于信息系统观,为改善信息系统效率,企业有较强动机选择声誉好的事务所匹配。如业务越复杂或者海外收入占比越高的企业[144][156],越倾向于选择优质的审计服务。

同时,企业也会因自身在供应链上的经济地位不同而对审计质量的需求有所差异。王少飞[157]认为企业的供应商/客户集中度越高,越因资产专用性倾向于选择有当地信息优势的本土事务所,任期也会延长;同时民营企业供应商/客户集中度高时盈余管理程度将增大[158]。方红星和张勇[159]则在全样本中观察到供应链集中度高时,企业因高资产专用性的转换成本高,盈余操纵动机较强,只有在供应链集中度低时才会聘用高质量审计师,以起到自身高财务质量的信号显示作用(图 2-2 中间链条"企业经济资本——信号假说——经济资本匹配")。

总的来说,信号假说下的双方资本匹配策略,研究从较早的资产规模、资本结构因素逐步深入到业务广度、复杂度等经济资本探讨了审计参与方经济资本间的这种互动关系与经济后果[154][151][160][13]。

另一方面,信号传递假说也包含客户结构资本和事务所的匹配互动。理性经济人的客户群体认识到自身结构特质可能对投资者认知偏差产生影响时,会期望通过选择审计师对外传递企业财务信息质量信号。治理结构不稳定或结构庞杂的企业(如外资持股多、外国公司本地上市的企业或者拥有集团属性的企业),为降低信息不对称有较强动机选择声誉好的事务所匹配,以向投资者传递高质量财务担保信号[161][156][162]。

(三) 客户选择审计师的保险价值假说("深口袋"理论)——客户结构资本与事务所匹配

审计保险价值理论认为[9][163][11],审计方会因审计失败而承担相应法律责任,这样客户选择审计师可转移部分财务信息责任,审计制度的设计便能弥补投资者因财务问题而引起的部分利益损失值,使审计具有了保险功能,因此,客户对事务所的质量需求偏好也部分体现在其审计保险这一动机的强弱上。已有研究发现客户的各种制度类结构资本具有正面和负面两种公司治理效应,从而对审计的保险价值需求有所差异。如 Chi 和 Weng(2014)发现,若企业有正式的责任保险制度(制度类结构资本),其对审计保险需求的动机就会得以削弱,会倾向于与非四大事务所匹配(图 2-2 首行链条"企业结构资本—保险价值假说")。吴锡皓等[164]研究也发现客户引入董事和高管的责任保险制度(制度类结构资本)后,会弱化法律的威慑效果,提高外部利益相关者对客户的风险预估,从而加剧审计意见对客户贷款的影响作用,进而会影响客户的审计选择动机。Liao 和 Radhakrishnam[165]则发现审计的保险价值与审计质量、会计稳健性的关系取决于投资决策是否内生,若投资者的投资决策内生于企业财务状况,会计稳健性会因中和了一定的保险价值,随保险价值的提升而有所下降。

同样地,除了客户的制度类结构资本影响审计保险价值需求,与事务所相关的内外部制度类结构资本也会影响客户的审计保险价值需求。伍利娜等[166]、王春飞和陆正飞[167]分别利用我国《关于审理证券市场因虚假陈述引发的民事赔偿案件的若干规定》颁布、事务所转制实施的自然实验，探究审计保险价值。证据显示，事务所转制后提高了审计师的法律责任，有利于投资者保护，且事务所转制产生的审计保险价值在国际四大显著，由此可看出审计的保险价值——"深口袋"理论较好解释了特定类型的结构资本与事务所匹配从而影响审计质量的情形。这些研究分别从信号传递、代理成本、保险价值等侧面试图解释客户的异质性经济需求，刻画了客户与事务所的经济关联。但不足之处在于忽视审计行为中的经济人同时具有社会属性，无法捕获客户拥有不同社会资本时其审计需求动机和审计行为（图2-2末行链条"企业社会资本——社会资本匹配"）。

纯理论经济人假说无法有效解释客户复杂的审计需求动机和审计活动，尤其是无法捕获客户作为社会人属性的审计需求动机和审计行为。社会学家Granovetter[15]最早批评经济现象研究的这种"低度社会化"问题，认为经济社会人假说更为贴近"真实世界"，即行为人同时具有经济属性和社会属性，既有经济关系，也有社会关系；社会群体的经济行为镶嵌在社会网络中，行为人做任何经济决策时都有其外在的社会关系网络结构存在，并受其制约。将社会资本纳入审计领域进行讨论，有助于解读企业与事务所匹配的其他需求动机，补充理性经济人假说下"代理问题需求假说""信息系统观和信号传递假说"和"保险价值假说""三大法宝"未有效解释的双方匹配行为。

二、审计领域社会资本研究

总的来说，国内外审计领域社会资本的研究仍处于新兴阶段。社会资本包含微观个体、中观组织与宏观区域（即社会信任）三个层面，根据审计关系人单方或双方以及社会资本的不同层面相关研究可分为如下三个层次。

（一）宏观区域层次，从社会学角度将社会资本定位为社会信任程度

自20世纪七八十年代初步建立起会计文化框架后[168][169][170]，文化、宗教、社会信任度等宏观社会资本对会计行为的影响得以系统论述[171][172][173][174][175]。包括宏观社会资本在内的非正式约束机制往往发挥功效显著的"替代效应"，以弥补转型期的正式制度缺陷[65]。审计领域也从正式的法制制度影响研究拓展到宏观社会资本影响研究，检验了其直接审计效应以及其对结构资本和审计行为关系的中介调控作用。在制度转型期，正式制度约束较弱时，如社会规范等非正式约束机制往往发挥功效显著的"替代效应"，可弥补制度缺陷[176]，社会信任度高的地区群体更倾向于合作。基于此，学者从审计领域发现了社会资本的替代效用，对国有企业和民营企业的影响有所差异。如黄新建等[177]发现地方社会资本更高时，国有企业寻求高质量的会计师事务所需求动力减弱；而雷光勇等[178]发现，整体来看社会

信任度高的地区企业更愿意聘任高质量审计师。Jha 和 Chen[179]利用美国社会信任度数据结论显示,社会信任度较高的地区审计风险普遍较低,风险导向审计制度下的审计费用相应降低。

(二)客户企业与事务所层次,多从客户政治社会资本单方面挖掘审计质量需求

研究显示,客户管理层拥有政治类社会资本是一种无形资产,便于企业获得物质、信息和感情的帮助,实现财务绩效、融资、并购等企业目标[89][90],企业有较强动机向外界传递财务绩效优质信号,倾向于选择"四大"等高质量审计师[180]。但另一方面,政治关系增加了政治寻租机会,有政治背景的高管或与官员有社会联系的高管可能利用这一社会资本攫取私人利益。我国有政治关联的客户[181]结果与 Guedhami 等[180]结论相反,其选择大所审计的概率降低且审计费用较低[182]。而相比国有企业,民营企业更倾向于选择有发审委委员这种政治社会资本的会计师事务所[183]。若企业所处地区法制化水平低,或企业实施了正向盈余管理操纵,这两种情形均会激发企业的政治寻租动机,倾向选择监督职能弱的非大型事务所实施审计[181][184-185][186]。He 等[187]利用 2004—2014 年反腐事件捕捉公司与高官的政治关联(通过贿赂或联姻的方式)的变化情况,发现有政治关联的国有企业收到清洁意见显著多于无政治关联的非国有企业;政治关联断裂后,国有企业的盈余操纵和审计费用均有所降低,但仍更倾向于选择当地小事务所进行审计。可见审计领域政治社会资本的研究成果与企业政治社会资本的发现结论较为一致,政治社会资本的经济效应导向视其所处社会情境和法制等正式制度环境而定。

值得注意的有如下两个研究。第一,不同于以往仅考察客户或仅考察事务所单方的社会资本,尤其是政治社会资本,龚启辉、吴联生和王亚平[188]不仅关注客户的政治关联,还考察了事务所的政治关联,他们发现当审计双方有共同的政治社会资本时,事务所和客户更倾向于相互匹配。国资委在其管辖的央企招标事务所审计过程中也会出现有财政部背景的事务所更容易获得标的①的现象。故客户和事务所的政治社会资本均会一定程度上引起影响审计质量需求的差异性,进而影响双方审计匹配,但审计方与客户社会资本的匹配情况对审计行为作用机理仍有待系统性梳理。第二,陈仕华[189]首次关注到上市公司的一类社会关系网络——连锁董事网络对审计选择的影响,并实证检验了连锁董事网络和网络内各企业事务所选择一致性的显著相关性[190]。

(三)事务所与客户双方微观个体层次社会关联的研究

这部分牵涉审计双方资本匹配,但主要是客户高管 CEO 或审计委员会成员与

---

① 详见网址 http://finance.takungpao.com/hgjj/q/2013/0107/1372383.html。

审计师的单维关系研究,集中于对同事、校友关系的讨论。基于美国和中国市场数据,研究发现若客户的高管或审计委员会成员来源于会计师事务所("旋转门"现象即同事关系)[191][192][193][194],或与审计师有校友关系时[195][196],客户更可能盈余操纵[197][198],降低审计质量。同样有研究认为若审计委员会成员与审计师存在校友关系这种社会关联会影响审计师独立性、损害审计质量。但也有研究认为这种特殊关系不会影响审计师的独立性[199],反能提高审计质量[200][201][202]。如 Naiker 和 Sharma[200]、Naiker 等[201]运用美国数据发现若客户审计委员会成员来自事务所,这种事务所关联增加了公司内部审计实施有效监督的专业经验,在 SOX 法案实施后发挥了治理效应,可有效抑制内控缺陷,与事务所合作的非审计服务业务也并没有显著增多。Kwon 和 Yi[202]检验了弱法制环境下韩国上市公司 CEO 和审计师的校友关系,也得到社会关联对审计质量的提升作用。

当前客户与事务所社会关联的研究结论并不统一,由企业社会资本研究成果可知,不同层面的社会资本或不同类型社会关联的作用机理有可能是互斥的,审计领域社会资本研究若仅关注高管单维度社会资本、或未分析双方多维社会资本是否匹配及其对审计行为的影响机理,就会忽视了行为人对自身不同社会资本的相机抉择现象[65],应以审计双方社会资本多维视角研究其整体上的匹配效应,才能解答当前研究不一致的研究结论。

三、文献述评

审计基础理论"代理需求""信号需求"和"保险价值需求"三大法宝并不是解释包括审计选择在内的审计行为的万能钥匙,无法有效解释当前审计乱象。与企业社会资本相关的丰硕成果相比,审计领域的社会资本研究成果较少,研究层面单一,缺乏系统性,这与人力型服务行业社会关系网络作用更为凸显的审计职业特点并不匹配。

1. 研究关注审计双方单维度(如校友与同事)社会关联匹配,忽视社会关联的多维和复杂性

客户在会计师事务所选择时,尽可能选择除规模、公司治理结构或单维的社会资本进行匹配外,还应考虑到审计双方社会资本多维动态的匹配及审计行为与公司治理影响。尽管近年来从信息等资源视角研究审计个人与客户高管的某一社会关系逐渐得以关注,如政治关系[188]、同事关系[200-201,203]、校友关系[195],但多停留于将单个社会关系看作双方经济利益输送通道的探讨。虽有部分提到了共同身份属性的认同,但仅限于单维社会关联形成的单一身份属性研究,且结论不一,尚未从社会学核心理论出发,依据社会资本的多重属性,对认同类别进行划分,同时将社会资本与已有资本研究充分融合,置于一个统一框架下,系统性推演和梳理双方而

非一方的社会资本互动机理。

2. 研究聚焦于审计某一方的单类型社会资本,忽视了双方社会资本的互动机理探讨

已有文献深入探讨了企业社会资本的一系列功能效用,包括企业某一类社会资本如政治性社会资本[181]对审计选择的影响等,但鲜少会从审计双方社会资本的整体层面考察对审计行为的影响。会计师事务所行业是以人力资本为重的服务业,知识和信息的流动决定了审计活动效率高低,整个审计过程中的专业经验、职业判断和客户沟通力均在此过程中形成或发展;而知识和信息的流动所依赖的介质便是人与人间的社会网络传递。故对于一个项目团队来说,社会资本同人力资本一样,在审计师团队行为和产出方面的影响不容忽视。而客户管理层社会资本强弱除了影响公司业绩外,也可能利用社会资本干预审计业务、寻求自身利益最大化,产生代理问题,影响审计产出。不同社会资本的事务所在面对拥有不同类别社会资本的客户时,双方社会资本各个层面的匹配情况会发挥哪些功能,各类功能对审计行为的作用机理是什么,仍是未知,需要系统性解答。

综上,现有研究将审计方与被审计方有社会关联的命题和单方社会资本的效用探讨割裂开来,既与现实情况不符,也与现有研究成果脱节。因而,从社会资本内涵出发,系统性探析事务所与客户双方不同层面社会资本的互动功能以及各功能对审计行为的影响机理,并着以实证检验,将是未来审计领域社会资本研究的发展趋势。

第四节　与社会资本匹配相关的理论基础

对社会资本内涵、企业社会资本以及审计领域社会资本分别着以文献综述后,这里详解如何嵌入三层面社会资本的社会学和组织学理论,即交代审计领域研究嵌入社会资本所需要的理论基础。由于与社会资本相关的社会学理论均是在网络镶嵌论基础上发展出来的,故这里不再赘述与社会资本内涵相关的理论,即第2.1章节提及的网络镶嵌论、结构资源论和结构洞论,仅关注两个主体进行各层面社会资本互动时所依赖的理论根基。其中,认知面社会资本互动——社会认同论,关系面社会资本互动——社会认同论和组织制度论,结构面社会资本互动——结构资源观和资源基础/依赖理论。厘清这些理论的经济效用发挥过程,可为后文三维度社会资本互动所发挥的功能(第四章)分析以及各功能对审计行为影响机理(第五章、第六章)分析提供科学的逻辑推演路径。

一、社会认同论

西方社会学中的认同理论是以群体分类为基础展开的。社会认同（social identity）是指行动者对其群体资格或范畴资格[204]积极的认知评价、情感体验、价值承诺。其有几个主要特征：

其一，多元化特征，个人生命历程中被先天赋予或后天赋予多重群体资格，因而行动者会构成多元化认同，即群体的多元分类产生了多重身份认同。如空间便可以天然地将群体划分成不同的群体类别。事务所的审计师与客户人员在生命历程各个阶段，长时间处于同一个局部空间便可形成共同的身份属性[205][206]，生命体验中便包含对该空间自身属性的评价和情感归属。基于共同的群体资格带来的相似体验，行为人可识别出与自己有共同身份属性的"我群"人，大大缩短了群体内行为人间的心理距离和物理距离，这样基于身份认同的情感性信任便得以建立起来。审计双方生命历程的不同阶段多位于不同空间场景中，这样双方就可能会形成多元的身份认同。

其二，社会认同论还认为，多种群体资格的权重和价值大小依具体的社会语境而有所不同，即哪类身份属性会凸显既取决于群体资格的本质特征，又取决于外界环境的激发要件，因此在讨论身份认同的功效时需要识别出被具体情境激发出的关键性身份属性（如本书第五章部分的讨论）。

二、规范观——制度环境理论

组织学理论两大基石分别为制度环境理论（又称组织制度论）和资源依赖理论。制度环境论（organizational intitution theory）用以回答组织合法性及组织间结构和行为的相似性问题[207][208]。群体在不断地社会互动过程中，容易在很多方面达成一致意见，形成相似行为心理模式，这样彼此间的一般信任便建立起来；这些彼此认可的互动方式，或者通过协定形成正式的规章制度或契约，或者直接形成隐性的非正式行为规范，包括习俗/惯例、规范或传统经验等（图2-3）。遵守相似规范的行为人较易获得群体的一般信任，从而促成成功交易，这便是企业间很多相似性的原因，也是企业通过挂靠、联盟等系列战略行为寻求自身合法性的逻辑所在。

组织制度论中，广义上的制度是调节人与人、人与组织间以及组织之间互动的规则，是对决策过程的一种约束和限制[209]①。根据威廉姆森[210-212]的制度论，资产专用性、交易频率和环境的复杂性及不确定性共同影响组织的制度形态。资产专

---

① 1990年，North（诺斯）《制度、制度变迁和经济绩效》对制度的这一定义被广泛接受。

用性强、交易频率低、环境的复杂性及不确定性高时,会增加组织间的交易成本,而规范或制度的存在可使行为人产生一般信任,减小交易费用的产生。不论是正式还是非正式规范,均能有效协调双方交易行为①。

与结构资本提供正式的规章制度、权责分配准则不同,组织的社会资本是组织成员基于社会关系互动,在社会网络中发展出来的"非正式"互动规范和准则。从社会资本的规范这一要素分析,其对组织行为的影响机理是:关系层面的组织内部社会资本使组织内人与人之间拥有共同认知和先验知识,从而形成相似的行为习惯和紧密互动关系(图2-3左侧,社会资本对组织行为的影响方式1),进而为组织建立了一种"非正式"的隐性规范或亚文化(图2-3中部,社会资本对组织行为的影响方式2);而遵守相似规范的两个组织如事务所和客户,或者两个团队如审计团队和高管团队进行商业活动时,组织间或审计双方团队间更容易进行沟通、获得认同和信任,降低交易成本中的制度(规范)成本,进而提高组织双方合作效率。图2-3列示了非正式制度的层级以及社会资本如何影响组织内部非正式制度,进而进一步影响到外部的非正式制度。

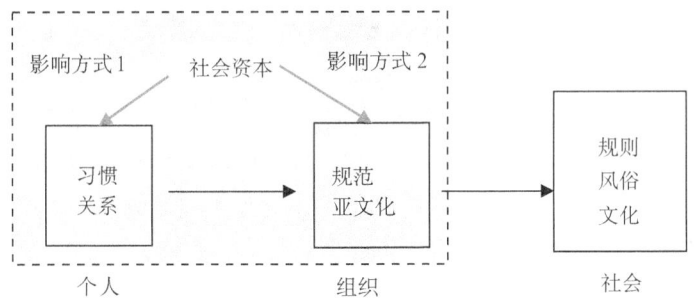

图2-3 社会资本影响非正式制度的层级图

三、资源观——资源基础/依赖理论

资源的基础观和依赖观(resource-based theory and resource dependence theory[213][214][215])核心观点是,组织不停地与外界沟通,从外界获取生产要素如人

---

① 制度经济学家很早就尝试运用关系层面的集体社会规则改善"公地悲剧""囚徒困境"等经济现象;在解释中国经济增长原因时,邹至庄等经济学家认为,与西方显性刚性制度社会不同,在关系型伦理社会的中国,社会网络、文化等柔性制度很好地弥补了当前不健全完善的显性法律制度,有助于企业家组织经济活动。当价格机制不足以提供充分有效信息协调经济社会活动时,正式和非正式制度作为一种信息工具,补充并提供额外信息,提高决策者信息效率,使经济行为人在博弈中采取稳定可预期的行动策略,从而起到资源配置的作用。本书关系层面的社会资本除了社会关联,还提供了一种双方行为互动的非正式规范,影响双方经济行为决策。

力物力财力社会资本、信息等资源,而其所能获取资源禀赋的资产专用性、稀缺性等特征将直接决定组织的发展战略和业绩表现。这两种资源观分别揭示了组织竞争策略以及组织间的依赖关系,指出企业的竞争优势在于自身特殊资源,而增量资源的获取来自与外界其他组织的竞争和交换。事务所与客户两种组织的战略行为决策、业绩表现均遵从资源基础观和依赖观。

资源观下,若一方相比另一方占据较多资源进而取得竞争优势时,即产生了一对一的资源权力(power)。Casciaro 和 Piskorski[216]探讨了处于资源权力劣势(power disadvantage)的 B 如何平衡资源权力:一类是通过取消与 A 的联系、培养替代性来源策略来减少对 A 的依赖,另一类是通过"让位"于组织 A 即继续加强与 A 的联系、抑或联盟和集团形成两种方式增强 A 对自己的刚性需求。故而,从社会资本的社会关系网络要素来理解,社会资本的网络结构决定其可调动信息等社会资源的速度、大小和方向。社会资本作为审计双方的资源,表示双方的一种非正式的资源权力,在审计沟通过程中可以作为话语权博弈使用。依靠社会资源,取得谈判博弈优势,帮助形成审计意见决策和谈判沟通战略等审计过程。

第五节 本章小结

综合社会资本理论发展脉络,网络镶嵌观点兴起使社会关系网络得到关注,结构资源观和结构洞论使社会资本的资源观得以确立,而信任概念的拓展则使得社会资本的研究从个体延伸到集体、从微观个体资源扩展到宏观社会信任和社会规范的研究,又进一步深化了中观组织层面社会资本的研究。总的来说,社会资本即群体中的社会关系网络发展出的信任、合作进而为行动者带来经济效应,同时包含社会人之间的心理态度、关系和社会网络结构表达(如网络规模、网络密度等),依此将一个企业的社会资本划分为相互关联的认知、关系和结构三层面。

集体中观组织层面的企业社会资本研究成果颇为丰富。学者们从三个方面进行了深入研究:社会资本的生成与维护机制、社会资本的效用研究以及企业社会资本的子网络研究。研究结论的整体规律是,个人社会资本和组织社会资本作用路径差异、社会关联和关系网络的形态差异、不同社会关联的强弱差异普遍存在,讨论一个组织的社会资本效用时需要清晰界定所要研究的社会资本构面和形态。

而审计领域社会资本对审计行为的影响研究远远滞后于组织管理领域企业社会资本的研究,仍处于新兴阶段。长期以来国内外审计领域双方关于物质资本、结构资本的匹配研究较为广泛和深入,基于理性经济人假设发展出了代理、信号、保险需求三大基础理论,用以解释客户与事务所经济资本、人力与结构资本上的互动行为。

但组织活动价值的创造,除经济资本、人力与结构资本的作用外,还有社会资本的贡献,现代审计理论忽略了我国的人力审计市场是镶嵌于复杂的关系型人情网络中,对当前我国长期较为稳定的审计关系的经济后果的解释力有限。当前学者开始关注到社会资本对审计行为的可能影响,但审计关系中社会资本的研究仍处于初级阶段,仅从企业或事务所单方的单类社会资本考察审计质量需求情况,鲜有双方社会资本匹配情况对审计行为的影响机理研究。基于此,本章引入了社会资本论、审计双方组织间社会资本匹配(互动)讨论时需要借鉴的社会认同论和组织学两大理论(制度环境论、资源基础/依赖论),溯源与社会资本互动相关的社会学和组织学理论基础,为后文探究审计双方社会资本互动时功能的发挥和作用路径奠定理论基础。

那么,审计双方在不同的社会资本匹配情况下,客户的审计质量需求动机又是什么,即社会资本匹配情况会发挥哪些异质的功能,各功能又是如何影响审计行为? 其中的影响机理即为后文重点探讨命题。

基于本章梳理的研究现状、发展趋势与社会资本互动分析所需理论基础,第三章将进一步从现实中观察我国审计市场双方资本匹配现状,包括对与资本匹配相关的政策和匹配有效性的讨论,以凸显审计领域社会资本匹配讨论的现实意义;然后探讨双方有社会关联情况以及无社会关联时双方社会资本匹配对审计决策的影响机理,以期丰富审计领域社会资本层次的理论与实证研究。

第三章　我国审计市场资本匹配现状

第一节　事务所与客户资本匹配的制度背景

本节先概述审计领域资本匹配的制度背景。从20世纪80年代开始,我国注册会计师行业经历了政府指定业务阶段、法定业务阶段和自主开拓三个阶段。财政部管辖的中国注册会计师协会于2006年起发布了包括行业人才培养战略、准则国际趋同战略和会计师事务所做强做大战略在内的行业发展"三大战略",明确了事务所做大做强的总体目标是形成合理的审计行业竞争结构布局,即成大型、中型、小型会计师事务所①执业领域各有侧重、市场定位各有特色、服务对象各有倾斜、地域分布较为合理,不同规模的会计师事务所有序竞争、接续发展的良好格局。大型事务所服务大型、高端客户,中型事务所服务中型、一般客户,小型事务所服务小型、基层客户的局面将日趋明朗化,有助于促进行业规模布局更加合理,保持行业发展良性态势②。

在政策方面,事务所与客户的匹配相关政策主要包括两大类:一类是事务所选聘政策,另一类是轮换政策。

---

① 大中小型会计师事务所界定标准如下。大型会计师事务所是指在人才、品牌、规模、技术标准、执业质量和管理水平等方面居于行业领先地位,能够为我国企业"走出去"提供国际化综合服务,由财政部、证监会推荐从事H股企业审计业务的会计师事务所。中型会计师事务所是指在人才、品牌、规模、技术标准、执业质量和管理水平等方面具有较高水准,能够为大中型企事业单位、上市公司提供专业或综合服务,行业排名前200位的会计师事务所(不含大型会计师事务所)。虽未进入行业排名前200位,但在本省(自治区、直辖市)会计师事务所综合评价排名进入前10名以内的会计师事务所,可比照中型会计师事务所执行(具体范围由省级财政部门确定)。小型会计师事务所是指除大中型会计师事务所以外的其他会计师事务所。大中小型企业分类界定方法如下:小型企业是指符合国务院发布的中小企业划型标准的小企业或微型企业;大中型企业是指除小型企业以外的其他企业,详见http://kjs.mof.gov.cn/zhengwuxinxi/zhengcefabu/201106/t20110624_566116.html和http://www.gov.cn/zwgk/2011-07/04/content_1898747.html。

② 2009年,《国务院办公厅转发财政部关于加快发展我国注册会计师行业若干意见的通知》(国办发〔2009〕56号)明确提出,要重点扶持10家左右大型会计师事务所加快发展,积极促进200家左右中型会计师事务所健康发展,科学引导小型会计师事务所规范发展。2011年,中注协印发《中国注册会计师行业发展规划(2011—2015年)》,分析了行业发展形势与任务,确立了行业发展的目标,明确提出大型事务所做强做大取得重大进展,深化事务所做强做大战略,着力培育10家左右执业网络、服务能力、收入规模和市场影响具有国际水准的大型事务所,除了国际合作所,至少有3家事务所迈入世界前20强之列。

第三章 我国审计市场资本匹配现状

2011年6月16日,财政部印发《关于引导企业科学规范选择会计师事务所的指导意见》,这是国内首次统一对事务所选择作出明确政策指引。其中第四条、第五条、第六条指出,大中型企业应当选择与自身规模、行业地位和社会影响相适应的大中型会计师事务所提供相关服务,尤其优先选择从事H股企业审计业务的、具备从事证券、期货相关业务资格或组织形式为合伙制或特殊普通合伙制的事务所。此外,境外上市的大型国有企业中若关系到如金融、能源、通信、军工等重大国计民生问题,也应当优先选择有利于保障国家经济信息安全的我国大型会计师事务所提供相关服务。

除此之外,财政部还对央企的事务所匹配提出具体要求。2012年1月5日,《关于会计师事务所承担中央企业财务决算审计有关问题的通知》(财会〔2011〕24号)第一条要求,承担中央企业财务决算审计的主审会计师事务所,应当进入全国会计师事务所综合评价排名前50位,承担中央企业财务决算审计的参审会计师事务所,原则上应进入全国会计师事务所综合评价排名前100位,具体名单以中国注册会计师协会每年公布的会计师事务所综合评价排名前百家信息为准。

事务所与客户的匹配相关政策除了事务所选择指导,还有另一类匹配政策要求,即轮换政策。2005年,国资委就对央企审计师的问题提出强制轮换政策,规定每5年轮换一次,最长连续聘用同一家会计师事务所的年限不能超过10年。对央企的决算审计期限也有明确规定,会计师事务所连续承担同一家中央企业财务决算审计业务应不少于2年、不超过5年;进入全国会计师事务所综合评价排名前15位且审计质量优良的会计师事务所,经相关企业申请、国资委核准,可适当延长审计年限,但连续审计年限应不超过8年。而经财政部、证监会审核推荐从事H股企业审计且已经完成特殊普通合伙转制的大型会计师事务所,连续审计年限达到上述规定的,经相关企业申请、国资委核准,可自完成转制工商登记当年起延缓2年轮换,但连续审计年限最长不超过10年。

可以看出,当前事务所与客户的匹配政策均是从双方规模、收入这些物质资本的指标来进行分类和互相匹配的,未明确地将社会资本匹配模式纳入政策制订中。王杏芳(2015)首次利用经济学匹配理论,分析了我国实施内部控制规范体系下审计双方互选的物质资本标准,研究发现:国际四大、综合排名四大与规模大、业绩好的公司匹配;本土四大与规模大的公司一定程度匹配,但与业绩匹配不显著;中小事务所与规模小、业绩差的公司匹配,且存在显著恶意低价竞争。这说明,目前审计市场是品牌竞争与低价竞争尤其是恶意低价竞争并存格局。匹配政策的有效性还需要进一步检验,但从资本市场层出不穷的财务违规现象可看出,新兴的资本市场上事务所与客户的匹配并未达到最优。

那么现行事务所与客户匹配政策下的经济效应如何呢?下一节将用实证检验

我国审计市场匹配的现状情况。

第二节 事务所与客户资本匹配的现状分析

根据匹配理论①,匹配有效性是指市场需求方与供给方均实现最优决策,在博弈中完成均衡,市场资源配置效率最高。运用单项资本类型或将三类资本拟合成一项综合资本指标均难以精确衡量资本匹配情况对资本市场整体上的有效程度。市场机制有效运行依赖于多种指挥棒,指导市场有效性的有价格机制、竞争机制、供求和风险机制、声誉机制等②。

其中,声誉内涵是指利益相关方基于过去历史信息对某一行为主体未来行为的认知与预期,具有主观性,而各个市场参与者的声誉通过信息表现,市场参与者的声誉是其他利益相关方基于历史信息积累的对其整体认知与评价。可以说,声誉在信息不对称的市场充当信号显示器,帮助投资者区分出各类企业的信息基本面异质性。市场的多种指挥棒中,声誉机制是诱发市场行为主体参与竞争策略(竞争机制)、感知市场供求(供求机制)和感知市场风险(风险机制)进而做出与价格相关(价格机制)经济决策的核心动机。资本市场上各类资源得以有效配置的背后,均是各中介组织自发维护声誉调整自身经济行为的结果,审计活动也不例外。

信息供给方的审计作为沟通上市公司与投资者的"闸口",在资本市场上通过信息渠道发挥着价值引导和发现功能③。经高声誉审计的企业,代表着高质量的财务信息,可以改善投资者风险认知,降低信息风险,最终反映在股票价格上,降低企业资源配置成本。如果审计市场有效,资本匹配处于最优,则应看到声誉机制发挥显著功效。因此,本书使用声誉机制是否有效发挥来检验资本匹配的有效性。

有关研究发现较之小型会计师事务所,大型事务所有明显的声誉溢价,需求方注重审计师声誉的信号传递功能,而审计服务供给方注重自身声誉的保护,进而使得声誉机制自发地持续性地运转下去,实现市场资源优化配置。

我国审计职业声誉的有效性研究结论不一。王兵和辛清泉[217]研究发现非十大分所审计质量低于总所,客户经济依赖说指出,客户重要性较高时会因独立性损

---

① 稳定匹配理论(stable matchings theory),是指实现一种稳定状态,即匹配完结时不再存在这样两个市场主体,它们都更中意于他人,胜过它们当前的另一半匹配对象。Shapley因提出此理论而获得2012年度诺贝尔经济学奖。

② 详见http://wiki.mbalib.com/wiki/%E5%B8%82%E5%9C%BA%E6%9C%BA%E5%88%B6

③ 已有文献检验了审计促进资本市场效率的功能,包括债务成本和权益成本(Kausar等,2016)。

失而降低审计质量[134];而声誉保护理论则指明,面对重要客户时[218-219],为避免审计失败损害事务所整体的声誉[220],审计质量反而提高(详见附录 A 审计职业声誉的有效性文献统计)。研究成果的互斥性主要源于长期以来审计质量难以直接观测,审计质量替代变量不一,且已有审计质量的替代变量无法割裂四大客户调整前盈余质量和审计本身质量,引起测量误差,干扰四大审计质量的真实检测。常规状态下困于不可观测性①,声誉效用多依赖于投资者的主观感知。但这种认知是客户质量和审计质量的综合认知;审计产品的生产过程较为独特,对投资者来说是无法观测的"黑箱",投资者无法从财务报告信息中准确区分出客户质量和审计质量。这无形中增加了企业与审计师的需求和供给质量动机变数,也增加了学者对审计在资本市场发挥的真实效用的检验难度。

而审计调整数据的可获得性使本书得以从审计后的盈余质量中清晰区分开客户本身质量和审计质量两部分(图 3-1)。据 DeAngelo[12]的分析,审计的质量高低同时取决于:基于业务胜任力发现重大错报概率;基于独立性成功纠正重大错报的条件概率。从审计业务流程层面来看,审计调整额为Ⅱ阶段(图 3-1)的审计过程直接性产出,在控制Ⅰ阶段客户调整前盈余质量(图 3-1)不变的情况下,审计基于利润实际调整的概率和程度综合反映了审计师业务胜任力和独立性大小,能捕获真实审计质量,并过滤掉Ⅰ阶段客户质量干扰。

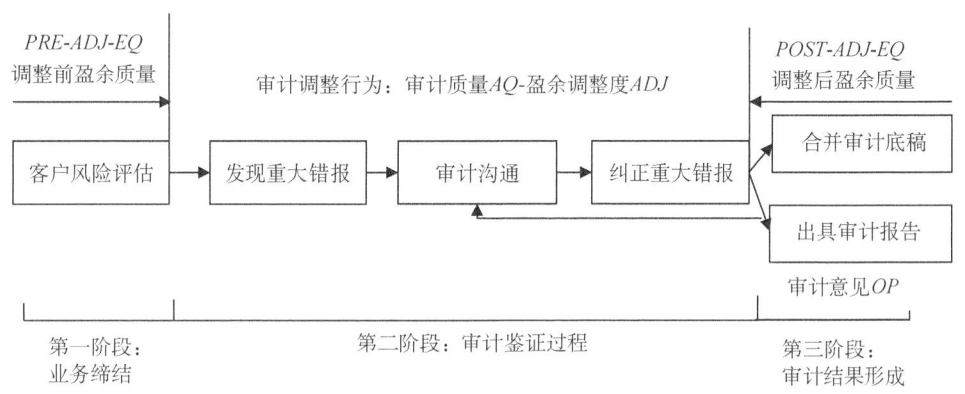

图 3-1　客户质量、审计质量与盈余质量关系

那么,已有审计实证检验所能观测到的高质量的调整后盈余质量究竟是来自

---

①　审计声誉的测量不能像分析师声誉测量那样,因为有中介机构评选明星分析师,可通过倍差法研究声誉前后分析师维护声誉的动机有无。同时,也无法参考客户的声誉测量方法,企业的声誉可根据上市公司及其高管团队的媒体报道态度来衡量,会计师事务所也没有这一类型的认证机制。当前事务所声誉排行仅是年度事务所总所的公开排名,由中注协根据收入规模、处罚等综合指标评选得出,事务所的业务收入因子在排名中占据压倒性优势。

第二阶段,还是第一阶段?抑或两者均有?

(1) 若仅来自第一阶段,表明审计主要发挥了信号传导媒介作用,国际四大调整后盈余质量高源自客户本身质量好,观测到的是自选择效应——信号传递机制的发挥。

(2) 若第一阶段无异,则来自第二阶段,观测到的是审计师在市场经济下的声誉保护机制效应,即如果资本匹配有效,则应观测到:客户质量保持不变情况下,高职业声誉的事务所审计质量应显著高于低职业声誉的事务所审计质量。

(3) 若两者均有,则表明国际四大在我国审计市场上双机制均处于占优地位。本节研究设计即以此逻辑出发。

图3-2给出声誉的信号传递与自我保护两种机制的作用路径。根据DeAngelo[12]定义,审计质量表示审计师发现重大错报并成功纠正重大错报的能力,其中发现重大错报的概率取决于审计技术、审计流程及抽样方法和审计资源(如时间、人员资源的投入)等影响专业胜任能力大小的因素;而审计师成功纠正重大错报的能力表示其独立性,这一定义内含影响审计质量的三类因素:业务专业度(图3-2路径R1)、勤勉度(审计资源投入,图3-2路径R2)和独立性(图3-2路径R3)。

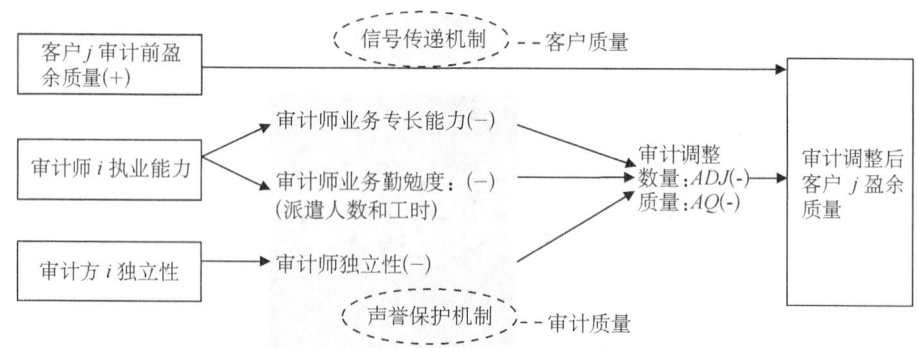

注:( )内表示若使审计调整额减少相应审计特征的变化方向。

图3-2 匹配分析:声誉的信号传递与自我保护机制作用路径

(1) 路径R1:业务专业度。审计师的知识、技能和经验表现在职业判断力上,帮助审计师确定实施审计程序的性质、范围等,以获取充分且适当的审计证据、实现审计目标。国内外学者从通用性和专用性人力资本两个角度考察审计师学历、资质、执业经验对审计质量的提高[221-228]。

(2) 路径R2:审计调整单位投入努力程度。审计团队出工不出力的情况是有可能的,即派遣业务胜任力和独立性均较优秀的审计团队,即拥有发现错报的能力但若审计团队努力程度不够,或因缺乏有效激励,或受客户管理层制约,因道德风险发生"懒工"行为,仍会使得审计师发现错报的概率下降。换句话说,自身业务胜任力强的审计师需要时间和人力投入才能发现重大错报[229],使个人专业水平映射于审计业务活动中①。人力花费的时间分配于审计证据收集、与管理层沟通、会计科目调整等审计鉴证全流程。

此外,路径 R3 表示审计师的独立性。业务胜任力强的审计师独立性可能较差,故路径 R3 同样可以单独对审计质量产生影响[230]。

需要说明的是,影响审计质量的三种路径会互相影响,并非完全相对独立,尤其是路径 R3 与路径 R1、R2 的关联性较大,但并不能完全相互替代。它们分别表征审计鉴证专业水平——业务胜任力(R1)、审计师个人激励与行为动机情况——努力程度(R2)、审计师其他沟通、个人影响力和个人品质等在内的综合能力——独立性(R3),从不同侧面解释了审计行为的经济产出。各路径对高声誉事务所的审计调整行为实际影响方向有可能是互反的,即互为抵销。如同等审计质量产出情况下,业务胜任力较强的审计团队可能花费较少的人力成本。故需要探究其审计质量的主导驱动因子是哪一种或几种。后文将在验证双机制有效性之后,进一步设计模型探析影响声誉机制有效性发挥的三个路径。

一、研究设计

(一) 数据来源

因此,自 2006 年起中注协要求事务所报备上市公司审计调整前后数据,包括利润总额、总资产等,因此,我们可获得至 2011 年的数据,故本书样本区间为 2006—2011 年。本书独特的利润调整、审计项目工时和团队人数来自中国注册会计师协会报备数据库;根据年报签字注册会计师手工整理匹配其所在事务所分所、样本区间事务所合并信息,同时逐一校验各签字注册会计师编号,以确认匹配签字审计师;其他数据来自国泰安 CSMAR 数据库。去除 ST,PT 公司、金融行业公司以及注册会计师姓名等信息数据缺失样本后,共获得 6 632 个年度公司样本。对所有连续变量均进行了 1%和 99%分位缩尾,对回归系数均进行了稳健标准误聚类处理。

(二) 变量与模型设计

1. 客户自身质量

参考 Dechow 等[231]的研究,选择当期调整前盈余操纵[审计调整前净利润(NI)－经营性现金净流量(CFO)]/ 审计调整前资产总额(ASSET)来计算审计前盈余操纵值,衡量客户自身质量,以 *PRETAC* 表示,其数值大小表示审计前客户

---

① 如 Lobo 和 Zhao(2013)检验发现,季度报表和年报期间的财报重述与审计努力程度负相关。

盈余操纵动机的强度,数值符号表示客户盈余操纵的方向。

2. 职业声誉

国际四大在我国有明显的声誉溢价,收费显著高于国内其他大型事务所[232][233];同时本书样本区间截至2011年,国际四大事务所业务排名一直占据国内前四的位置,故选用国际四大作为高职业声誉有其现实合理性。$BIG4=1$代表较高的职业声誉,$BIG4=0$为低职业声誉组。若声誉保护机制发挥作用,则"国际四大"的审计质量则应显著高于非"国际四大";若审计师选择仅是基于审计方职业声誉的信号传递作用,则应仅观测到"国际四大"较高的客户质量,而审计质量则应与非"国际四大"无显著差异。

3. 剥离客户自身质量的审计质量

由于我国资本市场在IPO、股票增发、债券发行、退市风险警告等均对盈利性有强制要求,客户向上操纵盈余的动机较强;而且较之向下操纵,向上的盈余操纵有更高的欺诈风险和更差的市场反应[234][235],而审计师向下调整的行为可抵消上市公司向上的操纵动机偏差,进而更好反映企业未来现金流价值[236],意味着审计质量高。参考已有文献运用回归残差法,过滤掉客户自身盈余质量($PRETAC$)后,不能被解释的审计下调部分,即回归残差部分,便由审计本身的行为解释,这样可将审计质量从审计调整数据中剥离出来,过程为:因变量为审计下调哑变量,自变量为客户自身盈余质量($PRETAC$),回归残差便为过滤客户质量后的(净)审计质量(AQ)。

4. 信号传递机制模型

$$BIG4_{jt}=\beta_0+\beta_1 PRETAC_{jt}+\beta_2 SIZE_{jt}+\beta_3 LEVERAGE_{jt}+\beta_4 ROA_{jt}+\beta_5 SOE_{jt}+\beta_6 LLOSS_{jt}+\beta_7 LMAO_{jt}+\beta_8 ATURN_{jt}+\beta_9 CURR_{jt}+\beta_{10} CONTROL_{jt}+\beta_{11} GEO_{jt}+\beta_{12} FOREIGN_{jt}+\beta_{13} GROWTH_{jt}+\sum Industry_t+\sum Year_t+\varepsilon_{jt}$$

(式3.1)

遵循研究惯例,以"国际四大"作为高声誉事务所的代理变量$BIG4$,客户质量为自变量,若其回归系数β_1在统计意义上具有正显著性,则表明自身盈余质量好的客户倾向于选择高声誉事务所,支持H1a假设,此时声誉的信号传递机制成立。参考已有审计师选择文献,回归模型中还加入了如下控制变量(具体变量定义及说明见表3-1):

(1) 经营和财务状况:选取资产规模($SIZE$)、财务杠杆($LEVERAGE$)、上一期利润亏损($LLOSS$)、上一期非标审计意见($LMAO$)、流动比率($CURR$)、销售增长率($GROWTH$)等反映客户基本的财务和经营风险[237][238][162]。

表 3-1 审计双方资本匹配有效性检验:变量定义及说明

类型	变量	定义
职业声誉	BIG4	1 为普华、德勤、安永、毕马威事务所之一,否则为 0
客户自身质量	PRETAC	[审计调整前净利润(NI）－经营性现金净流量(CFO)]/审计调整前资产总额(ASSET)
审计质量		
	AQ	剥离出客户质量的(净)审计质量,运用回归残差法,PRETAC 为自变量,净利润下调为因变量,所得残差为剥离出客户质量的(净)审计质量
路径 1(专业度)		
	SPECIALIST	一签和二签中至少有一位为行业市场份额领导者则为 1,否则为 0(以客户资产规模计量)
	PARTNER	一签二签中至少有一位为合伙人设为 1,否则为 0
	DEGREE	一签二签中至少有 1 位获得硕士学位为 1,否则为 0
	MAJOR	一签二签中至少有 1 位为财会专业毕业为 1,否则为 0
	EDU	一签二签中至少有 1 位出生于 1971 年之后,否则为 0
路径 2(独立性)		
	INFLUENCE	客户对一签二签中的某 1 位审计师来说是最大审计费用支付方,则为 1,否则为 0
路径 3(业务勤勉度)		
	EFFORT	审计团队派遣总人数与审计现场工作天数之乘积,取自然对数
审计质量模型其他控制变量		
	WORKTENURE_TIE	事务所任期年份数,取自然对数
	MROTFIRST	1 表示至少有一位审计师处于强制轮换第一年,否则为 0
	MROTFINAL	1 表示至少有一位审计师处于强制轮换最后一年,否则为 0
	AUDITMA	若上市公司的事务所当年发生合并事项则为 1,否则为 0
	SIZE	资产规模取自然对数
	LEVERAGE	负债总额/资产总额

续表

类型	变量	定义
	ROA	净资产收益率,净利润/总资产
	SOE	SOE=1代表国有企业,SOE=0代表非国有企业
	LLOSS	上一年度利润发生亏损为1,否则为0
	LMAO	上一年度被出具非标审计意见为1,否则为0
	ATURN	资产周转率,销售收入/总资产
	CURR	流动比率,流动资产/流动负债
	CONTROL	第一大股东控股比例
	GEO	上市公司所在省份的市场化进程指数,取自然对数(Fan 和 Wang,2010)
	FOREIGN	若有发行过B股为1,否则为0
	GROWTH	销售收入增长率
	SUBSID	上市公司子公司数量加1并取自然对数

(2) 公司治理特征:在我国,一股独大现象较为普遍。因此审计的委托方控股股东动机需要考虑在内,以 CONTROL 表征。Chen 等[238]指出国有企业聘任高声誉事务所并没有获得明显的盈余质量提升,这里加入变量 SOE。若该公司发行B股给非大陆投资者,其对高声誉审计的动机需求会有所不同[239],以 FOREIGN 指代。

(3) 同时加入市场化指数 GEO 用来控制审计市场发展程度[237][238]。此外,模型(3.1)还控制了行业和年份的固定效应。

5. 声誉自我保护机制模型(含路径1~3检验)

$$\begin{aligned}AQ_{it} = & \partial_0 + \partial_1 BIG4_{it} + \partial_2 BIG4 \times INFLUENCE_{it} + \partial_3 INFLUENCE_{it} + \\ & \partial_4 BIG4 \times SPECIALIST_{it} + \partial_5 SPECIALIST_{it} + \partial_6 BIG4 \times EFFORT_{it} + \\ & \partial_7 EFFORT_{it} + \partial_8 PARTNER_{it} + \partial_9 DEGREE_{it} + \partial_{10} MAJOR_{it} + \\ & \partial_{11} EDU_{it} + \partial_{12} WORKTENURE\_TIE_{it} + \partial_{13} MROTFIRST_{it} + \\ & \partial_{14} MROTFINAL_{it} + \partial_{15} AUDITMA_{it} + \partial_{16} SIZE_{it} + \partial_{17} LEVERAGE_{it} + \\ & \partial_{18} ROA_{it} + \partial_{19} SOE_{it} + \partial_{20} ATURN_{it} + \partial_{21} FOREIGN_{it} + \partial_{22} SUBSID_{it} + \\ & \sum Industry_{it} + \sum Year_t + \mu_{it} \end{aligned} \quad (式3.2)$$

声誉自我保护机制模型见公式(3.2),具体变量定义及说明见表3-1。因变量为剥离出客户盈余操纵的(净)审计质量,自变量为高声誉代理变量 BIG4,若回归系数 β_1 显著为正,则表明高声誉的事务所真实审计质量也较低;若不显著,则说明事务所声誉保护动机较弱,高声誉与高审计质量并不一致。

进一步地，将国际四大哑变量 BIG4 与各影响因子进行交乘，加入基本模型（3.2）中；结合哑变量 BIG4，考察其对审计质量影响的统计显著性。影响声誉保护机制发挥的因子见图 3-2 的路径 R1，R2 和 R3，具体地：

（1）路径 R1 检验：业务专长胜任能力包括专用性和通用性两种人力资本。专用性人力资本：基于会计师事务所行业专门化特征，用行业客户占比（SPECIALST），即行业市场份额法衡量。通用性人力资本特征即教育情况，选取审计师所获得学位（DEGREE）、学习的专业（MAJOR）、是否合伙人（PARTNER）、注册会计师执业年长（CPAYEAR）来指代[240][241]。由于我国要求披露签字审计师姓名，一般为两位或三位审计师签署上市公司的审计报告，但并不清楚哪位签字审计师的执业能力会对审计质量有显著影响，故这里假定多位审计师的业务能力均对审计质量有贡献[242]。在检验路径 R1 时，将 BIG4 与业务专长胜任力（SPECIALIST）交乘，若系数 ∂_4 显著为正，则表明业务胜任力能起到保障高声誉事务所高审计质量的作用。

（2）路径 R2 检验：审计团队努力程度（EFFORT）等于派遣人数乘以工作小时数，取自然对数①。同路径 R1 检验方法一样，EFFORT 与 BIG4 交乘，观察回归系数 ∂_6。

（3）路径 R3 检验：独立性检验选取常用指标——客户重要性 INFLUENCE[238]，与 BIG4 交乘后观察回归系数 ∂_2 的显著性；另外，Hatfield 等[243]首次实验验证了新任和已任的审计师审计调整程度并不相同，故同时运用事务所任期 WORKTENURE_TIE 观察任期对独立性的影响。

模型的控制变量中，参考已有影响审计质量文献，选取企业经营和财务风险指标如 SIZE，LEVERAGE，ROA，ATURN，分支机构数量（SUBSID），以及客户治理特征如是否为国有企业（SOE）、是否有 B 和 H 股（FOREIGN）。除此之外，模型（3.2）控制变量还包括影响审计质量的审计特征如事务所合并 AUDITMA[230]、审计师强制轮换第一年（MROTFIRST）和最后一年指标（MROTFINAL）[242]。

此外，剥离出审计质量和客户自身质量时，需要控制自选择等内生性问题。本书采用不同方法选取高职业声誉组的对标样本，以控制四大与非四大可能的客户差异性，如规模行业匹配的对照样本、国内六大会计师事务所对照样本或 PSM 匹配组利用 PSM 倾向评分匹配法（propensity score matching[244]）。匹配模型中均

---

① 以往运用审计费用表示审计努力程度是不够科学的。在审计定价模型中，审计努力程度与审计费用并不成单一的线性关系。从经济投入产出视角考虑，审计费用是审计活动的经济回报，而努力程度是审计活动的成本投入，故审计费用中还包含其他非努力程度的影响因子。本书运用派遣人数和审计时长数据可直接观测审计团队的努力程度，规避了运用代理变量带来的检验误差。

以客户审计调整前自身质量为自变量、BIG4 为变量,以规避可能的内生性问题。获得相应匹配组后,再代入模型(3.2),以 BIG4 为自变量,以审计调整情况为因变量进行回归检验,BIG4 的显著性即能捕获四大与非四大本身的审计质量,也规避了客户自身盈余质量对审计调整的影响。

二、描述性统计

首先检验高声誉事务所与其他事务所如国内六大、非四大整体、PSM 匹配非四大样本以及规模行业匹配的非四大样本之间单变量因素的差异性。表 3-2 的 PSM 匹配组与高声誉事务所结果对比显示,经 PSM 匹配后,低声誉事务所与高声誉事务所之间影响客户审计师选择的自身特征(声誉信号传递模型中的控制变量)不再有显著差异,说明 PSM 法较成功地规避了高低声誉事务所客户的自身差异。

未列示表格统计,四大客户的上市公司仅占 4.6%,但其收费占总收费的 71.52%,客户资产规模占样本量 81.26%,国际四大在金融业和航空航运等行业仍具有绝对优势,上市公司客户群中占比从 2006 年的 4.63% 至 2011 年变为 5.76%,高声誉事务所的客户集中优势非常明显。

解读表 3-2 发现,进一步分析高低声誉事务所的特征差异。首先,国际四大客户质量($PRETAC$)优于国内六大、规模行业匹配组和 PSM 配对组。全样本中,四大客户资产规模显著大于非四大,分支机构多,AB 股的客户多于非四大,从 ROA、$LLOSS$、$CURR$ 指标上看整体盈利性优于非四大,且多处于市场化程度高的省份。特别地,国际四大客户 SOE 占了 68.06%,非四大事务所国企有 58.72%,差异显著($t=-3.149^{***}$)。

进一步分析国企中,国际四大的国企客户规模显著大于非四大国企客户(经未列示表格统计 $BIG4: SIZE = 13.980$;$Non-BIG4: SIZE = 12.603$,$t = -17.027^{***}$),国际四大的国企收费也显著大于非四大的国企收费(非 $BIG4$ 的国企审计费用均值 3.985;$BIG4$ 的国企费用均值 4.878,$t=-24.793^{***}$),与前人研究结论一致[245]。

其次,国际四大与其他非四大组的剥离客户质量后的(净)审计质量 AQ 有显著性差异。影响审计质量的三路径 R1、R2、R3 中,国际四大与其他非四大样本组的行业专长无显著差异,但在合伙人比例、财会专业背景、教育程度这类人力资本上普遍较非四大高,因此可见人口学统计特征与业务专长并不完全相同。在客户重要性程度上,高声誉组均显著大于低声誉组,说明高声誉组的客户对其经济重要性在平均水平上高于低声誉组,独立性更易受到威胁;同时,国际四大的任期与国内六大没有明显差异,非国际四大整体样本的任期略高于非国际四大,因此可见独立性 R3 需要进一步回归验证其真实效用。在审计定价与勤勉度上,高声誉组的收费水平和审计努力度都显著高于其他声誉组。

第三章 我国审计市场资本匹配现状

表 3-2 描述性统计

变量	BIG4	Non-BIG4	Local Big 6	Non-BIG4 in sample matched by SIZE	Non-BIG4 in PSM sample	t-stat for difference between (1) and (2)	t-stat for difference between (1) and (3)	t-stat for difference between (1) and (4)	t-stat for difference between (1) and (5)
	(1)	(2)	(3)	(4)	(5)	(1)−(2)	(1)−(3)	(1)−(4)	(1)−(5)
客户质量									
PRETAC	−0.004	0.002	0.006	0.017	−0.013	1.367	2.144**	3.515***	−1.576
审计质量:									
AQ	−0.315	−0.053	−0.040	−0.136	−0.111	8.835***	8.967***	4.923***	5.541***
业务胜任力									
SPECIALIST	0.736	0.700	0.723	0.715	0.719	1.317	0.467	0.560	0.467
PARTNER	0.441	0.339	0.248	0.281	0.323	3.556***	6.908***	4.040***	2.932***
DEGREE	0.229	0.202	0.191	0.191	0.212	1.134	1.522	1.124	0.502
MAJOR	0.701	0.768	0.786	0.771	0.802	−2.621***	−3.193***	−1.893*	−2.811***
EDU	0.462	0.200	0.246	0.215	0.188	10.795***	7.744***	6.464***	7.340***
独立性									
INFLUENCE	0.767	0.608	0.678	0.642	0.604	5.449***	4.623***	3.314***	4.278***
WORKTENURE_TIE	1.423	1.595	1.490	1.624	1.659	−3.439***	−1.205	−3.046***	−3.583***
勤勉度									
EFFORT	6.568	5.486	5.618	6.069	6.009	17.471***	14.387***	5.867***	6.476***
控制变量									
PREROE	0.243	0.317	0.310	0.313	0.299	−2.648***	−2.312**	−1.863*	−1.501
SIZE	13.825	12.358	12.562	13.812	13.689	21.646***	17.090***	0.130	1.366

续表

变量	BIG4 (1)	Non-BIG4 (2)	Local Big 6 (3)	Non-BIG4 in sample matched by SIZE (4)	Non-BIG4 in PSM sample (5)	t-stat for difference between (1) and (2) (1)−(2)	t-stat for difference between (1) and (3) (1)−(3)	t-stat for difference between (1) and (4) (1)−(4)	t-stat for difference between (1) and (5) (1)−(5)
LEVERAGE	0.525	0.534	0.537	0.586	0.523	−0.637	−0.878	−4.191***	0.089
ROA	0.057	0.036	0.037	0.041	0.054	7.450***	6.986***	4.583***	0.934
ATURN	0.748	0.683	0.724	0.679	0.754	2.547**	0.869	1.836*	−0.140
LLOSS	0.063	0.117	0.105	0.049	0.052	−2.831***	−2.254**	0.727	0.537
LMAO	0.003	0.022	0.016	0.003	0.001	−2.160**	−1.688*	0.001	0.983
CURR	1.231	1.549	1.534	1.330	1.199	−4.214***	−4.076***	−1.335	0.486
GROWTH	0.191	0.180	0.185	0.249	0.178	0.588	0.345	−2.396**	0.569
SOE	0.681	0.587	0.623	0.729	0.670	3.149***	1.880*	−1.279	0.267
FOREIGN	0.340	0.051	0.073	0.052	0.316	20.218***	14.122***	9.330***	0.620
CONTROL	0.427	0.352	0.361	0.409	0.424	8.590***	7.167***	1.349	0.167
GEO	9.682	8.630	8.880	8.773	9.810	8.427***	5.694***	6.064***	−0.974
REC	0.068	0.083	0.084	0.061	0.060	−3.094***	−3.224***	1.241	1.610
INV	0.145	0.175	0.182	0.182	0.140	−3.517***	−4.079***	−3.052***	0.517
SUBSID	2.718	2.032	2.187	2.508	2.463	12.076***	8.529***	2.336**	2.787***
SWITCH	0.139	0.111	0.129	0.135	0.115	1.473	0.460	0.121	0.876
AUDITMA	0.038	0.196	0.261	0.174	0.170	−6.704***	−8.476***	−5.404***	−5.299***
MROTFIRST	0.059	0.049	0.050	0.063	0.042	0.804	0.613	−0.174	0.952
MROTFINAL	0.063	0.063	0.065	0.080	0.056	−0.043	−0.131	−0.809	0.353

注：***，**，*分别表示在1%、5%和10%分位上显著。

三、回归分析

依据信号传递机制模型(3.1),回归检验声誉的信号传递机制有效性。由表3-2可看到,高低声誉事务所的客户差异主要是规模的差异性,故后文的双机制检验均进行规模行业的匹配,以规模匹配后的低声誉事务所与高声誉事务组成新的子样本,观察控制客户规模后声誉机制的实际效用。表3-3第(1)~(3)栏目分别列示了全样本、排名前十大会计师事务所子样本以及规模行业匹配样本下客户对审计的声誉需求检验结果。由自变量客户盈余质量的回归系数可看到,在不同样本范围内,客户质量在5%或10%分位水平上均显著影响高声誉事务所的选择,系数为负值表明低盈余操纵,即高盈余质量的客户倾向于选择高声誉的事务所实施审计,客户选择高声誉事务所进行自身质量优质的信号传递动机较强,印证我国资本市场上审计的声誉信号传递机制成立。同时,控制变量回归显示,资产规模较大的客户、盈利性较好 ROA 较高、低负债率、处于市场发展进程较高区域的客户越倾向于借助审计的高声誉功能向市场传递自身优质信号。

(一) 审计职业声誉的信号传递机制检验

表3-3 审计双方资本匹配结果:声誉的信号传递机制检验

变量	BIG4 Full Sample	BIG4 TOP10 Subsample	BIG4 SIZE-matched Subsample
	(1)	(2)	(3)
PRETAC	−2.739**	−2.374*	−4.216**
	(−2.546)	(−1.860)	(−2.396)
SIZE	1.125***	0.999***	0.100
	(7.893)	(6.362)	(0.612)
LEVERAGE	−1.925*	−3.167**	−2.370*
	(−1.950)	(−2.574)	(−1.764)
ROA	13.231***	12.342***	11.592***
	(3.546)	(3.213)	(2.621)
SOE	−0.383	−0.274	−0.502
	(−1.196)	(−0.767)	(−1.293)
LLOSS	0.291	0.168	1.219**
	(0.867)	(0.458)	(1.986)

续表

变量	BIG4 Full Sample (1)	BIG4 TOP10 Subsample (2)	BIG4 SIZE-matched Subsample (3)
LMAO	−0.719	−1.435	−3.569
	(−0.526)	(−0.679)	(−0.813)
ATURN	0.650*	0.555	1.320***
	(1.915)	(1.411)	(3.098)
CURR	−0.502**	−0.634***	−0.573***
	(−2.572)	(−3.176)	(−2.899)
CONTROL	1.045	0.856	0.923
	(1.123)	(0.778)	(0.808)
GEO	0.204**	0.146*	0.230***
	(2.528)	(1.877)	(2.628)
FOREIGN	1.964***	1.706***	2.361***
	(5.810)	(4.614)	(4.908)
GROWTH	−0.796***	−0.612**	−0.397
	(−3.102)	(−2.166)	(−1.039)
Intercept	−18.269***	−13.825***	−2.317
	(−9.378)	(−6.639)	(−0.995)
Year Fixed	YES	YES	YES
Industry Fixed	YES	YES	YES
pseudo R^2	0.327	0.318	0.260
chi2	159.248	117.859	74.714
N	6 223	2 100	572

注：***,**,*分别表示在1%、5%和10%分位上显著。

(二) 审计的职业声誉自我保护机制检验

表3-4在表3-3基础上进一步检验在我国新兴资本市场中，审计师是否有足够动机保护自身声誉，提供高质量审计。与表3-3类似，栏目(3)列示了规模行业匹配子样本回归结果；同时，基于声誉的信号传递机制检验模型，运用PSM方法寻找高声誉事务所的匹配组，以使高低声誉事务所间影响客户事务所选择的影响因子均相同，控制这些因子后更准确观测审计师单方的声誉保护动机。栏目(1)～(4)即分别为全样本、国内排名前十大事务所、规模行业匹配样本和PSM法匹配样

本的回归结果。由高声誉事务所 $BIG4$ 回归系数可看出,整体来看,国际四大的审计质量一直显著低于非国际四大,在以全样本比较、与国内六大或与客户特质匹配样本组比较情况下,结论稳定,国际四大与非国际四大的审计质量在 1% 水平上有显著差异。四大的客户本身盈余质量较高,但过滤此影响因素后,四大本身的审计质量与非四大对照组相比,并没有显著提升;相反地,国际四大审计质量有显著下降。就是说,审计质量是存在的,但高声誉的审计质量并没有达到应有的水准,声誉自我保护机制并没有发挥作用。我国资本市场上审计师职业声誉的信号显示功能用来吸引客户、提高事务所审计市场份额;而声誉保护机制是审计服务供给方事务所的自主行为,这里并没有观察到审计服务供给方的自主声誉保护行为,这一点不支持声誉自我保护机制有效性假设。

表 3-4 审计双方资本匹配结果:声誉自我保护机制检验

变量	AQ Full Sample	AQ TOP10 Subsample	AQ $SIZE$-matched Subsample	AQ PSM Groups
	(1)	(2)	(3)	(4)
$BIG4$	−0.206***	−0.200***	−0.134**	−0.155***
	(−5.333)	(−4.352)	(−2.573)	(−3.014)
$EFFORT$	0.254***	0.265***	0.237	0.210
	(5.131)	(3.098)	(1.387)	(1.200)
$INFLUENCE$	0.093**	−0.080***	−0.079	−0.085*
	(−2.035)	(−2.958)	(−1.602)	(−1.737)
$SPECIALIST$	0.028*	0.023	0.093**	0.109***
	(1.847)	(0.914)	(2.283)	(2.617)
$PARTNER$	0.015	−0.006	0.024	−0.002
	(1.048)	(−0.232)	(0.622)	(−0.046)
$DEGREE$	−0.020	−0.042	−0.012	−0.058
	(−1.107)	(−1.390)	(−0.262)	(−1.159)
$MAJOR$	0.015	0.038	0.023	0.035
	(0.910)	(1.395)	(0.561)	(0.813)
EDU	−0.008	0.019	−0.045	−0.021
	(−0.483)	(0.685)	(−1.027)	(−0.429)
$WORKTENURE\_TIE$	0.030***	0.014	−0.041	−0.040*
	(3.398)	(0.975)	(−1.627)	(−1.668)

续表

变量	AQ Full Sample	AQ TOP10 Subsample	AQ SIZE-matched Subsample	AQ PSM Groups
	(1)	(2)	(3)	(4)
MROTFIRST	−0.008	−0.078*	−0.005	−0.045
	(−0.299)	(−1.728)	(−0.058)	(−0.638)
MROTFINAL	−0.036	−0.046	−0.105	−0.067
	(−1.424)	(−1.079)	(−1.526)	(−0.965)
AUDITMA	0.034**	0.037	0.053	0.099
	(2.012)	(1.160)	(0.754)	(1.277)
SIZE	−0.029***	−0.041***	−0.045**	−0.043**
	(−3.662)	(−3.187)	(−2.184)	(−2.017)
LEVERAGE	−0.050	−0.019	−0.003	−0.019
	(−1.585)	(−0.304)	(−0.020)	(−0.121)
ROA	−0.744***	−0.461*	−0.392	0.246
	(−4.746)	(−1.714)	(−0.738)	(0.462)
SOE	−0.065***	−0.095***	−0.050	−0.068
	(−3.755)	(−3.131)	(−0.835)	(−1.096)
ATURN	−0.027	−0.027	−0.020	−0.065
	(−1.348)	(−0.838)	(−0.310)	(−1.113)
FOREIGN	0.055*	0.055	0.039	0.033
	(1.870)	(1.333)	(0.725)	(0.748)
SUBSID	0.033***	0.047***	−0.010	−0.009
	(3.756)	(3.360)	(−0.522)	(−0.468)
Intercept	0.044	0.482**	0.404	0.867***
	(0.358)	(2.218)	(1.035)	(2.637)
Year Fixed	YES	YES	YES	YES
Industry Fixed	YES	YES	YES	YES
Adj. R^2	0.041	0.086	0.076	0.090
N	6 323	2 132	576	576

注：***，**，*分别表示在1%、5%和10%分位上显著。

在变量控制中,因事务所样本选取不同,整体上影响审计质量的因素结论不一,这说明各事务所间显著影响审计质量的关键因素并不是完全一致的;Li 等[246]发现低质量审计在审计师个人承揽的客户间有传染效应,而审计师个人特质显著如拥有硕士学位、审计经验丰富时低质量传染效应得以削弱。本书未发现学历、工作背景对审计质量的显著性有直接影响,或许除了 CPA 的人口学统计特征,审计能否成功调整重大错报,还与被审计方的人口学相对统计特征有关。审计双方的人口学统计特征会影响共同认知程度,不同认知程度下双方的利益关联也会有所差异,进而影响审计质量。

本书重点考察的是使高声誉事务所审计质量降低的关键路径。在整体样本中,从影响路径如 $SPECIALIST$,$EFFORT$,$INFLUENCE$ 变量的系数可看出,客户重要性削弱了审计质量的发挥,后文将运用模型(3.2)进一步探究各个路径对高声誉事务所审计质量的影响效应。

这里进一步分析造成高声誉事务所审计质量不高情况的关键影响因子。表 3-5 第(1)~(3)栏单独列示了三路径的作用,可看出高职业声誉仅与客户重要性的交乘项显著。同时,对比国际四大哑变量系数和其他中介调节系数可看出,国际四大的业务胜任力以及审计努力程度一定程度上保障了高声誉的审计质量,对国际四大审计质量起正向调节作用;而以客户重要性指代的独立性对国际四大审计质量起到负向调节作用,这一结果说明独立性是国际四大的审计质量下降的关键驱动因素。

表 3-5 声誉保护机制的影响因子检验

变量	AQ Full Sample (1)	AQ Full Sample (2)	AQ Full Sample (3)
$BIG4$	−0.197*	−0.234***	−0.389
	(−1.754)	(−5.046)	(−1.215)
$BIG4INFLUENCE$	−0.006*		
	(−1.678)		
$BIG4SPECIALIST$		0.038	
		(0.760)	
$BIG4EFFORT$			0.154
			(0.566)
$INFLUENCE$	−0.022*	−0.022	−0.023
	(−1.847)	(−1.420)	(−1.435)
$SPECIALIST$	0.028*	0.026*	0.028*
	(1.847)	(1.676)	(1.849)

续表

变量	AQ Full Sample (1)	AQ Full Sample (2)	AQ Full Sample (3)
EFFORT	0.254***	0.254***	0.251***
	(5.131)	(5.133)	(4.986)
PARTNER	0.015	0.015	0.015
	(1.048)	(1.042)	(1.046)
DEGREE	−0.020	−0.020	−0.020
	(−1.107)	(−1.113)	(−1.118)
MAJOR	0.015	0.014	0.014
	(0.911)	(0.903)	(0.893)
EDU	−0.008	−0.008	−0.008
	(−0.477)	(−0.490)	(−0.482)
WORKTENURE_TIE	0.030***	0.030***	0.030***
	(3.397)	(3.401)	(3.403)
MROTFIRST	−0.008	−0.009	−0.008
	(−0.299)	(−0.307)	(−0.293)
MROTFINAL	−0.036	−0.036	−0.035
	(−1.422)	(−1.435)	(−1.420)
AUDITMA	0.034**	0.034**	0.034**
	(2.013)	(2.004)	(2.015)
SIZE	−0.029***	−0.028***	−0.029***
	(−3.654)	(−3.657)	(−3.664)
LEVERAGE	−0.050	−0.050	−0.050
	(−1.585)	(−1.575)	(−1.584)
ROA	−0.744***	−0.746***	−0.744***
	(−4.745)	(−4.754)	(−4.740)
SOE	−0.065***	−0.065***	−0.065***
	(−3.753)	(−3.758)	(−3.760)
ATURN	−0.027	−0.028	−0.027
	(−1.347)	(−1.350)	(−1.347)
FOREIGN	0.054*	0.055*	0.055*
	(1.866)	(1.876)	(1.878)

续表

变量	AQ Full Sample (1)	AQ Full Sample (2)	AQ Full Sample (3)
SUBSID	0.033***	0.033***	0.033***
	(3.756)	(3.759)	(3.759)
Intercept	0.044	0.045	0.049
	(0.352)	(0.362)	(0.395)
Year Fixed	YES	YES	YES
Industry Fixed	YES	YES	YES
Adj. R^2	0.040	0.041	0.041
N	6 323	6 323	6 323
$(BIG4)+(BIG4 \times INFLUENCE)$	−0.203***		
	(−3.484)		
$(BIG4)+(BIG4 \times SPECIALIST)$		−0.196***	
		(−4.473)	
$(BIG4)+(BIG4 \times EFFORT)$			−0.235***
			(−3.933)

注：***，**，*分别表示在1%、5%和10%分位上显著。

总之，国际四大在审计投入高预算情形下（路径R2），审计质量并未得以显著性增强。从本书审计质量影响路径剖析其动因，高声誉的事务所与匹配组事务所的路径R1——业务专长并无较大差异性，因此，高声誉事务所的审计质量未得到有效提高是由路径R3引起。高声誉事务所在面对重要客户时独立性被削弱，从而制约了审计质量的提高。

鉴于当前高声誉事务所的审计质量与外界所感知的声誉相匹配的审计质量仍有一定差距，解决途径便是寻找使独立性受到威胁的因素，其中就可能有社会关联等因素的重要作用。从审计职业特征分析，审计这一经济活动更易受社会关系网络的影响。一方面，审计行业属于服务型行业，且以人力资本为主，故审计也可认为是一种针对公司需要提供的特定人力服务。这种人力资本为主的服务业务更依赖于客户的主观评价和社会关系网络的维系。同时，相比产品型供应商的流程：提供完工产品—产品安装检测—调试服务，服务型供应商的主要环节有：审计初期业务承接—了解基本环境、风险评估、审计活动计划制定—审计活动的关键环节获取审计证据—进行审计调整出具审计意见，整个服务链条每一环节都需要跟审计双方大量的沟通协商，人际互动会更为频繁，人与人的社会关系也更易发挥作用，故这种业务标准弹性高、以沟通交流方式开展的审计服务更容易受人际关系构筑的社会网络影响,独立性便愈发难以维系。

另一方面,审计过程的特殊性也使社会资本对审计独立性的影响成为可能。与其他服务不同的是,审计服务用以解决内外信息不对称及缓解代理问题,由上市公司购买服务,外部投资者使用,故这一服务具有外部性。但出于对商业机密的保护,整个服务过程对外部信息使用者来说,是一个"黑箱",投资者无法直接观测到具体的审计流程和活动,审计过程的监督难度增加了事务所与客户的利己动机趋同性,审计师的独立性便不易保持。由此看来,研究社会资本的审计效应对改善职业声誉与审计质量的不匹配现状、有效发挥声誉的自我保护机制而不仅是信号传递机制,有其现实必然性和迫切性。

第三节 本章小结

审计供给质量对资本市场的信息系统起着基础性、至关重要的作用。本章梳理了事务所与客户资本匹配政策及现状。总的来看,在当前会计师事务所由做大转向做强的阶段,企业选择高声誉的事务所仍然是一个通道选择,起到好信号的释放功能,审计师并无强烈的维护自我声誉的动机。具体地,运用审计调整数据区分客户质量和审计质量后发现,高声誉组的客户质量显著优于低声誉组,但高声誉组的审计质量并没有显著优于低声誉组。这说明,当前在我国审计市场中,审计师更多发挥的是自身声誉的信号传递功能,基于自身声誉保护而提升审计质量的动机则较弱,即审计的信息治理功能仍未得到有效发挥;在当前匹配政策指导下,我国审计市场并不充分有效,声誉机制没能正常运转。剖析其原因时发现,这是由于高声誉事务所的独立性受到挑战,这为我们深层次探讨作用于审计师独立性的社会关联提供了直接现实依据。

我国社会具有典型的差序格局特征[4],即根据关系亲疏远近形成层层的自我中心社会网络,不同层面则适用不同的互动规范。在关系导向型的"人情"社会[5]中,研究我国审计行为就不能忽略事务所与客户两大组织社会资本的作用力。

接下来将考察嵌入社会资本的审计研究新理论框架,具体如下:

(1) 依据社会资本具有认知、关系和结构三层面的内涵特质,识别出不同层面社会资本互动时发挥的各类功能。

(2) 分析各类功能对审计行为的影响机理理论。在此理论分析基础上,运用适合的度量方法分别捕获审计方和被审计方不同类型的社会资本大小,以实证检验各影响机制的发挥情况。

第四章　嵌入社会资本的审计研究理论框架

本章进行审计领域社会资本及匹配的理论构建，搭建审计领域社会资本及双方社会资本匹配(互动)的分析范式，明晰与社会资本相关的社会学和组织学理论根基；之后的章节将在此基础上进一步分析社会资本匹配对审计行为的影响机理。

第一节　理论框架概述

一个完整的理论框架应包括概念、外延及逻辑关联，能回答主题是什么、解释了什么以及逻辑结构是什么三大问题。借鉴马克思、韦伯《经济和社会》中对经济社会学的框架建构，本书首先搭建审计领域中的社会资本理论框架，如图 4-1 所示，底部箭头指向的右侧部分即是嵌入社会资本概念后新框架增加的部分。对应上述完整理论框架应回答的三类问题，新框架增加的内容包含基本假说(Ⅰ)、理论根基(Ⅱ)、互动功能(Ⅲ)、各功能对审计行为的影响机理(Ⅳ)。

第一，基本假说。不同于低度社会化的纯理性经济人假说，嵌入社会资本的新审计理论框架基于经济社会学人假说①，即行为人的经济行为互动置于社会结构中，其效用函数不仅包含理性经济人假说中的经济利益动因，还包含如人际关系、信赖和情感等非理性社会属性因子，符合现实商业活动经验[15]。社会资本的概念即源于此假说，其定义庞杂，内涵随社会理论学说发展而不断拓展，也因而具有丰富的现实解释力度。

第二，理论根基。Knack 于 2002 年提出[247]，鉴于社会资本内涵的丰富性，不同层次的社会资本对投资效率、政府绩效的影响不尽相同，因此，有必要先从社会资本的不同属性出发，科学地将社会资本分层，寻找各层次社会资本的内涵所依据的社会学和组织学理论(新框架图 4-1 右侧中间部分)，才能从理论推演出各

---

① 本书嵌入社会资本的新审计理论框架并不是对建立在理性经济人假设上已有审计理论的否定，而是依据经济行为人置于社会网络结构中的现实商业场景，将社会资本引入原有框架，补充和完善审计理论体系，帮助增加对现实审计活动的解释力度，这也正是新审计框架中社会资本"嵌入"一词的真正含义，以图 4-1 研究框架理论根基部分的"＋"号表示新旧理论框架的继承和发展。

社会资本匹配与审计行为:理论框架和影响机理研究

层次社会资本在互动过程中会发挥的不同功能(新框架图 4-1 右侧上半部分),进而剖析这些不同功能对审计行为的影响路径(新框架图 4-1 下半部分:审计行为产出)。

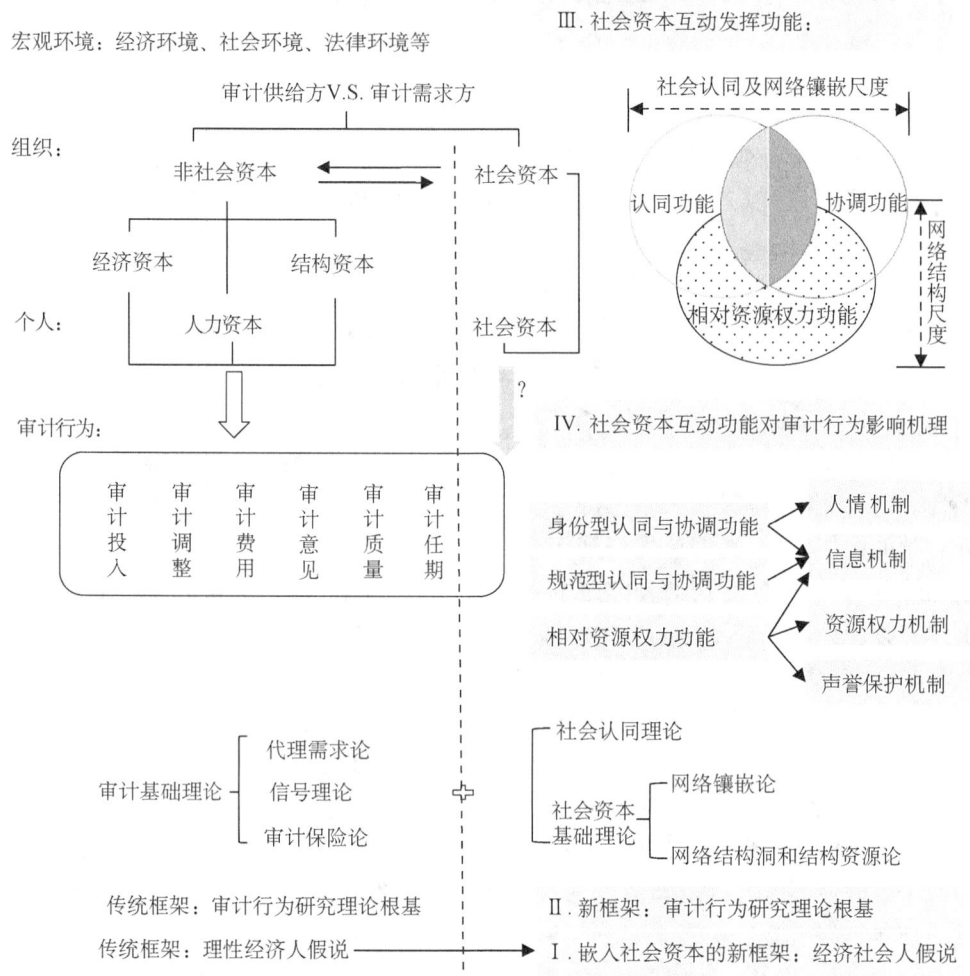

图 4-1　嵌入社会资本的审计理论研究框架

注:a."?"表示现有传统框架无法解释社会资本匹配如何影响审计行为。
b. 灰色标注的箭头"⬇"所指向内容表示新框架下社会资本匹配对审计行为的影响研究。
c. 虚线" "左侧表示传统审计理论框架,右侧为嵌入审计供求双方社会资本的新审计理论框架。
d. 虚线" "右侧分别为新框架的基本假设(Ⅰ)、理论根基(Ⅱ)审计双方社会资本互动所发挥的功能(Ⅲ)以及各功能对审计行为的影响机理(Ⅳ)。
e. 新框架下社会资本互动过程中,所发挥的功能分别为认同与协调功能、相对资源权力功能,虚线标尺表示各互动功能的社会学理论依据,包括社会认同论和社会资本理论,社会资本理论又包含网络镶嵌理论、结构洞和结构资源理论,理论的详细介绍见后文 4.2 和 4.3 章节社会资本两大类互动功能剖析部分。

第四章　嵌入社会资本的审计研究理论框架

依据研究者探究剖面不同,社会资本有宏观社会、中观组织和个人微观三层面的社会关系划分[26]、组织内外部社会资本二分法[3]等。最常被引用的划分方法是Nahapiet和Ghoshal[21]在网络镶嵌观点基础上提出的,他们认为社会资本是群体中的社会关系网络发展出的信任、合作进而为行动者带来的经济效应,同时包含社会人之间的心理态度、关系和社会网络结构表达(如网络规模、网络密度等),依此将一个企业的社会资本划分为相互关联的认知、关系和结构三层面,以便社会资本概念的分析与计量可操作化。具体地如下:

(1) 认知面社会资本作为深度心理态度变量[15],包含企业内人员心理上的分享愿景、目标认可和身份认同部分。

(2) 关系面社会资本作为中度心理态度变量,特指信任与可依赖的社会关系和基于关系的规范、义务等,如不谋私利、诚实协商、保持承诺等(包括识别、共现等9种主要的社会关系形式[248][2])。

(3) 结构面社会资本作为非心理态度变量,用以描述社会关系网络结构形态特征,以及组织运用此网络所获取的信息等资源。

据组织的第三类资本——社会资本的三层面定义可看出,嵌入社会资本的审计行为研究理论根基既包含社会学中与认知、关系和社会资源研究相关的理论,又包含组织学中与组织规范、组织资源相关的理论①。其中,认知面和关系面社会资本影响机理需从社会学经典理论——社会认同论中探寻(表4-1右半部分);结构面社会资本影响机理离不开组织理论——资源依赖论和资源基础论;而介于认知面和结构面中间的关系面社会资本除了社会认同论,还包括规范这一社会资本要素,规范要素涉及组织的制度环境论。前文第二章第四节节已对新框架下与社会资本相关的理论基础作了详细阐述。

第三,互动功能。社会资本的三层面内涵交代了一个组织的社会资本既有心理认同、信任、关系与人际互动规范等情感性功能,表现为社会属性;又有网络结构这类工具性功能,表现为经济属性(表4-1左半部分)。不同属性下社会资本的互动所发挥的功能并不相同。其中,

(1) 情感性功能逻辑下的互动表现为基于信任的认同与协调,主要关注双方互动时非理性情感因子的审计经济效应,这是非社会资本(经济资本、人力与结构资本)所不具有的互动机理(本章第四节将详细阐述认同与协调功能的逻辑)。

---

① 由于社会资本本身是组织的第三类资本,审计双方的社会资本匹配及互动机理相应属于组织理论领域中两组织间资源行为方式互动范畴,故剖析事务所与客户社会资本的互动情况也要依托于组织学理论,以便更好观察和解释组织间的行为。

表 4-1 社会资本内涵、互动功能与相关理论基础

社会资本层面	基本属性	表现形式	双方社会资本的互动功能	各层面社会资本的理论基础	各层面社会资本互动的理论基础
认知面	情感性社会属性心理态度变量	愿景、目标等的认同	认同与协调功能	网络镶嵌理论	社会认同论
关系面		社会关系			社会认同论
		互动规范			制度环境论
结构面	工具性经济属性	潜在资源权力(信息等资源)	相对资源权力功能	网络镶嵌理论、结构资源论和结构洞论	资源基础/依赖理论

(2)工具性功能逻辑下的互动模式为基于网络结构的相对资源权力,侧重于剖析双方社会资本的权力配置对审计行为的影响,社会资本这一经济属性与非社会资本的功能类似,社会资本与非社会资本的相对资源权力功能分析过程同时进行(本章第三节部分将详细阐述社会资本互动中相对资源权力功能的机理)。

第四,社会资本各互动功能对审计行为的影响机理。依据审计质量=业务胜任力×独立性的基本公式,考察审计双方社会资本的各类互动功能将对审计质量公式右侧的哪部分因子产生影响以及其具体作用路径(本书第五章、第六章内容)。审计双方的认知面和关系面社会资本通过基于认同与协调功能的信息机制、人情机制对审计行为发挥作用,认同与协调功能包括身份型功能和规范型功能两类;审计双方结构面社会资本互动对审计行为的影响则基于相对资源权力功能发挥资源权力机制、声誉保护机制和信息机制。

由于前文已对基本假说(Ⅰ)、理论根基(Ⅱ)进行了阐述[①],本章将进一步重点剖析审计方与被审计方社会资本可能的互动方式(Ⅲ),即回答:审计双方的社会资本互动对经济行为可以发挥哪些功能?由于社会资本具有多重属性,只有解析完不同属性下的社会资本发挥的功能后,才可以逐一探讨各类功能的审计效应即最终审计行为导向(Ⅳ)。本章仅探讨审计双方认知面、关系面和结构面社会资本互动时发挥的功能(Ⅲ),并不讨论最终经济行为导向的影响机制(Ⅳ);本书后两章将在此章节基础上,进一步探讨双方社会资本互动时发挥的各类功能对审计行为的不同影响机制(Ⅳ,第五章、第六章,见图 4-2 部分示例)。

借鉴前文信任概念与分类、社会资本的三要素与三构面两大基本点,运用与社会资本相关的理论基础——社会认同理论、组织制度论和资源理论,系统归纳事务

[①] 第二章对社会资本的概念、属性进行了解读,同时交代了与社会资本匹配相关的理论基础。

所与客户社会资本互动的认同与协调功能、相对资源权力功能两大类功能。社会资本内涵、各层面社会资本发挥的功能及示例见图 4-2,具体分析如下。

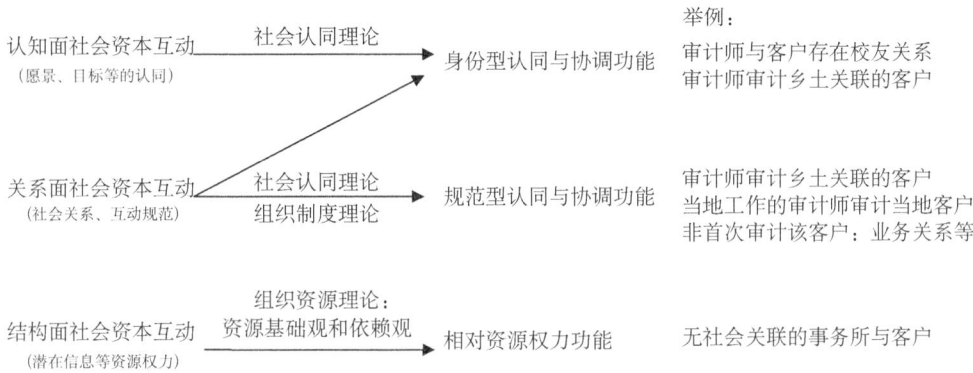

图 4-2 社会资本互动所发挥功能分类:理论来源与示例

第二节 社会资本互动:认同与协调功能的机理分析

社会资本情感性功能(表 4-1 社会资本两类基本属性——情感性功能和工具性功能)体现在交往时长、互动频繁度、互惠程度以及亲密程度等方面[28],载体为认知面和关系面的社会资本,这些"情感力量"可统括为一种心理变量——信任度。信任或来自共有身份,或来自相似规范,其包含特殊信任与一般信任两种。前者针对特定对象的信任,后者则泛指对准则、规范等的认可和遵守。网络镶嵌理论[15]最早指出,信任是社会网络连带到经济行动中的中介变量。根据此理论基点,按照中介变量——信任的类别进一步划分社会资本的情感性功能,将事务所与客户在认知面与关系层面社会资本互动所发挥的功能解读为两类认同与协调功能,即身份型认同与关系型协调功能、规范型认同与协调功能①。

需要说明的是,在认同功能与协调功能的相互关系上,认同是双方心理距离的感知,协调则是认同的行为表现,故可以说认同功能是协调功能得以发挥的基础和来源。审计双方社会资本的情感性功能互动首先依赖于认同功能,进而表现在交互行为的协调性上,对两者的讨论应同时进行。随后的社会资本匹配对审计行为影响分析基于网络镶嵌理论,以"功能逻辑起源—基本功能—审计效应导向"基本

---

① 本书将社会资本的情感性功能互动称作认同与协调功能而非信任机制的原因在于,认同与协调同时概括了事务所与客户社会资本互动时的心理过程和由此产生的行为特征,同时将认同与协调功能进行属性分类更便于直观显示认知和关系层面社会资本不同的表现形式对审计行为的影响机理,而将社会资本的情感性互动直接归纳为信任机制则显得较为笼统和抽象。

逻辑线展开(情感性社会资本各层面—信任中介变量类别—认同与协调功能类型对应情况见图4-3)。

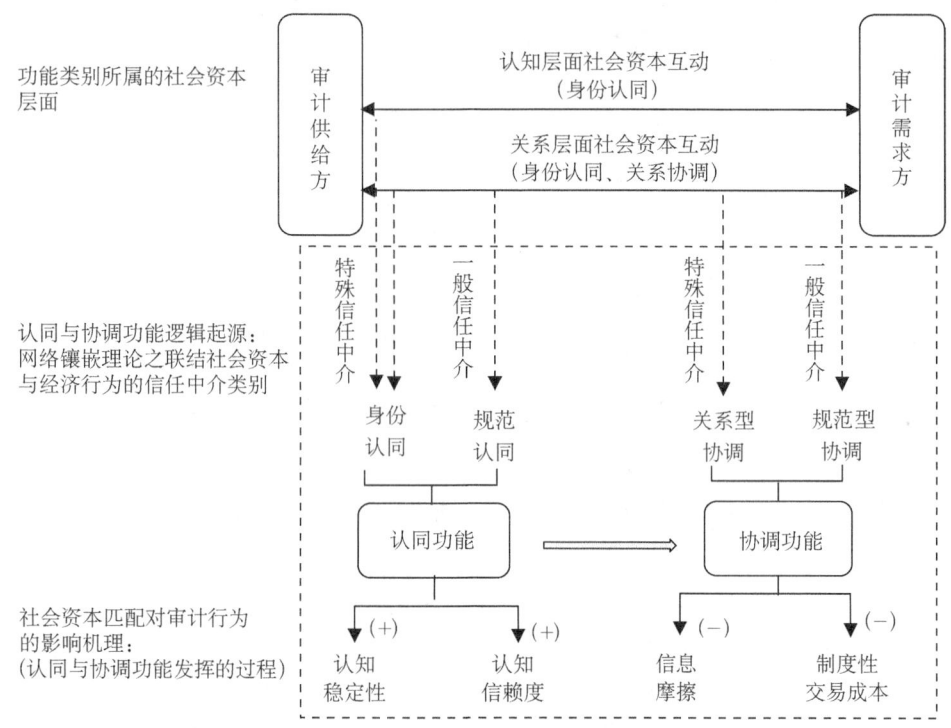

图4-3 社会资本的认同与协调功能：类别与理论推导过程

一、特殊信任中介：身份型认同与关系型协调功能

根据社会资本三层面的定义(表4-1)分析,事务所与客户两组织间的认知层面社会资本互动意为对对方审计行为的目标和愿景予以理解和互享,促成"为共同审计目标"的"一致性"群体身份认知；而关系层面的社会资本即网络成员间关系类别亦可帮助审计方与被审计方进行社会身份地位的识别和认可。依据社会认同论(图4-2),组织群体内行为人若拥有共同身份认知,则这两类身份认知可促成类属性的心理认同进而产生特殊的信任感,确信自己对对方认知无偏差,对对方行动方案集的认知会变得稳定、可信赖；同时,这种社会身份认同作为一种无形纽带,将联结协调彼此的经济关系,在经济活动中充当润滑剂,减少信息摩擦和不确定性,促进合作,进而影响审计产出,此为情感性社会资本对审计行为影响机制——基于身份识别的认同功能和基于关系纽带的协调功能(图4-3)。如果审计师团队与客户高管团队拥有共同属性社会身份如成长经历、教育背景[195]或工作经历[200-201,203],

或具有相当社会地位、隶属关系[188]等，又或者双方团队拥有非常一致性的审计目标和愿景认知，这些"一致性"群体身份认知和目标一致性认同容易形成对特定类别对象的特殊信任，具体审计沟通时在互惠度、亲密度、互动时长以及交往频率方面有所差异，基于社会身份和关系的认同与协调功能便会得以发挥和强化。功能链条归纳为"认知层面和关系层面社会资本—基于身份属性的特殊信任—关系稳定、不确定降低—经济合作"。有研究证据表明，国有企业倾向于选择有政府背景的会计师事务所进行审计[188]，很多案例也表明脱胎于政府单位的事务所拥有较多的国有企业，如脱钩于审计署的中审亚太会计师事务所和中天恒会计师事务所、原挂靠财政部、国家税务总局、国家电力部、国家航天局的中瑞岳华会计师事务所、原挂靠重庆市财政局的重庆天健会计师事务所等，承接了很多大的中央企业上市公司的审计业务。这说明此情境下，社会资本的身份认同与行为协调功能在发挥主导作用。

二、一般信任中介：规范型认同与协调功能

依据社会资本三层面定义，组织的关系面社会资本除了拥有上述关系特征，还体现在组织成员基于社会关系互动，在社会网络中发展出来的非正式互动规范和准则①。组织制度理论认为（图4-2），习俗/惯例、传统或共同经验等会使组织产生一定的行为准则，受相似规范约束的交易双方会可以预期对方行为，交易的一方受行为准则指导发生可预期行动；另一方基于对方表现出来的行为倾向符合自己预期意念，期待满足，进而确认对方可信赖，产生一般信任。若事务所和客户拥有相似互动规范和准则，在审计互动过程中更容易获得对对方行为的可预期性和可信赖度，双方在互动规范上的认同度会较高[249]。这样进而一般信任映射到行为层面，使经济行为人在博弈中采取稳定可预期的行动策略，缓解信息非对称情况，在讨价还价谈判、业务计划制订、证据收集、审计调整沟通、意见出具讨论时节省了时间成本，提高了沟通效率，降低了制度（规范）性交易成本，从而激活审计"交易"过程。功能链条归纳为"关系层面社会资本—非正式制度（规范）的一般信任—交易成本—经济合作"（图4-3）。这类认同与协调功能较为典型的有地域关联，审计师在成长或受教育过程中抑或在工作过程中长期接触当地信息与知识，形成地域上的规范和互动准则熟知度；类似的还有经常审计某一行业客户，对行业内公司一般运营流程规范较为熟悉等；在对对方行为可预期性增强的同时，一般信任得以建

---

① 前文第二章第四节提及，广泛接受的制度定义是制度作为对决策过程的一种约束和限制（North, 1990），是调节人与人、人与组织间以及组织之间互动的规则，分为正式制度（institution）与非正式制度。与结构资本提供正式的规章制度、权责分配准则这些显性的"硬制度"不同，社会资本中的"规范"要素是指人与人间的非正式互动交往规范，表现社会资本的情感性功能，是一种隐性的"软性制度"。

立,易形成规范型的认同与协调行为。有关研究发现[250][251],审计师工作所在事务所地理位置距离客户越近,越易基于高规范熟知度和沟通便利性降低对对方行为预期的偏差,审计活动会变得顺畅和高效。而拥有审计经验的高管,亦可一定程度上改变事务所对审计风险补偿的预判[252]。双方社会资本这种基于互动规范相似性进而约束审计行为取向的影响效应被称为规范则认同与协调功能。若审计活动中双方互动规范差异度大,一般信任便难以建立,这会引起不同程度的审计"失范"。

三、认同与协调功能的审计效应导向分析

审计活动人力沟通频繁,通过认同与协调可保障有效沟通、提高审计效率。但需要说明的是,认同与协调功能是一把双刃剑,前文分析均是基于相互信任进行的分析,虽然相互信任有助于双方合作,加强认同与协调功能,但它对审计行为影响仍有不同的结果导向。因为审计不是企业的私有物品,而是一种带有公共属性的服务产品,除了事务所与客户的效用函数,在发生审计行为过程中还包含其他利益相关者如财务报告使用者的效用期望,双方的合作正或负向外部性均有可能发生。

若这种深度合作不与正式规范的审计准则产生冲突,则多方行动将达到合作博弈均衡解,可实现审计公共产品的多方对称性互惠,审计师对所审财务状况做出合理保证,达到委托人及其他利害关系人对其独立性、鉴证性和公允性的期望,而被审计客户感知的成本与收益也符合其自身预期、满足其动机,此时认同与协调功能对审计行为将产生正外部性。而若事务所与客户基于信任关系组成"小团体",团体成员依据过多"人情交换"原则实施审计,则易产生负向影响,即通过排斥团体外的"局外人"(如财报使用者)互享"人情租金",这时认同与协调功能会带来机会主义,将事情的发展引向审计合谋,对审计定价、审计选择及审计意见等产生负面影响。学者们认为这可能是由特定的宏观文化环境或制度环境中介调节作用引起的,分析社会资本匹配的最终经济效应时需将行为人置于特定的文化环境和社会制度场景中去探讨①,正如实验或准实验研究须充分考虑所处环境对行为人情绪和行为的影响一样(霍桑实验就是观察周遭环境驱动社会人产生显著差异性行为的最早例证)。审计领域的一些经验证据如:已有研究指出[181],在政府干预度小、法制环境较好的情境中,有政治关联的企业对低审计质量的需求会被有效抑制。

---

① 本书文献回顾部分交代了相关经典证据。例如社会学研究连带关系强弱对职业地位影响时,Granovetter(1973)美国社会求职业者更容易通过弱关系获得相匹配工作,而在日本和中国则发现了强关系找工作更有效的相反结论(Watanabe, 1987; Bian, 1997)。又如,西方与中国对关系的作用认知有较大差异,中国学者早期研究多聚焦于关系的负面作用(Chen 等, 2004; Brass and Gray, 1998),西方学者则观察关系的正面作用(Coleman, 1990),这些截然相反的对立证据均与各个国家特定的文化或制度背景异质性有关。

由此可见,组织间的决策互动行为由组织与制度环境间的权变关系决定[207][208],这也正是本书强调嵌入社会资本探讨经济交易行为的必要性之根源。

第三节 社会资本互动:相对资源权力功能的机理分析

一、结构面社会资本的理论基础

与上述讨论认知面和关系面社会资本互动所发挥出来的认同与协调功能不同,结构面社会资本是社会网络结构表达[253],显化为网络规模、密度、中心度等特征指标,用以描述网络中成员间的信息等连通情况。这一层面的社会资本研究有两大经典理论——以整体网为研究对象的结构洞理论与以个人网为研究对象的社会资源理论,它们均试图在网络镶嵌理论基础上继续挖掘结构面社会资本内涵,将视线指向了网络结构背后的潜在资源,它们认为产品市场外还有社会市场(social market[31]),社会资本即是在社会网络中可达到(accessible)的资源[254],侧重探讨组织或单体在社会网络中所处的结构位置在社会资源交换过程中为其带来的经济交换效益,表现为社会资本的工具性价值(见表4-1社会资本两类基本属性——情感性功能和工具性功能)。那么作为一种组织资源的社会资本,依据资源基础和依赖理论,事务所与客户在由审计市场构筑的社会网络中,自身社会资本大小决定其所处网络位置,其在网络中心地位时便拥有一种非正式资源权力(resource power)①,权力大小指其能影响其他节点行为的能力、能从其他节点调用资源的能力。若审计某一方为网络结构洞"桥"的位置,即说明其拥有丰富的资源优势以及控制优势,相对对方的资源权力就会增强,社会资本匹配的审计效应即为双方社会资源权力的释放与互相作用过程。

从资源属性来探讨的社会资本,其功能与非社会资本的功能相当,均发挥资本本质作用——通过获取资源得到优势,进而创造价值。有研究显示,我国民营企业倾向于选择拥有发审委社会资源的事务所进行审计,且拥有此项社会资源权力的事务所可从中获得较高的收费溢价[183],这说明社会资本匹配的相对资源权力功能在审计师选择过程中发挥重要作用,从某一类社会资本对审计行为的影响情况便可见一斑。那么,资源观建构下,在审计活动中,社会资本的相对资源权力功能如何发挥作用呢?

---

① Lin(1986)在Burt的结构洞理论提出之前,就将个人社会资本视作个人所能调动的社会资源。Burt[29]的结构洞理论更向前推进一步,不仅关注个人社会资本,而且将视线投向组织层面的网络结构能帮助组织获取的潜在资源。

二、结构面社会资本匹配：相对资源权力功能

由于审计质量可以表征审计的总产出，本部分探讨双方社会资本匹配如何影响审计行为时，着重分析社会资本匹配对审计质量的影响。

双方非社会资本和社会资本可能的资源权力配置情况分析如下。若双方资本值相同则匹配度（相对社会资本权力即表现为社会资本的匹配大小）最高，值设为3，资本值相差最大则匹配度最低设为1，用符号的正负代表双方资本相对大小，故 $1M$、$2M$ 取值范围$\{-2,-1,1,2,3\}$。通过搭建 i 和 j 的非社会资本与社会资本矩阵，以分类考察双方不同资本匹配的可能情况，如图4-4(a)(b)(c)所示，各矩阵横纵坐标不同的方向指代了 i,j 社会资本以及双方对应的非社会资本从低到高排列，箭头指向相异表明非社会资本匹配与社会资本匹配分化情况。

(1) 若事务所 i 的社会资本与其对客户 j 非社会资本处于同等水平值，且客户 j 的非社会资本与社会资本处于同等级别，则审计双方社会资本的匹配情况与非社会资本的匹配情况相同，这种情况下审计双方社会资本影响审计行为方式与非社会资本相似，权力匹配分布情况如图4-4(a)所示，审计双方权力完全匹配分布在右上对角线矩阵中，即资本结构3、5、7矩阵中，此时，审计双方的非社会资本、社会资本大小均是完全匹配的。

(2) 若事务所 i 的非社会资本与社会资本处于同等级别，而客户 j 的非社会资本与社会资本级别相反，即非社会资本最高的矩阵社会资本最低。此时，各矩阵社会资本如图4-4(b)所示。总资本匹配度最高 $MATCH$ (M) 的前两组落在资本结构1、5和7矩阵内。资本结构1和7分别表示 j 处于高社会资本下 i 与 j 低非社会资本匹配以及 j 处于高非社会资本下 i 与 j 的低社会资本匹配。社会资本匹配 $2M$ 的三组最优值在右上对角线矩阵处取得，非社会资本匹配 $1M$ 的三组最优值则在右下对角线矩阵处取得，故而交叉处资本结构5矩阵内 j 与 i 的社会资本、非社会资本均完全匹配，匹配值最大为6。

(3) 若 i、j 的非社会资本与社会资本级别均相反，各矩阵社会资本如图4-4(c)所示。双方社会资本最优匹配组仍在右上对角线处取得，而非社会资本最优匹配组则在资本结构1、5和7矩阵中取得；此时有两组资本最优匹配组，分别为资本结构5和7，表示 i 与 j 的经济与社会资本各自在中水平完全匹配（资本结构5）、非社会资本在高水平匹配和社会资本低水平匹配（资本结构7）情形。除了资本结构5、7，总匹配值大小排列其次是资本结构1、资本结构3。

由此可以看出，审计活动过程中双方的总权力大小取决于两者社会资本、非社会资本的匹配程度，之前仅关注非社会资本匹配（即 $1M$）的研究，事实上非社会资

第四章 嵌入社会资本的审计研究理论框架

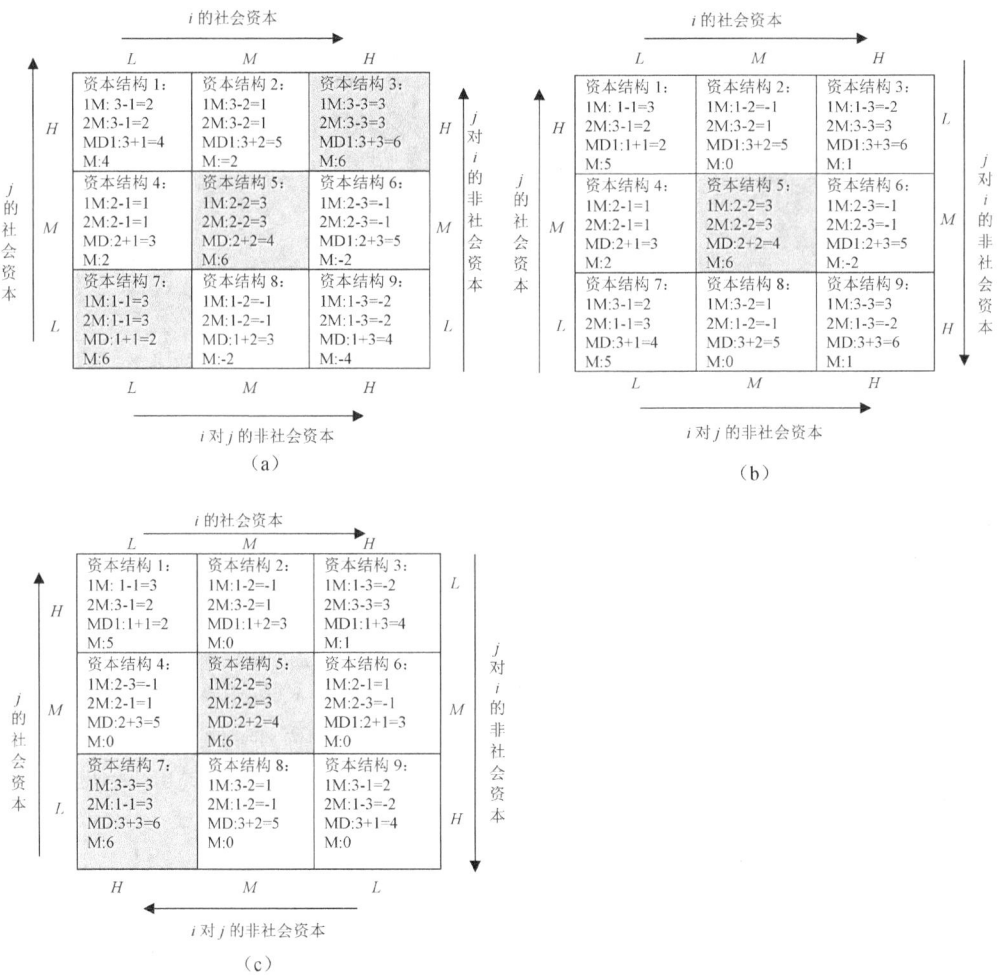

图 4-4 审计双方各类资本资源权力配置样图

注：(1) (a)~(c)中的各矩阵 1~9 表示事务所(i)与客户(j)非社会资本与社会资本这两类可能的结构配置，L,M,H 分别表示资本处于低(Low)、中(Medium)、高(High)程度，用序值 1、2、3 指代，箭头均从低资本指向高资本；(2) 1M、2M、MD 中的计算公式为 j 和 i 的相应资本相加减，如图(b)资本结构 1 中非社会资本匹配情况 1M＝1－1＝3 表示，事务所 i（计算符号－左侧）和客户 j（计算符号－右侧）的非社会资本均为低阶段(L)，双方非社会资本匹配度最大为 3，其他计算分析同上。

本和社会资本会有不同的权力配置组合，若忽略社会资本匹配（即 2M）对审计行为独立性的影响，便会对组织整体上的资本匹配对审计产出（如审计质量、费用等）的真实作用缺乏系统了解。

现有审计质量[12]的研究框架将审计质量视作发现重大错报、并成功纠正重大错报的联合概率，即审计质量表现在审计师的业务胜任力和独立性上。

因此,若将社会资本及匹配引入现有审计质量(DeAngelo,1981)的研究框架中,需观察其对审计师独立性和业务胜任能力的可能影响。

为简化分析过程、直观显示社会资本互动的相对资源权力功能,参考已有研究处理方法,后文公式统一采用线性表达。将审计过程中双方互动的资本匹配划分为非社会资本匹配和社会资本匹配两类权力匹配,i、j 分别表示审计方和被审计方,用 $1M$、$2M$ 分别表示非社会资本和社会资本的相对权力匹配情况,总匹配度 $MATCH = 1M + 2M$,$1M$ 为 i 和 j 非社会资本权力之差,社会资本匹配度亦称社会资本相对资源权力 $2M = SC_i - SC_j$,SC_i、SC_j 分别表示 i 和 j 的社会资本权力大小。

首先,非社会资本相对资源权力功能 $1M$ 的发挥分析(图4-5)。

(1) i 对 j 的非社会资本权力表现为客户 j 对事务所 i 的非社会资本依赖即 $NSC_{ij} = D_{ji}$,作为鉴证性服务,客户 j 主要依赖事务所的业务胜任力帮助企业避免重大错报,这种业务胜任能力来自事务所 i 的专业审计软件、项目规范化操作流程以及审计团队的知识和经验,体现在事务所 i 的经济资本、结构与人力资本大小上[240][241],故 $NSC_{ij} = D_{ji}$。

(2) 同样地,客户 j 对 i 的非社会资本权力表现为事务所 i 对 j 的非社会资本依赖即 $NSC_{ji} = D_{ij}$,由于事务所通过提供审计服务获得利润和发展空间,其对客户的非社会资本依赖表现为客户的经济重要性,客户对审计师的经济收入越重要,其对审计师独立性的威胁就可能越大,通常以客户 j 的经济资本占事务所 i 所有客户经济资本总和的比重来表示[238],因此,可以看出 $D_{ij} \neq D_{ji}$,双方非社会资本互动的相对资源权力功能是分别作用于审计质量的业务胜任力部分(NSC_{ij})和独立性部分(NSC_{ji})的(图4-5),此时 $1M = NSC_{ij} - NSC_{ji} = D_{ji} - D_{ij}(D_{ij} \neq D_{ji})$。

其次,社会资本相对资源权力功能 $2M$ 的发挥分析(图4-5)。一方面,社会资本的资源权力属性是组织互动过程中发展出来的网络位置影响力,客户 j 可运用相对社会资本权力在审计过程中对对方施加主观性影响,重新分配话语权力和沟通方向,对审计的无偏客观性决策产生扰动,独立性风险也会随之改变,独立性准则委员会 ISB 提出的独立性概念框架(2000)中即列举了独立性可能的威胁情况,如胁迫威胁、自我利益威胁、熟悉/信任威胁、自我复核威胁等,这里面包含客户在审计调整过程中对事务所的各种主观性影响,故客户 j 的社会资本相对资源权力作用于审计质量的独立性部分。另一方面,事务所 i 的社会资本相对权力作用过程与客户的相对权力作用过程类似,审计沟通时主要作用于审计质量的独立性部分,但方向与客户 j 相对社会资本权力施加的影响方向相反。同时,事务所 i 的社会资本还可帮助事务所从其他渠道获得有关客户的更多信息,以增强审计师的职业判断水平,提升业务胜任力。此时,事务所 i 的社会资本则作用于审计质量的业务胜任力部分(图 4-5)。

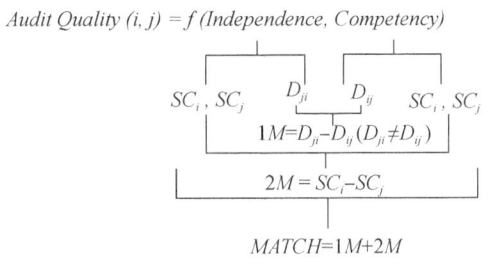

图 4-5　资源权力功能下的资本匹配与审计质量关系①

注：a. D_{ij} 和 D_{ji} 分别表示事务所 i 与客户 j 的经济依赖度；b. 非社会资本匹配 $1M=NSC_{ij}-NSC_{ji}=D_{ji}-D_{ij}(D_{ij}\neq D_{ji})$；c. 社会资本匹配 $2M=SC_i-SC_j$，SC_i、SC_j 分别表示 i 和 j 的社会资本权力大小；d. 整体资本匹配示意变量 $MATCH=1M+2M$。

需要说明的是，作为一种可调动资源，社会资本与非社会资本两者权力发挥的功能是相似的，即这些可调动的社会资源或经济资源，表现为一种权力，如话语权或决策影响力。即社会资本与非社会资本的相对资源权力无太大差异，只是权力来源不同。与非社会资本只发挥相对资源权力功能相比，社会资本还发挥着认同与协调功能，因为与非社会资本的纯工具性属性相比，社会资本还有另一基本属性——情感性功能，一旦特定情境下情感性功能获得激发，社会资本互动的认同与协调功能便可以发挥。社会资本的多重属性所发挥的功能是迥异的，因此后文将分别讨论社会资本互动的两类功能（即认同与协调功能、相对资源权力功能）对审计行为的影响机理。

第四节　社会资本互动的各功能逻辑关系

本书依据组织三层面社会资本的不同功能和属性，分别基于情感性功能和工具性功能考察审计双方两个组织间社会资本的互动功能，探讨两功能关系要从社会资本三层面间的关系源头阐释。首先，认同与协调功能为相对资源权力功能提供条件和契机。认知面与关系面的社会资本互动均是基于信任的认同与协调功能的互动，不同类型的信任被视作通往经济行为的中介变量，通过改变交易人认知，降低信息摩擦与交易成本，达到激活经济交易、促成合约的目的，最终完成资源交换与整合、改变网络结构形态，即影响结构面社会资本功效。从这个维度来看，认同与协调功能帮助实现资源权力聚集和巩固（表 4-2），在社会资本巩固和发展过

---

① 注：这里显示的为截面数据，即指代在某一 T 期审计双方互动时的社会资本和非社会资本。

程中发挥必要的"润滑剂"和"助推剂"作用。

同时,相对资源权力功能又会影响审计双方的心理认同与行为协调方向。一方面,相对资源权力功能可帮助交易双方产生信任,实现和认同与协调功能的互动(表 4-2 右侧阴影所示)。审计是双方定期性的交易行为,是一个重复博弈的过程。这里假设一个极端的双方社会关联真空情境,即 Uzzi[255]所说的"臂长连带型"交易关系,无信任基础、不具情感色彩,客户通过市场机制搜寻事务所,初次博弈时双方仅依照合约完成交易,此时双方的社会资本互动是基于相对资源权力功能达到博弈均衡;但交易结束的同时,基于商业关系的社会关联也初步形成,即产品市场上的交换帮助完成了双方在社会市场上的初次交换,此后多次博弈的过程即是社会关联自我强化和积累的过程,社会资本情感性互动效应会逐渐得以触发,触发条件即是因逐次合作建立起来的信任。由此最初的纯经济交换行为在重复博弈过程中逐步转换成社会交换与经济交换的混合行为,此为相对资源权力功能发挥时发展出的情感性连带。另一方面,社会资本的相对资源权力可能会带来信任,也可能会损害信任。社会关联在审计实践中建构,只有多次社会交换成功,才能建立信任。双方情感性连带随审计活动的相对资源权力大小而动态变化,同时受制于特定文化背景和制度环境,信任的消长也将动态变化,故相对资源权力功能可增强亦可削弱认同与协调功能。

由上所述,两功能解释社会资本匹配对审计行为影响的着眼点不同,但它们相互依存又相互补充,事务所与客户社会资本互动时"一体两翼",既有基于信任的合作,又有基于权力的威服①,功能发挥的审计效应程度是在特定文化和制度场景条件下,事务所与客户的审计目标、关系连带、互动规范及相对资源权力匹配度的多元函数(见表 4-2)。

---

① 依据社会资本三层面内涵推演出审计双方社会资本的两种互动机理:一是以信任为中介变量的认同与协调机制,二是相对资源权力机制。这里的信任是狭义上的信任,即为真实信任,并不包含因社会资本的相对资源权力威胁而妥协,从而产生对对方可预期的行为这种广义上的"信任"。制度经济学家把广义上的信任称之为制度信任,因害怕制度的惩罚而做出让别人可预期的行为(Williamson,1996),这种强制性信任仍限于经济学人的理性分析,没有关注信任所具有的社会性(曹德军,2010),真实的信任应是双向的且双方都可选择的情况下对对方行为的可预料性期待(Granvote,2002;Cook,2004)。本书审计双方社会资本互动效应研究旨在还原信任本义,即为社会学中的真实信任,表现为情感性互动。

表 4-2 新框架下社会资本的互动功能总览

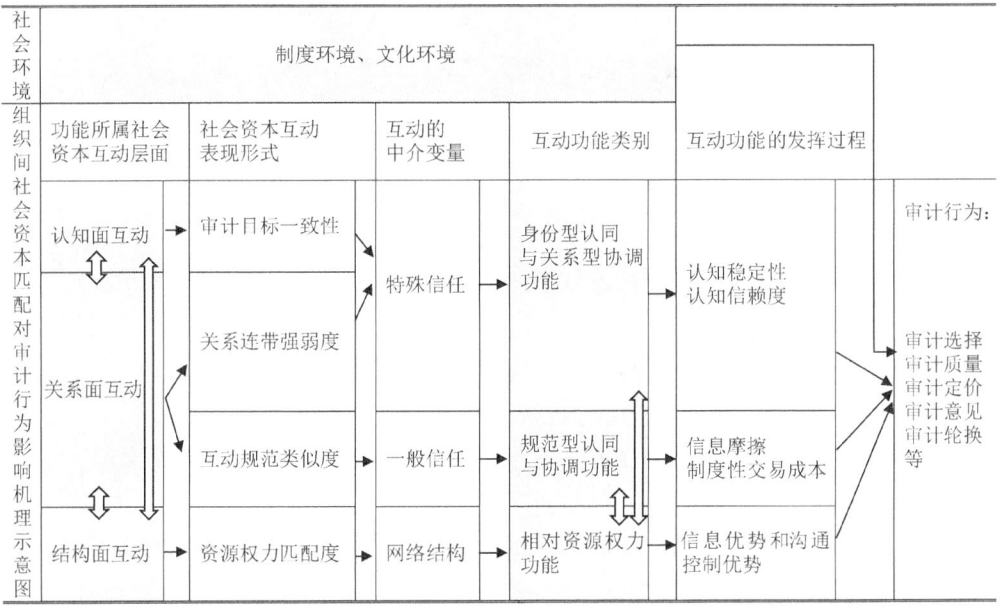

若审计双方拥有如上文所述多重共同的社会身份或互动规范相似度高、熟知度高,基于社会资本情感性功能的认同与协调功能便得以触发;而若上述情况较少,则双方的社会资本将更多发挥工具属性——相对资源权力功能占优;无论社会资本互动时哪种功能发挥主导作用,其发挥过程仍需在其特定制度环境和文化环境中进行具体讨论。因此,后文安排了两章(第五章、第六章)分别讨论各功能的影响机理,观察认同与协调功能、相对资源权力功能对审计行为的经济导向是否有差异、哪类功能占优,抑或是否仅有一种功能发挥作用。这将为完成系统性剖析"社会资本来源、属性与内涵—社会资本互动发挥的不同功能—各功能对审计行为影响机制的差异",为逻辑链条最后一个环节提供理论支持。

第五节 本章小结

继第二章梳理审计研究现有三大基本理论、第三章检验当前非社会资本匹配政策未能有效指导市场运行后,针对现有审计行为研究考虑社会情境的不足,基于社会经济社会人假设,本章尝试将组织资本的第三类资本——社会资本及匹配概念引入审计领域供求双方行为模式的分析中。首先勾勒出嵌入社会资本后的新审计理论研究框架,然后依据社会资本三要素和三层面内涵,剖析审计双方社会资本各层面社会资本互动时发挥的不同功能,为第五、第六章界定各功能为审计行为的详细作用过程提供明确的逻辑推演路径。

本章主要结论如下：

(1) 社会资本具有情感性和工具性双重属性，分别对应认知与关系面社会资本、结构面社会资本；在审计过程中，事务所和客户的三层面社会资本互动时，认知与关系面互动、结构面社会资本互动分别演绎为认同与协调功能、相对资源权力功能。

(2) 情感性属性视角下，认知与关系面特殊信任和一般信任分别衍生出身份型认同与关系型协调功能、规范型认同与协调功能，增加认知稳定性和信赖度，减少信息摩擦和交易成本。

(3) 工具性属性视角下，相对社会资本的资源权力即表现为社会资本的匹配大小，作用于审计质量的独立性，考虑社会资本的资源权力作用后，审计双方利益分配策略发生了变化，即社会资本匹配度通过改变审计合谋发生概率的阈值大小，与其他资本一同影响双方交易策略和审计产出。

(4) 两种功能交互作用、互为因果，但社会资本互动功能对审计行为的真实影响导向还受制于社会网络所处的文化、社会制度环境。这一理论视角意味着审计活动并不是纯"理性算计"，双方经济行为嵌入各自社会关系网络中，审计双方的社会资本互动时，无论是基于信任的合作抑或基于权力的威服，均会改变原来仅依赖合约和正式审计准则进行决策的行为偏好，而其真实审计效应的结果导向同时取决于审计目标一致性、关系连带、相对资源权力大小和所处特定的宏观文化与制度背景制约。第五、第六章将在本章划分完认同与协调功能和相对资源权力功能的基础上，着手探讨两类功能最终经济行为导向的影响机制。

第五章 社会资本认同与协调功能的审计效应研究

本章讨论的是事务所与客户有某种社会关联时的社会资本互动功能——认同与协调功能对审计行为的作用机理。由于社会资本是行为人在与外部环境互动过程中形成的信任、规范与关系网络总和，而社会关联在人际互动中形成，故社会资本认同与协调功能中的身份型认同和规范型认同均来自审计师从小到大遍历的社会交往过程，因而这两种认同也就离不开对审计师社会交往经历进行刻画和描述。本章将遍历审计师生命历程，包括出生和成长经历、教育经历和工作经历，识别其身份属性和行为规范，分析其与客户的社会资本互动时可能的身份型认同与协调功能[①]、规范型认同与协调功能；划分完互动功能类别后，逐个推理这两种认同与协调功能对审计行为的不同影响机理。由于教育与工作经历阶段的社会关联有相关研究文献支撑，本章将先梳理教育与工作经历阶段与客户的社会关联对审计质量的影响路径，并加以区分；然后在此基础上考察审计师乡土经历阶段与客户社会关联对审计质量的影响路径。

第一节 理论推导与研究假设

一、教育与工作经历阶段认同与协调功能的作用机理

审计是人力资本主导的服务行业，人力特征对其产出发挥关键作用。签字注册会计师团队是为了实现签发审计报告的特定目标而相互协作的注册会计师所组成的工作群体（Mcgrath等，1993）。团队成员性别、年龄等人口统计特征、工作任职、职业背景及价值观等深层次特征（Finkelstein和Hambrick，1990）相互匹配，作为一种持久的网络资源形成团队人力资本和社会资本两类。

其中，人力资本方面，根据高阶理论[240]，如教育背景、职业经验等人力统计特

[①] 由前文分析，行为上的协调来源于心理上的认同，相应地，关系型协调即来源于身份上的认同，故身份型认同与关系型协调功能可简称为身份型认同与协调功能。为便于行文上的表述，后文统一将"身份型认同与关系型协调功能"简化为"身份型认同与协调功能"。

征表现了行动者的认知基础和价值观,一定程度上会影响其判断和决策过程。国内外学者从通用性和专用性人力资本两个角度考察审计师学历、执业经验对审计质量的提高[221-228]。其内在机理是,教育和工作经验作为个人知识经验集的子集,可为审计师带来直接性的专业化信息优势,进而提升其业务胜任力(图5-1虚线部分审计质量影响路径①)。

由前文分析知,社会资本互动时的认同与协调功能体现在双方的社会关联方面。审计师在接受教育阶段和工作执业阶段,除了形成专业化信息集构筑人力资本,还会因教育和工作属性与客户形成一定的人际社会关联,如与客户发生雇佣关系的"旋转门"现象如前文所述,"旋转门"现象即审计双方为前同事关系或与客户高管形成校友关系等。其中,校友型或同事型的人际关系一方面加强了审计双方对某种社会身份的认同感,使双方产生信任,便于沟通与交流,进而成为审计师获取基于认同的信息渠道[199][202],这是社会关联基于"身份型认同与协调功能"的信息机制(图5-1审计质量影响路径④);另一方面,校友型或同事型的人际关系还可能带来人情交换[256],损害独立性,这是社会关联基于"身份型认同与协调功能"的人情机制(图5-1审计质量影响路径③)。吴溪等[257]、陈旭霞等[258]分别运用案例和大样本验证了跳槽审计师在"旋转门"现象之前就对未来跳槽客户实施了低质量的审计。蔡春等[194]进一步发现,高管有审计背景尤其是与当期审计方有工作关联时,一方面因为其拥有专业性知识,其会采取较为隐蔽的真实盈余操纵方式,另一方面,可能的人情关系提供了审计双方追逐私人利益最大化的机会,从而会引发会计信息质量的降低。此外,Guan等[195]发现审计师与高管有校友连带时盈余质量下降,结论显示强连带倾向于形成合谋联盟,导致独立性受损。Cohen等[259]也发现了相似结论,该结论指出了社会连带对管理层投资决策的负面影响。吴溪等[260]深入考察独立董事与审计师的工作关联后发现,同事关系与有审计经验的高管与审计师形成的同业关系,基于不同身份属性的社会关联对被审计客户代理成本的影响并不相同,合作与合谋动机会有所侧重,前者会损害审计独立性,后者则会增强审计方的独立性,这说明基于身份型认同与协调功能的信息机制和人情机制会在不同情境下被触发,上述两种影响路径均存在(图5-1审计质量影响路径④和③)。

审计师在接受教育阶段和工作执业阶段,除了形成专业化信息集、可能的人际关系,还会因教育和工作地与客户同处一空间形成一定的社会关联,若审计师曾在客户所在地接受教育、工作[250]或者曾多次审计过该客户,其会更为熟悉当地互动规范,拥有丰富的私人信息,在审计该客户时,更易做出审计判断,以提升业务质量,这是社会关联基于"规范型认同与协调功能"的信息机制(图5-1审计质量影响路径⑤)。

此外,与接受教育阶段形成的社会关联影响审计质量的机制不同的是,审计师在工作执业阶段除了上述机制,还可能会因与该客户的熟悉度增加,如多次审计过该客户、事务所任期增加等情况,引起"互惠"概率的增加,导致独立性丧失,获得工作关联产生某种程度的人情交换,进而损害审计质量,这是工作关联的另一种非身份型人情交换机制(图 5-1 审计质量影响路径②)。

由上可知,教育与工作经历对审计质量的影响机理既有专业性信息机制(图 5-1 人力资本对审计质量影响路径①),又有双方社会资本匹配——社会关联引起的影响机制,包括基于规范型认同与协调功能的信息机制(图 5-1 审计质量影响路径⑤)、基于身份型认同与协调功能的信息机制(图 5-1 审计质量影响路径④),还有人情交换机制(教育关联的影响路径如图 5-1 路径③,工作关联的影响路径如图 5-1 路径③和②)。

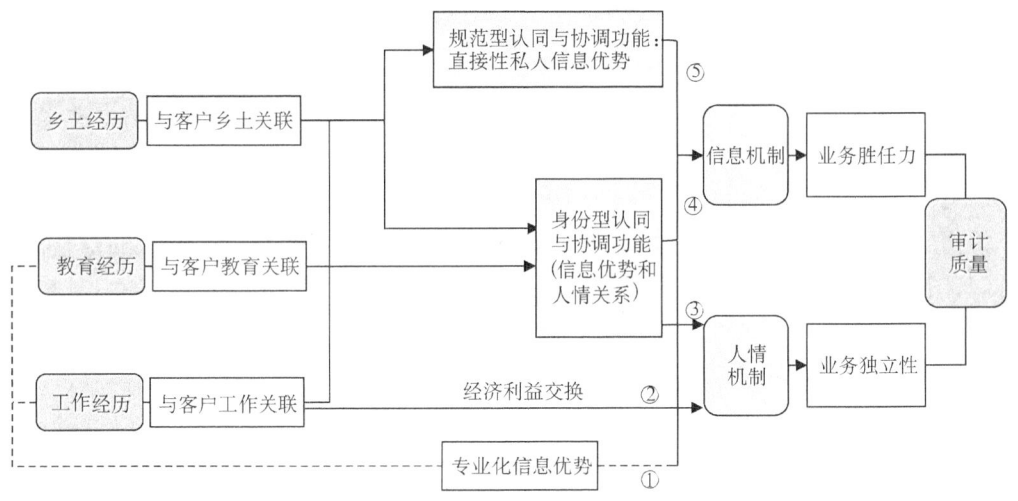

图 5-1　社会资本互动时认同与协调功能对审计质量的影响机理

二、乡土经历阶段认同与协调功能的作用机理

概括地说,"家乡"这一社会属性对审计质量的影响模式一定程度上类似于上述教育与工作经历社会资本的影响模式,路径如图 5-1 审计质量影响路径③④和⑤(路径①由于是人力资本的作用路径,而乡土经历属于社会属性,不属于人力资本范畴;乡土经历也没有工作经历阶段因工作职业需求而与客户频繁接触,进而可能产生的便捷的经济利益交换路径②)。

首先,乡土经历的信息交换模式可相应细分为两种路径,共同通向信息优势的获取。一是基于已有乡土认知的直接性私人信息优势,这部分信息优势来源与审计师曾在客户所在地受高等教育或工作过或曾审计过该客户时的信息优势相同，即如果审计师审计"同乡"客户，对审计质量的影响路径也是基于规范的熟知（即图 5-1 中审计质量影响路径⑤）。有乡土关系的审计师对客户所属区域法制环境、市场情况、人们的社会准则、行为规范了解较为深入，地方性知识较为丰富，有私人信息的优势，便于其理解客户的整体经济行为规律，有利于判断客户的可持续经营性假设，同时增强审计风险感知，在评估客户风险、制定审计计划上也会为科学合理。与无乡土印象积累的审计师相比，其已有信息集会更加丰富，有助于职业判断，这是为社会关联基于"规范型认同与协调功能"的信息机制（图 5-1 审计质量影响路径⑤）。

二是审计活动开展时审计双方基于共同的身份属性产生认同心理，进而获得信息优势。具体地，审计师对自己出生和成长的"乡土"具有身份属性认知，外在表现为一种基于情感体验的心理行为模式，其审计乡土客户时，因拥有共同的社会属性，审计沟通双方产生我群（we-group）意识，审计师与客户的乡土关系可通过话题制造、情感纽带、认知熟悉度等发挥作用，较自由地切换正式与非正式会谈方式，这些非正式沟通将提升互动频率和亲密程度、拉近心理距离[31][261-262]，从而增加双方信息交换和理解概率，降低信息交换成本；顺畅的沟通易于达成一致见解，便利有效沟通，进而提高审计效率，这是乡土关联基于"身份型认同与协调功能"的信息机制（图 5-1 中审计质量影响路径④）。

总的来说，乡土关系也是审计信息重要的交换渠道，审计师与客户的乡土关系可为审计师同时提供两类信息机制——基于"规范型认同与协调功能"的信息机制（图 5-1 中审计质量影响路径⑤）和基于"身份型认同与协调功能"的信息机制（图 5-1 中审计质量影响路径④），将整体提升审计师风险感知力、客户沟通力，助力审计师高质量的审计产出。

综合审计师的乡土、教育和工作经历，社会关联中的规范型认同与协调通过为审计师提供直接性的私人信息，助力提升审计师风险感知力，进而提高职业判断水平。故提出本书主假设 H1（图 5-1 路径⑤）：

H1：审计双方社会资本的规范型认同与协调功能通过信息机制提升审计质量。

同时，审计师与客户的乡土关联、教育关联或工作关联还有"身份型认同与协调"的信息机制，通过加强与客户沟通效率的方式，同样为审计师带来额外的信息优势，提高审计职业判断，助力审计产出，故提出本书主假设 H2a（图 5-1 路径④）：

H2a：审计双方社会资本的身份型认同与协调功能通过信息机制提升审计质量。

但另一方面，社交动机影响社交行为，行为人工作交往时都有动机利用一切

第五章　社会资本认同与协调功能的审计效应研究

可能的社会属性甚至职业属性实现自利性目的,其表现为一种基于关系的"人情交换"经济行为。已有研究发现教育连带对审计师独立性的损害,表明社会关系并不仅是信息的交流和交换,还有可能转为人情交换,信息优势功能不再占优,人情的利益一定程度上取代信息机制的效益。同样地,审计师与客户的乡土关联中也可能存在双方"认同"感过于强烈而产生"互惠"动机,发生合谋(如图 5-1 路径③);工作过程中也可能因审计该客户任期长、多次不连续地曾审计过该客户或者与该客户高管是同事关系而发生工作强关联,这些情境也可能触发人情机制,由于其影响方向与信息机制方向相反,故这里提出竞争性假设 H2b(图 5-1 路径③和②):

H2b:审计双方的社会关联通过人情机制不利于审计质量的提升。

第二节　研究设计

一、认同与协调功能测度方法

(一)基于规范型认同与协调功能的信息机制检验变量(H1)

审计师与客户各类社会关联的信息优势有可能发生重合,进而对捕捉的各类社会关联审计效应产生干扰。根据前文理论分析,在进行社会关联认同与协调功能测度时尽可能捕捉双方所有可能的社会关联,据此将依次从乡土经历、教育经历和工作经历中选择使审计双方产生规范型认同与协调功能进而影响审计质量的社会关联指标(图 5-1 影响路径⑤)。

其中,乡土关联选取审计师出生和成长地与客户所在地的关联(BIRTH_TIE),教育关联选择审计师的教育地关联(SCHOOLPLC_TIE),工作关联则分别选择工作地关联(WORKLOCL_TIE)、曾审计过此客户而产生的关联(WORKPAST_TIE)和当期审计任期产生的关联(WORKTENURE_TIE)以及客户高管拥有事务所审计经验从而与审计师产生同业关系的工作关联(WORKEXP_TIE)。其中,早期研究发现,基于当地政府干预,若上市公司由当地事务所审计会出现审计质量下降现象[263][237],而较近期的研究则表明随着制度环境的改善和市场化改革的深入,若客户由事务所当地分所审计则审计质量获得一定提升[250],这表明事务所的本地化拥有一定的信息优势,进而影响审计产出。故以变量 WORKLOCL_TIE 指代事务所的本地化效应,若审计师所在会计师事务所与客户属于同一省份,即由当地事务所审计当地客户时,WORKLOCL_TIE=1,否则为 0。WORKPAST_TIE=1 表示签字注册会计师在以前年份审计过这家公司,以前年份追溯至公开披露过的含注册会计师姓名的年份,即上市公司首次公开募股前三年。如果当期审计质量受曾经经验的影响,$WORKPAST\_TIE$ 系数为正显著。其他指标定义与之类似,详见表5-1变量定义及说明。若上述指标至少有一个与审计质量正相关,则表明规范型认同与协调功能的信息机制得以发挥,H1成立,从显著性的指标即可知道规范型认同与协调功能主要来自哪一阶段的社会关联。

(二) 基于身份型认同与协调功能的信息机制检验变量(H2a)

其一,依前文分析,三阶段审计双方均可能形成共同身份型的社会关联,进而通过信息机制影响审计质量(图5-1影响路径④)。分别以双方共有身份关联,即 $BIRTH\_TIE$、$SCHOOL\_TIE$,$WORK\_TIE$ 表示老乡关系、校友关系和同事关系。其中 $BIRTH\_TIE$ 为审计师的乡土经历,审计师的出生地为其乡土经历所在地,若签字注册会计师中有出生地与客户属于同一省份的,则定义其出生地与客户产生乡土关系,即 $BIRTH\_TIE=1$,否则为0。若乡土经历在审计此客户过程中发挥作用,则 $BIRTH\_TIE$ 系数会在统计学上具有显著性。

其二,审计师可能与高管因校友关系、同事关系而可能产生关系效应,从而影响其职业判断与独立性,这里以 $SCHOOL\_TIE=1$ 指代签字注册会计师与客户高管(包括CEO、CFO、董事会主席)[264][195] 毕业于同一高校,否则为0;$WORK\_TIE$ 指代客户高管曾任职于当期实施审计的事务所,是为1,否则为0。若 $SCHOOL\_TIE$,$WORK\_TIE$ 与审计质量成正相关,则说明校友关系、同事关系发挥的为基于身份型认同与协调功能的信息机制。

(三) 可能的人情机制检验变量(H2b)

可能的人情机制检验方面,依据前文分析,审计师可能在乡土关联、教育关联和工作关联中与客户发生人情交换。由于H1、H2a检验部分已经充分考虑了所有可能的审计双方社会关联类型,故这里参考理论分析中的影响路径划分(图5-1影响路径③和②),分别利用已有关联变量检验人情机制有无发挥。其中,乡土关联继续用 $BIRTH\_TIE$,若其与审计质量正相关,则表明乡土关联的审计效应发挥的是认同与协调功能的信息机制,H1和H2a得以验证;若负相关,则表明乡土关联发挥的是人情机制,此时H2b成立。教育关联则用校友关系 $SCHOOL\_TIE$ 来检验,原理类以乡土关联,若与审计质量正相关,则表明校友关联发挥的是基于身份型认同与协调功能的信息机制,H1成立,H2b不成立;若负相关则表明教育关联发挥的是人情机制,H2b成立。

由上述影响路径分析,工作关联形成的人情机制除了有身份型的人情机制——同事关系($WORK\_TIE$)(图5-1路径③)外,还可能有因职业频繁互动产生人际关联发生人情机制,主要有如下情境(图5-1路径②):当地事务所审计

(WORKLOCL_TIE)、曾审计过该客户(WORKPAST_TIE)、审计任期(WORKTENURE_TIE)较长、客户高管拥有事务所审计经验从而与审计师产生同业关系的工作关联(WORKEXP_TIE)等情境,通过这些变量来捕捉可能的人情机制触发场景。若 $WORK\_TIE$,$WORKLOCL\_TIE$ 或 $WORKPAST\_TIE$,$WORKTENURE\_TIE$,$WORKEXP\_TIE$ 与审计质量负相关,则说明工作关联整体上发挥的是人情机制,H2b 成立;而若四者与审计质量正相关,则表明事务所与客户的工作关联整体上发挥了认同与协调功能的信息机制,H1 或 H2a 得以验证。具体地,若 $WORK\_TIE$ 与审计质量正相关,则验证了 H2a;若 $WORKLOCL\_TIE$ 或 $WORKPAST\_TIE$,$WORKTENURE\_TIE$,$WORKEXP\_TIE$ 与审计质量正相关,则 H1 得以验证;若五变量均与审计质量正相关,则说明工作关联基于身份型和规范型认同与协调功能同时存在,H1 和 H2a 成立。

(四) 审计质量

因变量审计质量有多种测量方法[265],多以审计后盈余质量和审计最终意见为主要代理变量。但审计后的产出既包括审计质量,也包括客户审计前自身质量,使用审计后的代理变量会有测量误差,增加第二类错误概率;而审计调整则是审计过程的数据产出,反映审计师对管理层偏差的纠正情况,综合反映了审计师的职业判断能力和独立情况,故参考 Lennox 等[242][236,266],使用利润是否发生审计调整(AQ_DUM)作为审计质量的代理变量。

二、模型设计

参考已有审计质量文献[242][236,266][230][222][221][223],设计主检验模型为公式(5.1)。除了主检验变量(详见表 5-1 变量定义及说明),模型中加入其他控制变量以规避其他可能影响审计质量的因子,主要控制其经济资本、人力与结构资本:

(1) 经济资本包括客户与事务所两个模块。客户的经济资本指客户基本财务状况,包括公司资产规模、负债率、销售净利率,分别以 $PREROE$,$SIZE$,LEV,ROS 表示,详见表 5-1 变量说明[242][236,266];事务所的经济资本包括客户重要程度、是否由国际四大事务所审计[230]。

(2) 人力与结构资本包括客户和事务所两个模块。客户的人力与结构资本包括 SOE 和 $SUBSID$,事务所的人力与结构资本包括审计特征:主要包含审计师的行业专长、客户影响度、审计师的努力程度($SPECIALIST$,$INFLUENCE$,$EFFORT$)(Balsam 等,2003;Krishnan,2003;Reichelt 和 Wang,2010;Hatfield 等,2011)。

表 5-1 认同与协调功能的审计效应:变量定义及说明

预期符号	验证机制	所属社会关联名称	检测变量	变量说明
面板 A:主变量定义与说明				
因变量			AQ_DUM	若当期发生利润调整取值为 1,否则为 0
H1 检验:				
+	规范型认同与协调的信息机制(路径⑤)	乡土关联	BIRTH_TIE	若至少有一名签字注册会计师与客户注册地处于同一省份,取值为 1,否则为 0
+	规范型认同与协调的信息机制(路径⑤)	教育关联:教育所属地关联	SCHOOLPLC_TIE	若至少有一名签字注册会计师毕业高校所在学校与客户同地,则为 1,否则为 0
+	规范型认同与协调的信息机制(路径⑤)	工作关联:工作地关联	WORKLOCL_TIE	若事务所分所与客户注册地位于同一省份,取值为 1,否则为 0
+		工作关联:曾审计过该客户的关联	WORKPAST_TIE	审计师曾审计过该客户则为 1,否则为 0
+		工作关联:审计该客户任期时长	WORKTENURE_TIE	事务所审计任期时长,取自然对数
+		工作关联:客户高管有审计经验	WORKEXP_TIE	若至少有董事长、CEO、CFO 有一人有事务所审计经历但未曾在当期审计方任职,则为 1,否则为 0
H2a 检验:				
+	身份型认同与协调的信息机制(路径④)	乡土关联	BIRTH_TIE	同上
+	身份型认同与协调的信息机制(路径④)	教育关联:校友关联	SCHOOL_TIE	若至少有一名签字注册会计师与高管毕业于同一所高校,取值为 1,否则为 0,其中高管包括 CEO、CFO 和董事长(Guan 等,2016)
+	身份型认同与协调的信息机制(路径④)	工作关联:同事关联	WORK_TIE	若董事长、CEO、CFO 至少有一人曾任职于当期审计的事务所则为 1,否则为 0

第五章 社会资本认同与协调功能的审计效应研究

续表

H2b检验：		
—	人情机制(路径③和乡土、教育及工作关联②)	上述H1及H2a中各变量

面板B：回归模型其他控制变量定义

变量	定义及说明
PREROE	审计前净资产收益率处于(0,0.02)或(0.06,0.08)区间内取值为1,否则为0
SPECIALIST	若至少有一名签字注册会计师为客户所处行业市场份额最大(以客户的资产规模大小衡量),取值为1,否则为0
INFLUENCE	若客户至少有其中一名签字注册会计师的最大资产规模客户,取值为1,否则为0
MROTFIRST	若至少有1名签字注册会计师属于强制轮换后的第一年任期,取值为1,否则为0
MROTFINAL	若至少有1名签字注册会计师属于强制轮换后的最后一年任期,取值为1,否则为0
EFFORT	审计师进驻天数×审计项目团队人数,取自然对数
BIG4	若会计师事务所为国际四大事务所,值取1,否则为0
AUDITMA	当期事务所发生合并为1,否则为0
SIZE	资产规模取自然对数
LEVERAGE	资产负债率,总负债÷总资产
ROS	销售净利率,净利润÷销售收入
SOE	国有企业为1,否则为0
SUBSID	$\log(1+$当期分支机构数量$)$

同时,已有文献表明事务所合并、是否由国际四大事务所审计对当期审计质量产生显著影响(AUDITMA,BIG4)[230];此外,其他审计特征如是否为签字注册会计师轮换第一年或最后一年也会显著改变其审计动机,这里参考 Lennox 等[242]分别以哑变量 MROTFIRST,MROTFINAL 指代(变量定义及说明详见表 5-1)。

此外,模型还对行业和年份固定效应进行了控制,模型中所有连续变量均进行 1% 和 99% 分位数上的缩尾处理。

$$\begin{aligned} AQ\_DUM_{j,t} = & \gamma_0 + \gamma_1 BIRTH\_TIE_{j,t} + \gamma_2 SCHOOL\_TIE_{j,t} + \\ & \gamma_3 WORK\_TIE_{j,t} + \gamma_4 SCHOOLPLC\_TIE_{j,t} + \\ & \gamma_5 WORKLOCL\_TIE_{j,t} + \gamma_6 WORKPAST\_TIE_{j,t} + \\ & \gamma_7 WORKTENURE\_TIE_{j,t} + \gamma_8 WORKEXP\_TIE_{j,t} + \\ & \gamma_9 PREROE_{j,t} + \gamma_{10} SPECIALIST_{j,t} + \gamma_{11} INFLUENCE_{j,t} + \\ & \beta_{12} MROTFIRST_{j,t} + \beta_{13} MROTFINAL_{j,t} + \gamma_{14} EFFORT_{j,t} + \\ & \gamma_{15} BIG4_{j,t} + \gamma_{16} AUDITMA_{j,t} + \gamma_{17} SIZE_{j,t} + \gamma_{18} ROS_{j,t} + \\ & \gamma_{19} LEVERAGE_{j,t} + \gamma_{20} SOE_{j,t} + \gamma_{21} SUBSID_{j,t} + \tau_{j,t} \end{aligned}$$

(式 5.1)

三、样本筛选与数据来源

本书审计师籍贯、利润科目调整数据以及审计时长和团队人数数据来自中国注册会计师协会报备数据库,在此基础上,由于中国城镇化进程中籍贯原属县可能变成市或某市的某一区,重新统一确认籍贯现在所处省市区。此外,在其他控制变量中,审计师和高管的教育背景、审计师任期情况及事务所分所、合并信息均为手工搜集整理,通过中注协官网、证监会、公开财经媒体等多种方式搜集信息,逐一辨别审计师重名、事务所和高校更名、上市公司注册地变迁、审计师当期审计时所属事务所分所等情况。其他所需财务数据源自国泰安数据库。样本区间同第三章,为 2006—2011 年。在删除金融行业样本、一签和二签注册会计师信息均缺失以及其他变量缺失值样本后,共获得 5 415 个公司年度样本。

第三节 实 证 分 析

一、描述性统计

表 5-2 面板 A、B、C 分别列示了样本的各类社会关联关系描述、各变量统计

及单因素检验结果①。

(一) 社会关联统计

鉴于高素质人口的流动,审计师成长的地方、受教育的地方、就业的地方会有所差异。为直观显示各阶段所属地的最大重复率,研究选取审计师与客户的乡土关系、与高管教育关联、工作关联中各指代变量的均值最大值,分别为 $BIRTH\_TIE$,$SCHOOL\_TIE$ 和 $WORKLOCL\_TIE$,统计如表5-2面板A所示。观察 $SCHOOL\_TIE=0$ 和 $SCHOOL\_TIE=1$ 两组样本中 $BIRTH\_TIE$ 数值可知,无校友关联时乡土关系均值为0.460,即审计师与客户拥有乡土关系占样本比46%;而有校友关联的样本中,审计师同时含有乡土连带的比例仅为38.3%,显著低于无校友关联时的乡土连带均值。由 $WORKLOCL\_TIE=0$ 和 $WORKLOCL\_TIE=1$ 两组样本中 $BIRTH\_TIE$ 数值可知,审计方为客户当地事务所时乡土连带比例较高,为43.1%,但仍低于50%,重合度不大,这一乡土连带比例显著高于非当地事务所的样本12.4%,说明事务所分所的人才战略有一定本地化倾向。同时,审计师的校友关联、事务所审计当地客户比率的均值在有无乡土连带时有显著差异。这表明三种社会关联有一定重合度但重合度并不高,面板A中三者的相关大小和显著性也揭示了此现象。如审计师的乡土连带与事务所审计当地客户相关性大小为0.350,而乡土关联与校友关联、校友关联与事务所审当地客户的相关性大小均控制在11%以下。这说明审计师个人生命经历过程中,通过成长、教育和工作经历,获取的信息与知识集边缘在逐步扩大,本书研究乡土经历的审计效应是已有社会关联审计效应研究成果的显著补充。

(二) 变量描述统计

由表5-2面板B可知,样本区间内,45.4%的审计师与客户拥有乡土连带,与客户高管有校友关系的审计师占比7.9%,且上市公司有73.6%比例由当地事务所审计,分别与Guan等(2016)和Choi等(2012)的描述性统计相近。同事关系($WORK\_TIE$)、高管有审计经验的比例与审计师的同业工作关联($WORKEXP\_TIE$)与蔡春等[194]、张俊民等[203]的统计相似。审计师自客户上市前三年以来曾审计过该客户的占比72.8%,说明审计双方的关系较为稳定,事务所任期自然对数的均值1.299,即平均任期为3.67年。

其他审计特征中,拥有行业专长的审计师和审计客户为重要客户的比例分别为70.2%和60.4%,这表明我国审计市场供求双方的行业专长和客户集中度均较高;样本区间内由国际四大审计的客户比例较小,为5.1%;有15.7%的事务所发

---

① 未列示统计表明,利润调整比例与程度在年度分布上较为均匀,行业分布情况近同Lennox等(2014)。

生合并。客户特征方面,国有企业占比51.9%,被审计客户的分支机构数量均值为1.966,资产负债率和销售净利率平均值分别为0.492和0.079,这些控制变量的均值与Lennox等[242]的描述性统计较为一致。此外,模型中各变量的相关性大小均低于0.5,这说明多重共线性问题不严重。

(三) 单因素检验

表5-2面板C显示了主模型(5.1)中各变量在审计双方有无社会关联时因变量AQ_DUM的均值检验情况。结果显示,各类社会关联中,除了校友关联,其他教育关联、工作关联以及乡土关联,相比于社会关联组,有社会关联组的审计质量显著较高。这说明可能校友关联发挥了人情机制,而其他社会关联则发挥了信息机制,从而提升了审计质量。各社会关联对审计质量的真实影响程度仍需要进一步进行回归检验。

表5-2 描述性统计

面板A：审计师各阶段社会关联最大值分组检验			
	SCHOOL_TIE=0	SCHOOL_TIE=1	T-test
BIRTH_TIE	0.460	0.383	−3.081***
N	4 987	428	
	WORKLOC_TIE=0	WORKLOCL_TIE=1	T-test
BIRTH_TIE	0.124	0.431	21.729***
N	1 431	3 984	
	BIRTH_TIE=0	BIRTH_TIE=1	T-test
SCHOOL_TIE	0.089	0.067	−3.081***
WORKLOCL_TIE	0.595	0.905	27.489***
N	2 955	2 460	
	BIRTH_TIE	SCHOOL_TIE	WORKLOCL_TIE
BIRTH_TIE	1.000		
	(<0.001)		
SCHOOL_TIE	−0.042***	1.000	
	(0.002)	(<0.001)	
WORKLOCL_TIE	0.350***	−0.104***	1.000
	(<0.001)	(<0.001)	(<0.001)
面板B:全样本各变量描述性统计					
Stats	Mean	Std. Dev.	p25	p50	p75
主变量描述统计					
BIRTH_TIE	0.454	0.498	0	0	1
SCHOOL_TIE	0.079	0.270	0	0	0

续表

面板 B：全样本各变量描述性统计					
Stats	Mean	Std. Dev.	p25	p50	p75
WORK_TIE	0.017	0.129	0	0	0
SCHOOLPLC_TIE	0.062	0.200	0	0	0
WORKLOCL_TIE	0.736	0.441	0	1	1
WORKPAST_TIE	0.728	0.445	0	1	1
WORKTENURE_TIE	1.299	1.002	0	1.386	2.197
WORKEXP_TIE	0.051	0.220	0	0	0
控制变量描述统计					
PREROE	0.292	0.455	0	0	1
SPECIALIST	0.702	0.458	0	1	1
INFLUENCE	0.604	0.489	0	1	1
MROTFIRST	0.038	0.191	0	0	0
MROTFINAL	0.048	0.215	0	0	0
EFFORT	5.485	1.230	4.625	5.416	6.174
BIG4	0.051	0.220	0	0	0
AUDITMA	0.157	0.364	0	0	0
SIZE	12.361	1.236	11.519	12.236	13.011
ROS	0.079	0.210	0.022	0.065	0.134
LEVERAGE	0.492	0.282	0.317	0.483	0.629
SOE	0.519	0.500	0	1	1
SUBSID	1.966	1.014	1.3863	1.9459	2.6391

面板 C：单因素检验			
A	A=0（或 A<Median）	A=1（或 A>Median）	(2)−(1)
BIRTH_TIE	0.591	0.742	11.823***
SCHOOL_TIE	0.665	0.561	−3.517***
WORK_TIE	0.656	0.868	4.243***
SCHOOLPLC_TIE	0.662	0.591	−2.211**
WORKLOCL_TIE	0.602	0.680	5.326***
WORKPAST_TIE	0.606	0.680	5.104***
WORKTENURE_TIE	0.615	0.694	6.139***
WORKEXP_TIE	0.656	0.722	2.256**

注：***，**，*分别表示在1%、5%和10%分位上显著。各变量定义见表5-1。

二、回归结果分析

表 5-3 列示了全样本下根据模型(5.1)的基本回归结果。根据表 5-1 各变量对应的检验假设,乡土关联($BIRTH\_TIE$)与因变量显著正相关。未列示边际效应检验中,审计师与客户存在乡土关联的概率每增加 1% 审计质量将提升 0.61% ($e^{1.516}/(1+e^{1.516})=0.610$),说明乡土关联发挥了基于认同与协调功能的信息机制,H1 和 H2a 得以验证。

而 $SCHOOL\_TIE$ 与审计质量显著负相关,与 Guan 等(2017)的结论一致;$SCHOOLPLC\_TIE$ 不显著则说明教育关联的教育所在地与客户同位置时并没有发挥规范型认同与协调功能的信息机制,审计双方的教育关联仅触发了人情机制,在教育关联的作用效用上验证了 H2b。

工作关联的各指代变量中,$WORKLOCL\_TIE$,$WORKPAST\_TIE$,$WORKTENURE\_TIE$ 均与审计质量显著正相关,说明工作关联中基于规范型认同与协调功能的信息机制发挥了作用,验证了 H1,同时审计师与客户的同事关联($WORK\_TIE$)也显著提升了审计质量,验证了基于身份型认同与协调功能的信息机制,验证了 H2a。

在对审计质量的影响程度上,乡土关联作用最强,对审计质量提升的贡献值最大,符合社会认同论观点。根据社会认同论,社会人最先获得的群体资格被称作元认同(meta-identity),虽在不同的语境中权重有所差异,但最本质的、原初的群体资格如性别、籍贯、年龄等,是个体生命历程中被刺激最广泛、最先被领悟的群体范畴[267],因而影响也是深远的、持续的。

另外,与校友型的教育关联对审计质量影响机理不同,乡土关联和工作关联的人情机制假说 H2b 没有得到证实,人情交换机制没有发挥显著作用。不同于上述教育经历的影响模式,或许是由于乡土身份是先赋的,审计双方(审计师与所审计公司)是行为主体与行为客体的关系,客户是审计师的认知对象。而且随着个人成长、接受教育和工作经历的增长,拥有的社会范畴越来越广,群体资格逐渐增多,基于籍贯的人际关联会有所淡化,相反地,后致型社会属性的经济利益指向性较强,在较为强烈的利益导向下,如校友关系的群体文化烙印凝聚力、认同度较高,更多表现为人情交换机制。此外,同事关系又不同于校友关系,社会人在职场过程中拥有多重工作经历,根据不同的契约特点有各自不同的职责,如审计师跳槽到客户单位后,其契约即被改变,其工作职责和行为模式受当下的显性和隐性契约制约,与曾经的不同工作经历阶段的同事之间的社会关系只能视相应场景而被激发和利用。但高等教育经历仅一次,校友团体更易组织和利用起来,并且受校园共同文化熏陶,身份认同感更强;同时基于校友的社会关系网络更大,双方合作行为的约束

第五章 社会资本认同与协调功能的审计效应研究

力很小,而合作后带来的经济利益和在校友圈的社会影响力提升却是很大的。这种情形下,校友关系更易引发人情交换机制。

需要说明的是,本书研究发现审计师与客户的各类工作关联并没有发生合谋行为。国内研究中,蔡春等[194]没有发现工作关联使应计盈余管理提升,却发现高管的审计背景提升了真实盈余管理。但审计质量与真实盈余管理不同,已有研究均没有直接证实高管的各类工作关联对审计质量的影响,本书研究运用审计调整数据,系统提供了多种社会关联对审计质量的直接影响结果,厘清了各类工作关联的真实经济效应。

总的来说,高管拥有校友关联损害审计质量,发挥人情机制,仅在校友关系中印证了 H2b;而其他社会关联如当地事务所审计或审计师曾审计过该客户、随着任期增加或者审计师对客户所在地拥有乡土印象时审计质量较高,发挥了基于规范型和身份型认同与协调功能的信息机制。其中,乡土关联和工作关联均发挥了基于身份型与规范型两种认同与协调功能的信息机制,此时 H1 和 H2a 成立。

进一步地,将全样本划分一签注册会计师和二签注册会计师子样本,均发现相同结论,这说明乡土关联的审计效应并不受审计师群体差异性的影响①。其他控制变量中,随着努力程度的增加,审计质量有显著提升作用;由国际四大审计的客户被审计调整的概率较低,与第三章实证检验和 Lennox 等[242]结果一致。客户特征方面,国有企业属性、高资产负债率的客户审计质量较低。

表5-3 认同与协调功能与审计质量回归分析

变量	AQ_DUM Full Sample	AQ_DUM Reviewer PARTNER	AQ_DUM Engagement PARTNER
	(1)	(2)	(3)
事务所与客户社会关联:基于身份型与规范型认同与协调的信息机制 vs 人情机制			
BIRTH_TIE	0.449***	0.398***	0.557***
	(5.103)	(4.020)	(5.204)
SCHOOL_TIE	−0.747***	−0.625***	−0.994***

---

① 未列示描述性统计中显示,一签注册会计师的乡土关联均值、校友关联均值与二签注册会计师有所差异,略高于二签注册会计师。具体地,一签注册会计师(review partner)Mean BIRTH_TIE=0.350,Mean SCHOOL_TIE=0.282;二签注册会计师(engagement partner) Mean BIRTH_TIE=0.199,Mean SCHOOL_TIE=0.177,但未列示回归统计,审计师乡土连带效应或校友连带效应并不因审计业务中两位审计师的责任划分等的不同而有所差异(如一签和二签注册会计师子样本的 BIRTH_TIE 系数差异性检验:Chi2=1.78;p-value=0.1823)。

续表

变量	AQ_DUM Full Sample	AQ_DUM Reviewer PARTNER	AQ_DUM Engagement PARTNER
	(1)	(2)	(3)
	(−4.545)	(−3.237)	(−4.882)
WORK_TIE	1.109***	1.189***	1.469***
	(3.019)	(2.989)	(3.203)

事务所与客户社会关联:基于规范型认同与协调的信息机制 VS 人情机制

变量	(1)	(2)	(3)
BIRTH_TIE	0.449***	0.398***	0.557***
	(5.103)	(4.020)	(5.204)
SCHOOLPLC_TIE	−0.076	−0.109	−0.251
	(−0.440)	(−0.542)	(−1.143)
WORKLOCL_TIE	0.179*	0.283**	0.104
	(1.849)	(2.567)	(0.930)
WORKPAST_TIE	0.246***	0.309***	0.220**
	(3.160)	(3.352)	(2.194)
WORKTENURE_TIE	0.176***	0.150***	0.223***
	(3.767)	(2.842)	(3.900)
WORKEXP_TIE	0.178	0.195	0.339*
	(1.037)	(0.997)	(1.746)
控制变量:			
PREROE	−0.199***	−0.209**	−0.217**
	(−2.767)	(−2.561)	(−2.473)
SPECIALIST	0.111	0.170*	0.164
	(1.369)	(1.883)	(1.597)
INFLUENCE	−0.117	−0.166*	−0.162
	(−1.480)	(−1.872)	(−1.639)
MROTFIRST	−0.159	−0.213	−0.037
	(−1.020)	(−1.218)	(−0.176)
MROTFINAL	−0.358**	−0.384**	−0.407**
	(−2.556)	(−2.294)	(−2.207)
EFFORT	0.218***	0.245***	0.218***
	(6.077)	(6.136)	(4.973)
BIG4	−1.547***	−1.889***	−1.681***

续表

变量	AQ_DUM Full Sample	AQ_DUM Reviewer PARTNER	AQ_DUM Engagement PARTNER
	(1)	(2)	(3)
	(−6.533)	(−6.528)	(−5.827)
AUDITMA	0.018	0.008	−0.010
	(0.196)	(0.080)	(−0.094)
SIZE	−0.252***	−0.235***	−0.248***
	(−5.682)	(−4.906)	(−4.728)
ROS	0.250	0.455*	0.149
	(1.245)	(1.949)	(0.610)
LEVERAGE	−0.452***	−0.397**	−0.521***
	(−3.109)	(−2.278)	(−3.018)
SOE	−0.506***	−0.552***	−0.549***
	(−5.383)	(−5.436)	(−4.938)
SUBSID	−0.002	−0.013	−0.007
	(−0.040)	(−0.270)	(−0.127)
Intercept	2.197***	1.346**	1.780***
	(3.988)	(2.232)	(2.657)
Year & Industry Fixed	YES	YES	YES
pseudo R^2	0.101	0.110	0.116
Wald Chi^2	390.366	332.496	337.474
N	5 415	4 391	3 648

注：***，**，*分别表示在1%、5%和10%分位上显著。

第四节 扩展性研究

由前文知，各阶段的社会关联对审计质量的影响路径和作用效果有所不同，分别有基于身份型认同与协调功能的信息机制（H2a）和人情机制（H2b）、规范型认同协调功能的信息机制（H1）。在此基础上，本节先运用检测工具，分别检验基于身份型认同与协调功能的信息机制和人情机制、规范型认同与协调功能的信息机制的存在性，然后考察影响社会关联认同与协调功能的信息机制发挥的因子。

一、认同与协调功能对审计行为影响路径的细分检验

(一) 路径1:身份型认同与协调功能下的信息机制检验

"认同—信息"机制检验工具:方言的文化类似性。根据前文分析知,乡土关联、校友关联和工作同事关联发挥审计效用的作用机理之一是审计双方基于身份认同的心理效应和价值趋同。一个群体共同的行为准则和价值取向统称为一种文化,用以承载和显性标识文化的工具即为语言,不同的方言拥有不同的文化属性。从这个层面来讲,汉语方言兼备群体沟通的效应和文化表征的效应两种功能[38]。鉴于普通话的广泛普及和上市公司客户丰富的人才储备,审计这一商业活动多以普通话沟通,方言作为交际工具在审计过程中并不会发挥显著效用,此时汉语方言多发挥文化效应[268],即方言塑造了一个群体的心理认同和互动准则。基于此,方言差异可指代身份认同情况,审计师出生地、受高等教育地或工作地与客户所在地的方言差异度越大,其标识的文化相似性越低,心理认同度便越低,相应地,由心理距离获取的信息优势便越小,社会关联的审计效应则越弱。

与乡土连带(BIRTH_TIE)不同,由于身份型其他连带 SCHOOL_TIE 和 WORK_TIE 中,审计师与客户高管毕业于同一所学校、工作于同一地方的地理位置均相同,方言无差异度,是受同一所学校、工作文化熏陶的,且教育背景与工作任职均为个人的身份属性,身份型连带发挥的身份型认同与协调功能无须再以文化差异度作分组检验,故本次身份型认同与协调功能的信息机制检验仅用来检验乡土连带(BIRTH_TIE)。

乡土关联影响机理检验上,本书手工搜集整理中国《汉语方言地图集》[269]以及《中国语言地图集》[270],分别定位一签和二签审计师的出生城市以及上市公司注册城市的方言片区。汉语方言共分为四个层次,从大到小范畴分别为方言大区—方言区—方言片—方言小片。由于地图集完成于2001年,对2001年至今有县市转化、更名情况的,本书均以最新行政地区名称为准则进行方言片区一致性界定。以序值变量 $Dialect\_diff$ 描述审计师出生地与上市公司所在城市的方言差异度,若属于同一方言小片则无方言差异性,即取值为0,若属于同一方言片但不属于同一方言小片,则方言差异度为1,以此类推,同一方言区不同方言片的方言差异度为2,同一方言大区不同方言区为3,不属于同一方言大区的为4,故 $Dialect\_diff$ 取值0,1,2,3,4。通常情况下同一方言大区的文化均有一定程度的相似性,以审计师出生地和客户所在地是否属于同一方言大区分组,分别回归并检验自变量 BIRTH_TIE 系数的组间差异性。表5-4栏目(1)~(2)显示,全样本下文化差异性较小时,审计师的乡土经历有助于提升审计质量;而在文化差异度最大的组中,审计师的乡土关联虽与审计质量仍为正相关,但不再发挥显著的审计效应。这说

明审计师的乡土关联效应有效发挥依赖于文化相似性带来的身份认同程度,即审计师与客户乡土关联的作用机理有认同—信息机制,基于文化相同或相似的心理认同度能帮助审计师拉近心理距离,改善沟通进而获取有利的公司信息,提升执业活动,基于身份型认同与协调功能的信息机制得以验证。

同时,表5-4栏目(1)~(2)中,SCHOOL_TIE 和 WORK_TIE 在以审计师出生地和客户所在地文化差异度进行分组检验中,与审计质量 AQ_DUM 均保持了显著稳定的关系,也印证了教育连带和工作连带身份型认同与协调功能信息机制的稳健性。另外,在乡土关联的分组检验中,由工作关联系数显著性可知,整体上,各规范型的审计效应在审计师的乡土关联作用不显著的一组发挥更为显著的审计效应,说明规范型认同与协调功能的信息机制与身份型认同与协调功能的信息机制作用产生互补。下面将运用地理邻近变量,进一步检验规范型认同与协调功能的信息机制的存在性。

(二)路径2:规范型认同与协调功能下的信息机制检验

直接信息优势机制检验工具:地理邻近。根据前文分析,有乡土经历、教育经历或工作经历的审计师在审计社会经历所在地的客户时,本身具有或更容易获取增量私人信息,包括经营环境、商业风险等,便于其对所审计客户的进行风险评估与认定,这是社会关联规范型认同与协调功能的信息机制。当今互联网等信息技术的发展,使信息的分布与传播不再受时间和空间限制,大大降低了信息成本;但这些公开流动的信息是已知的公共信息,对商业经济决策影响更为重大的私人信息仍局限在特定地理范围内,一般通过口头传播、人际交往等方式非公开流动,较之公开信息获得者,拥有私人信息优势的一方可收获信息红利,取得超额收益。审计双方地理距离邻近因具有信息成本的降低(效率)、增量信息(数量)的获取等多种优势,成为审计领域研究的热点话题。刘文军[271]利用中国数据研究发现,随地理越邻近,审计质量越高,其认为这是由于信息收集成本的降低和审计师监管约束的便利性。而 Jensen,Kim 和 Yi[272] 则更进一步,他们发现除了信息成本降低(效率),在控制了监管成本因素的影响后,事务所与客户所在地的地理越邻近,审计师可获取的私人信息越丰富(数量),审计质量越高,即地理邻近带来的审计质量提升主要来自私人性信息优势的获取。鉴于此,本书同样以地理距离远近来衡量审计师对客户的直接性信息获取优势大小①,以观察审计师的乡土和工作经历中基于

---

① 虽然不可避免地,衡量审计师乡土连带直接信息优势机制和认同-信息优势机制的地理距离与文化差异性有相关性,地理距离越近,方言可能越相近,文化就可能越相似;但地域文化多基于人际互动中的方言交流,地理距离邻近的跨文化现象非常普遍,两者并不完全一样。故相比地理距离,方言更能刻画文化的类似度以及由文化类同产生的认同心理。而在刻画审计师的直接性私人信息获取水平方面,地理距离较方言能更有效指代,这是因为商业活动中普通话广泛普及,使用方言带来的沟通效应削弱至较小的程度,方言更多呈现文化载体功能。

规范型认同与协调功能的信息机制所发挥的效果①。

表5-4 认同与协调功能对审计行为的影响机制检验

变量	身份型认同与协调功能的信息机制检验		规范型认同与协调功能的信息机制检验			
	$Dialect\_diff$ $=0,1,2$	$Dialect\_diff$ $=3,4$	GD $<$Median	GD $>$Median	GD $<$Median	GD $>$Median
	乡土关联	乡土关联	乡土关联	乡土关联	工作关联	工作关联
	(1)	(2)	(3)	(4)	(5)	(6)
BIRTH_TIE	0.733***	−0.110	0.421***	0.250**	0.664***	0.099
	(4.834)	(−0.757)	(2.709)	(1.991)	(5.822)	(1.041)
SCHOOL_TIE	−0.823***	−0.592**	−0.562**	−0.450	−0.846***	−0.739***
	(−3.997)	(−2.118)	(−2.241)	(−1.502)	(−3.066)	(−3.529)
WORK_TIE	0.858**	1.636***	1.149**	1.137**	1.487***	0.772*
	(2.224)	(2.653)	(2.018)	(2.513)	(2.772)	(1.720)
SCHOOLPLC_TIE	0.298	−0.754***	0.101	0.054	−0.155	0.089
	(1.471)	(−2.932)	(0.387)	(0.210)	(−0.567)	(0.428)
WORKLOCL_TIE	0.143	0.377**	0.066	0.220*	0.189	0.072
	(1.605)	(2.394)	(0.575)	(1.653)	(1.338)	(0.744)
WORKPAST_TIE	0.217**	0.322**	−0.024	0.553***	0.335***	0.142
	(2.263)	(2.461)	(−0.183)	(4.117)	(3.242)	(1.081)
WORKTENURE_TIE	0.198***	0.113*	0.181***	0.188***	0.232***	0.085
	(3.889)	(1.879)	(2.632)	(2.785)	(4.439)	(1.342)
WORKEXP_TIE	0.284	−0.029	0.400	0.180	0.060	0.267
	(1.587)	(−0.111)	(1.617)	(0.737)	(0.251)	(1.347)
PREROE	−0.277***	−0.164	−0.315***	−0.210*	−0.220**	−0.230**
	(−3.046)	(−1.554)	(−2.673)	(−1.770)	(−2.008)	(−2.490)
SPECIALIST	0.156	0.057	0.190	0.309**	0.228*	0.061
	(1.497)	(0.478)	(1.441)	(2.171)	(1.797)	(0.590)
INFLUENCE	−0.178*	−0.010	−0.135	−0.158	−0.149	−0.095
	(−1.825)	(−0.095)	(−1.086)	(−1.178)	(−1.257)	(−0.974)
MROTFIRST	−0.238	−0.040	−0.155	0.021	0.104	−0.102
	(−1.108)	(−0.160)	(−0.603)	(0.068)	(0.341)	(−0.503)

---

① 主检验SCHOOLPLC_TIE不显著,说明校友关联主要发挥人情机制,基于规范型认同与协调功能的信息机制未能发挥作用,故这里仅细分检验乡土关联和工作关联中基于规范型认同与协调功能的信息机制。

续表

变量	身份型认同与协调功能的信息机制检验		规范型认同与协调功能的信息机制检验			
	$Dialect\_diff$ $=0,1,2$	$Dialect\_diff$ $=3,4$	GD <Median	GD >Median	GD <Median	GD >Median
	乡土关联	乡土关联	乡土关联	乡土关联	工作关联	工作关联
	(1)	(2)	(3)	(4)	(5)	(6)
MROTFINAL	−0.295	−0.393*	−0.438*	−0.261	−0.399	−0.211
	(−1.644)	(−1.696)	(−1.888)	(−0.988)	(−1.545)	(−1.161)
EFFORT	0.135***	0.297***	0.199***	0.135**	0.279***	0.219***
	(3.104)	(6.132)	(3.593)	(2.259)	(5.568)	(4.860)
BIG4	−1.295***	−2.044***	−1.406***	−1.603***	−2.632***	−0.870***
	(−6.296)	(−7.303)	(−4.802)	(−5.659)	(−9.995)	(−3.810)
AUDITMA	0.008	0.119	0.106	−0.064	−0.261*	0.122
	(0.066)	(0.844)	(0.692)	(−0.365)	(−1.737)	(0.958)
SIZE	−0.239***	−0.246***	−0.285***	−0.178***	−0.143**	−0.341***
	(−5.260)	(−4.606)	(−4.992)	(−2.853)	(−2.537)	(−7.302)
ROS	0.394**	−0.043	0.464*	0.579*	0.187	0.174
	(2.092)	(−0.154)	(1.883)	(1.913)	(0.642)	(0.912)
LEVERAGE	−0.330**	−0.608***	−0.337*	−0.373*	−0.307	−0.467***
	(−2.255)	(−2.881)	(−1.704)	(−1.689)	(−1.466)	(−3.038)
SOE	−0.524***	−0.424***	−0.508***	−0.664***	−0.475***	−0.338***
	(−5.619)	(−3.796)	(−4.254)	(−5.206)	(−4.155)	(−3.535)
SUBSID	0.032	−0.055	−0.010	0.068	−0.106*	0.022
	(0.658)	(−0.940)	(−0.160)	(0.986)	(−1.738)	(0.431)
Intercept	2.792***	1.711*	3.008***	1.318	0.254	3.524***
	(4.778)	(1.890)	(4.153)	(1.572)	(0.300)	(5.898)
Year & Industry Fixed	YES	YES	YES	YES	YES	YES
pseudo R^2	0.101	0.100	0.103	0.111	0.152	0.082
chi2	394.287	294.847	246.579	247.372	448.923	297.031
N	2 881	2 534	1 755	1 756	2 629	2 640

注：***，**，*分别表示在1%、5%和10%分位上显著。

其中，工作关联中的规范型认同与协调功能用了四个变量综合衡量 WORKLOCL_TIE，WORKPAST_TIE，WORKTENURE_TIE，WORKEXP_TIE，除了当地事务所审计(WORKLOCL_TIE)和事务所当期任期(WORKTENURE_TIE)均由当期事务所所在地与客户所在地的地理距离衡量，曾审计过该客户(WORKPAST_

TIE)、高管有过事务所审计经验(WORKEXP_TIE)所发生的审计双方社会关联因公开披露数据有限,无法获得自公司上市成立起审计师所在事务所分所、高管曾任职的事务所具体地理位置,因而难以计量,这里仅以工作关联中的两个衡量因子(WORKLOCL_TIE)和事务所当期任期(WORKTENURE_TIE)来检验工作关联基于规范型认同与协调功能的信息机制。

具体地,用百度地图分别定位审计师的出生城市、当期所在事务所分所地以及上市公司注册地的经纬度①,其中,由于审计师出生地数据仅截至市级,故出生地的具体经纬度遵循惯例以当地市政府经纬度来表征,参考已有文献计算审计师出生地和上市公司所在地的地理距离以及当期事务所分所与上市公司所在地的地理距离,大小以变量 GD 表示,数值越大表示两地越远。根据地理距离(GD)大小划分为地理距离远近两组,分别统计检验自变量 BIRTH_TIE,SCHOOLPLC_TIE,WORKLOCL_TIE,WORKPAST_TIE 和 WORKTENURE_TIE 系数显著性以及组间差异性。表 5-4 栏目(3)~(6)显示,与地理距离较远组相比,地理距离较近组的乡土关联审计效应较为显著,综合表 5-4 栏目(1)~(2)的 BIRTH_TIE 系数大小得出,审计师与客户的乡土关联同时发挥了身份型和规范型认同与协调功能,从而获取了相关信息优势,进而提升了审计质量。表 5-4 栏目(5)~(6)中,与事务所分所地相关的工作关联 WORKPAST_TIE 和 WORKTENURE_TIE 均在事务所分所与客户距离较近一组更为显著,这说明工作关联的规范型认同与协调功能发挥了作用,事务所分所与客户距离越近,其与客户的工作关联越紧密,获得的规范类信息优势越多,审计质量就越好。综合表 5-4 栏目(3)~(6)可知,社会关联基于规范型认同与协调功能的信息机制得以验证。

同样地,从表 5-4 栏目(1)~(4)对乡土关联的身份型和规范型认同与协调功能分别检验结果可看出,事务所与客户的乡土关联、工作关联对审计行为的影响呈现明显的互补现象,即当地客户工作关联的规范型认同与协调强作用刚好弥补了乡土关联规范型认同与协调功能弱作用的情境,与前文规范型认同与协调功能的信息机制与身份型认同与协调功能的信息机制作用上的互补相似。

二、认同与协调功能的作用机制影响因子探析

行动者的知识体系并不是随时处于备用状态,而是"领域—特质(domain-specific)"的,需要满足一定情境方可调动特定领域的知识群。无论是身份型认同与协调功能的信息机制抑或规范型认同与协调功能的信息机制,审计师社会资本的审计效用发挥同样需要相关信息和知识集的激活。依社会认知论[273],社会知

---

① 详见百度地图坐标拾取系统 http://api.map.baidu.com/lbsapi/getpoint/index.html。

第五章　社会资本认同与协调功能的审计效应研究

识获得的激发依托于三个条件：可接近性（accessibility）、可用性（applicability）和情境显著性（salience）（图5-2）。可接近性是"领域—特质"型的知识被激活的首要条件，即通过实时范畴启动或历时性的调取使用，使特定范畴的知识由潜伏状态转变为准备可使用的状态；可用性条件指被激活的知识要有工具属性，即吻合特定情境下的问题需求，有可实用性；而情境显著性指在特定场景下突出某一概念，从而激发某类知识的运用。可接近性和可用性从行为人主体的内在知识集层面进行描绘，而情境显著性则是从客观外在场域层面进行描述。由于本章讨论的是审计师审计有社会关联客户时的审计效应，这一基于社会关联的认知和信息集在审计过程中具有天然可用性，故本书重点讨论另两个条件——可接近性和情境显著性激活因子，并分析其中的激活机理。

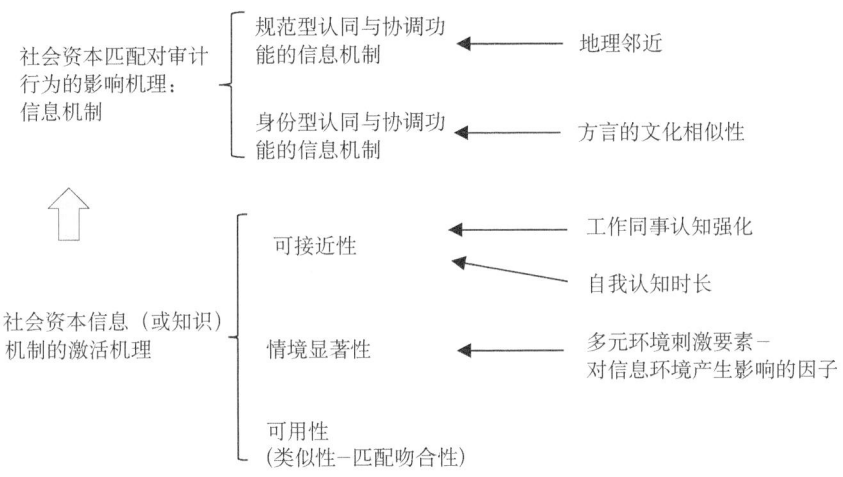

图5-2　认同与协调功能影响审计行为的信息机制激活要素

（一）可接近性：互动频率及认知时长

可接近性要求满足一定情境使得相关概念或知识如"备用箱"的工具一样处于随时可以使用的状态。审计师社会经历的信息优势和身份认同感需要不断强化和积累，这些认知与信息集的激活可通过人际交往情境或者自我的长期历时性认知强化实现。具体分析过程如下：

（1）审计师可通过来自他人的增量信息途径辅助其完成社会经历相关知识的可备用过程。审计师日常工作场景内，除了所服务的客户，与其互动关系最为紧密的是同一事务所的工作同事，同一工作"团体"内信息流动较快，审计师可通过与同所的但并不审计此客户的审计师沟通交流来了解当地文化背景和客户知识（档案库），若同一事务所内有与众多与其客户相同身份的签字注册会计师，则审计师基于身份的相关信息集会得到加强。

(2) 审计师社会经历的信息优势和身份认同感也得益于自身认知水平的提升。认知偏差越小,时间越长,其对自己先天赋予的身份所属的社会知识体系愈加完善和丰富,对相关信息和知识的理解也会更加深入全面。

基于此,一方面,本部分先搜索同一事务所审计师 i 的工作同事中有多少与该审计师有共同身份或信息集。工作同事中与该审计师可能的共同身份或信息集有:与该审计师是同乡、与该审计师是校友、与该审计师一样均曾审计过该客户。由于审计师与客户的校友关系经主检验得出是发挥人情机制而非信息机制,故这里仅用来检验工作同事与该审计师是同乡、与该审计师一样均曾审计过该客户两种信息机制的可接近性激活要件。其中,依靠人际交往被激活的乡土经历检验以变量 $Sum\_wkmt\_birthtie$ 指代,其为当期审计师 i 的工作同事中同乡个数,数值越大表明事务所分所中审计师 i 的同乡较多,则在平时沟通过程中越会以较高可能性增强关于同一社会范畴的话题讨论和沟通;若此时审计师 i 也与客户拥有乡土连带,即 $BIRTH\_TIE=1$,则审计师 i 的信息和知识就越容易被激活,其乡土经历的审计效应便会越强。类似地,运用 $Sum\_wkmt\_workPAST$ 表示当期审计师 i 工作同事中曾审计过该客户的个数。

另一方面,自我认知时长以审计师截至当期的工作年限来衡量,参考第三章第 2 节的变量,以自取得注册会计师资格证起年限较长的数值 $CPAYEAR$ 来表示[①],数据经手工搜集注册会计师官网的注册会计师信息查询栏目而得。

由表 5-5 栏目(1)~(6)可知,工作同事同乡关系较多、工作同事中有较多曾审计过该客户的审计师时,审计师的乡土关联和工作关联分别更好地发挥审计效用,促进审计过程优化;同时,审计工作年限偏大组的社会关联对审计调整行为改善较大。由此可见,审计师与客户的多重社会关联相关的信息和知识会根据可接近性的不同,获得不同程度的激发和应用。分组检验时,审计师与客户的校友关系均对审计质量发挥稳定的负作用。

表 5-5 信息机制激活要件——可接近性检验

变量	工作同事共有信息集互动强化程度分组检验				自我认知时长分组检验	
	$Sum\_wkmt\_$ $birthtie$ $>$Median	$Sum\_wkmt\_$ $birthtie$ $<$Median	$Sum\_wkmt\_$ $workPAST$ $>$Median	$Sum\_wkmt\_$ $workPAST$ $<$Median	$CPAYEAR>$ Median	$CPAYEAR<$ Median
	(1)	(2)	(3)	(4)	(5)	(6)
$BIRTH\_TIE$	0.794***	0.290***	0.556***	0.214*	0.269**	0.557***
	(5.616)	(3.492)	(6.414)	(1.806)	(2.249)	(5.043)

---

① 由于年龄包含较多噪音,这里用其审计工作年龄能更好捕捉其审计工作中对非正式规范的运用和理解能力。

续表

变量	工作同事共有信息集互动强化程度分组检验				自我认知时长分组检验	
	$Sum\_wkmt\_birthtie$ >Median	$Sum\_wkmt\_birthtie$ <Median	$Sum\_wkmt\_workPAST$ >Median	$Sum\_wkmt\_workPAST$ <Median	$CPAYEAR>$ Median	$CPAYEAR<$ Median
	(1)	(2)	(3)	(4)	(5)	(6)
SCHOOL_TIE	−0.821**	−0.742***	−0.929***	−0.453*	−0.891***	−0.552**
	(−2.211)	(−3.993)	(−4.560)	(−1.689)	(−2.886)	(−1.974)
WORK_TIE	1.667**	0.962***	1.374***	0.763	0.557	1.266***
	(2.186)	(2.714)	(3.092)	(1.594)	(1.103)	(2.747)
SCHOOLPLC_TIE	−0.332	0.002	−0.072	−0.128	−0.188	−0.129
	(−1.004)	(0.014)	(−0.335)	(−0.551)	(−0.658)	(−0.524)
WORKLOCL_TIE	−0.108	0.234***	0.179*	0.221*	0.571***	0.076
	(−0.650)	(2.700)	(1.807)	(1.778)	(4.364)	(0.618)
WORKPAST_TIE	0.360**	0.233***	0.334**	0.128	0.238*	0.084
	(2.253)	(2.657)	(2.553)	(1.115)	(1.785)	(0.702)
WORKTENURE_TIE	0.192**	0.154***	0.195***	0.026	0.169**	0.187***
	(2.540)	(3.442)	(4.159)	(0.357)	(2.621)	(3.054)
WORKEXP_TIE	0.465	0.063	0.062	0.273	0.041	−0.035
	(1.532)	(0.370)	(0.314)	(1.224)	(0.174)	(−0.146)
PREROE	−0.216	−0.200**	−0.246***	−0.112	−0.146	−0.066
	(−1.644)	(−2.501)	(−2.915)	(−0.948)	(−1.278)	(−0.600)
SPECIALIST	0.221	0.054	0.070	0.230*	0.043	0.300**
	(1.540)	(0.583)	(0.714)	(1.789)	(0.327)	(2.459)
INFLUENCE	−0.278**	−0.036	−0.206**	−0.017	−0.306**	0.017
	(−2.106)	(−0.412)	(−2.263)	(−0.143)	(−2.523)	(0.149)
MROTFIRST	0.036	−0.219	−0.084	−0.272	−0.345	−0.035
	(0.114)	(−1.158)	(−0.434)	(−0.905)	(−1.347)	(−0.134)
MROTFINAL	−0.411	−0.306*	−0.361**	−0.481*	−0.304	−0.522**
	(−1.397)	(−1.885)	(−2.190)	(−1.691)	(−1.387)	(−2.204)
EFFORT	0.298***	0.183***	0.231***	0.193***	0.188***	0.217***
	(4.900)	(4.831)	(5.637)	(3.750)	(3.543)	(4.280)
BIG4	−1.790***	−1.497***	−1.859***	−0.896***	−2.160***	−1.248***
	(−5.349)	(−7.867)	(−9.407)	(−2.875)	(−6.643)	(−5.351)
AUDITMA	−0.123	0.056	0.048	0.061	0.033	0.112
	(−0.735)	(0.498)	(0.407)	(0.408)	(0.211)	(0.794)
SIZE	−0.243***	−0.244***	−0.241***	−0.289***	−0.286***	−0.294***

续表

变量	工作同事共有信息集互动强化程度分组检验				自我认知时长分组检验	
	Sum_wkmt_birthtie >Median	Sum_wkmt_birthtie <Median	Sum_wkmt_workPAST >Median	Sum_wkmt_workPAST <Median	CPAYEAR> Median	CPAYEAR< Median
	(1)	(2)	(3)	(4)	(5)	(6)
	(−3.670)	(−6.098)	(−5.663)	(−4.925)	(−4.943)	(−5.337)
ROS	0.573*	0.132	0.314	0.070	0.546*	0.373
	(1.857)	(0.729)	(1.629)	(0.256)	(1.905)	(1.562)
LEVERAGE	−0.517**	−0.445***	−0.565***	−0.339*	−0.269	−0.312
	(−2.217)	(−3.187)	(−3.685)	(−1.729)	(−1.248)	(−1.639)
SOE	−0.523***	−0.521***	−0.535***	−0.428***	−0.505***	−0.569***
	(−3.949)	(−6.255)	(−6.122)	(−3.543)	(−4.198)	(−5.104)
SUBSID	−0.024	−0.004	0.004	−0.019	0.096	−0.062
	(−0.351)	(−0.097)	(0.088)	(−0.305)	(1.533)	(−1.079)
Intercept	0.561	2.534***	3.095***	2.161***	2.705***	1.790**
	(0.493)	(4.816)	(4.901)	(2.887)	(3.473)	(2.344)
Year & Industry Fixed	YES	YES	YES	YES	YES	YES
pseudo R²	0.136	0.087	0.122	0.073	0.116	0.118
Wald Chi²	284.635	419.127	556.019	171.961	295.551	328.994
N	1 769	3 646	3 674	1 741	2 103	2 096

注：***，**，*分别表示在1%、5%和10%分位上显著。

此外可以看到，在规范型认同与协调功能的作用发挥上，事务所与客户的工作关联仍与乡土关联的审计效应产生互补，这与表5-4结论一致，进一步印证了有规范型的社会关联时，审计师基于对规范的了解和熟知，大大降低了交易成本，减少了信息摩擦，从而提高了审计质量。

(二) 情境显著性：宏观制度环境影响

Higgins(1996)主张特定"领域—特质"的知识被激活与所处场景有关，即若情境与某一领域的特质型知识相关性较强，则所处场景更容易使这类知识信息和身份认同感得以激活，此即为情境显著性。由于本章节讨论社会经历相关信息和认同感的激活和应用，这里主要寻找影响审计师执业过程的外部信息环境的场景。影响组织行为人外部信息环境的主要为宏观的经济环境与中观的行业环境，故这里选用宏观经济发展水平、市场中介服务组织完善度(包括会计师事务所、律师事务所等中介组织)分别表征审计执业时的外部宏观、中观信息环境。宏观经济发展水平以各省GDP指数表示，数据来自国家统计局官方网站，各省市场中介服务组织完善度指数来自Fan和Wang[274-275]。

表5-6栏目(1)~(4)各社会关联系数大小及显著性检验结果表明,GDP较高或市场中介组织越完善,乡土关联和同事关联作用越显著①,即审计师与客户的乡土和同事身份认同感更容易被激活或得以善用,而校友关联的人情机制在两组间无明显差异。由其他工作关联的变量系数显著性可知,在外部信息环境较差时,审计师曾审计过该客户可帮助审计师获得基于规范型认同与协调功能的信息优势,进而改善审计质量;而在外部信息环境较优时,事务所较长的任期或高管有审计背景对审计质量的提升作用更为明显。但整体上,审计双方社会关联规范型认同与协调功能的信息机制在外部信息环境较优时,经济后果更显著。

此外,本书还讨论了经济复杂度、市场化指数、法制化进程较高、净人口流入和人力资本较好的地域场景,结论较为一致,区别只是组间系数大小各异。这说明信息情境对社会关联和审计行为关系的显著调节作用,且在经济发展水平较高和中介组织较为完善的信息环境下,两类信息机制作用发挥越显著,说明双方社会关联的信息优势并不会因市场机制的有效性而被替代,相反地,社会关联的信息优势补充了已有市场机制下的信息渠道,可以合理预计,随着经济改革不断深入、市场机制不断完善,在未来市场化进程推进过程中,审计双方社会关联的审计效应仍具有充分的解释力度。Sabatini[71]也指出,桥梁型的社会资本在良好正式制度保障下对经济业绩的积极作用更为明显,若失去正式制度的保障,桥梁型社会资本便容易平等化为关系型社会资本,触发"人情"交易,损害经济业绩,这与本书表5-6结论分析一致。

表5-6 信息机制激活要件——情境显著性检验

变量	宏观经济环境分组检验		中观行业环境分组检验	
	$GDP<$ Median	$GDP>$ Median	Market Intermediary $<$Median	Market Intermediary $>$Median
	(1)	(2)	(3)	(4)
BIRTH_TIE	0.275**	0.486***	0.235**	0.562***
	(2.529)	(5.181)	(2.359)	(5.555)
SCHOOL_TIE	−0.897***	−0.623***	−0.787***	−0.645**

① 其中BIRTH_TIE系数的组间差异检验结果为,表5-6栏目(1)和(2)BIRTH_TIE两系数的Chi2=6.0**,p-value=0.0143;表5-6栏目(3)和(4)BIRTH_TIE两系数的Chi2=3.91**;p-value=0.0479。

续表

变量	宏观经济环境分组检验		中观行业环境分组检验	
	GDP<Median	GDP>Median	Market Intermediary <Median	Market Intermediary >Median
	(1)	(2)	(3)	(4)
	(−3.863)	(−2.706)	(−3.867)	(−2.394)
WORK_TIE	0.438	1.351***	0.457	1.493***
	(0.870)	(3.052)	(1.002)	(3.083)
SCHOOLPLC_TIE	0.493**	−0.508**	0.438*	−0.510**
	(1.997)	(−2.408)	(1.843)	(−2.317)
WORKLOCL_TIE	0.273	−0.005	0.303	−0.004
	(1.228)	(−0.026)	(1.483)	(−0.020)
WORKPAST_TIE	0.122	−0.016	0.186**	−0.057
	(1.215)	(−0.117)	(2.015)	(−0.345)
WORKTENURE_TIE	0.207*	0.313***	0.156	0.406***
	(1.863)	(2.893)	(1.537)	(3.370)
WORKEXP_TIE	0.135**	0.253***	0.189***	0.202***
	(2.398)	(4.694)	(3.627)	(3.452)
PREROE	−0.276***	−0.044	−0.277***	−0.067
	(−3.039)	(−0.414)	(−2.817)	(−0.686)
SPECIALIST	0.158	0.035	0.169	0.041
	(1.513)	(0.295)	(1.479)	(0.377)
INFLUENCE	−0.018	−0.221**	−0.068	−0.103
	(−0.181)	(−2.040)	(−0.625)	(−1.030)
MROTFIRST	0.209	−0.360	0.301	−0.439*
	(0.961)	(−1.460)	(1.329)	(−1.882)
MROTFINAL	−0.247	−0.370	−0.231	−0.311
	(−1.392)	(−1.548)	(−1.207)	(−1.438)
EFFORT	0.218***	0.275***	0.227***	0.256***
	(4.747)	(5.895)	(4.547)	(5.880)
BIG4	−1.121***	−1.939***	−1.030***	−1.921***
	(−4.526)	(−8.544)	(−3.751)	(−9.142)
AUDITMA	−0.149	0.187	0.135	−0.141
	(−1.233)	(1.241)	(0.971)	(−1.086)
SIZE	−0.253***	−0.241***	−0.280***	−0.222***

续表

变量	宏观经济环境分组检验		中观行业环境分组检验	
	$GDP<$ Median	$GDP>$ Median	Market Intermediary $<$Median	Market Intermediary $>$Median
	(1)	(2)	(3)	(4)
	(−5.501)	(−4.493)	(−5.605)	(−4.509)
ROS	0.042	0.639**	−0.095	0.696***
	(0.225)	(2.190)	(−0.465)	(2.714)
LEVERAGE	−0.425***	−0.293	−0.400**	−0.290
	(−2.880)	(−1.312)	(−2.465)	(−1.486)
SOE	−0.357***	−0.691***	−0.255**	−0.742***
	(−3.808)	(−6.122)	(−2.466)	(−7.387)
SUBSID	−0.048	−0.040	−0.045	−0.041
	(−0.928)	(−0.710)	(−0.788)	(−0.799)
Intercept	2.889***	1.531*	2.699***	1.120
	(4.564)	(1.870)	(4.526)	(1.280)
Year & Industry Fixed	YES	YES	YES	YES
pseudo R^2	0.070	0.146	0.076	0.159
Wald Chi^2	213.427	557.552	272.828	522.841
N	2 233	3 182	2 697	2 718

注：***，**，*分别表示在1%、5%和10%分位上显著。

第五节 稳健性检验

一、主观偏好的干扰性检验

本部分考虑可能的遗漏变量对本书主结论的干扰影响。由于乡土经历、教育经历和工作经历为个人知识信息集的一部分，故可能发生的信息或知识重合亦应从个人认知或价值判断角度寻找，除了成长所在地、受教育背景、工作所属地外，审计师的个人知识信息集中还包括基于某种先验知识的个人主观偏好。人在认知上有固有局限性和无意识偏差，柏拉图所说的"Allegory of the Cave（洞穴之喻）"无处不在，审计师个人在执业过程中也有可能形成一定的审计风格偏好。由于审计过程需要大量的职业判断，在遵循具体审计准则的同时仍有较大的主观决策性，这时如果有个人偏好或固定的审计风格，审计判断便会受到影响。

借鉴金融领域主观偏好相关的研究经验,参考 Pool 等[276]的方法,本书以变量 FUTURE 捕捉审计风格的主观偏好,为了清晰显示个人偏好的单独效应,将变量 FUTURE=1 设置为以往年份从未审计过此客户,仅从 t 期才开始审计此客户,且 t+1 期或以后仍会再一次审计此客户,这样既排除了仅 t 期当期审计某客户一次的审计师样本(此时 FUTURE=0),又避免了与过去审计过此客户的执业经验(WORKPAST_TIE)的审计效应相重合。本书样本区间为 2006—2011 年,FUTURE=1 未来会审计此客户界定截至 2016 年,即若 t+1 期至 2016 年审计此客户则 t 期的 FUTURE=1,否则为 0。根据经济学传统理论,可假设短周期内人偏好是不变的,对 t 期的一位审计师来说,在一个无主观偏好的环境下,他未来审计此客户应当与当期 t 首次审计的审计质量没有关系;但如果 FUTURE 是显著的,说明审计师个人偏好是存在的,即当期及未来审计此客户对当期审计质量有影响,具有固定效应;用 FUTURE 与各社会关联的变量进行交乘,各交乘项用来捕捉审计风格偏好对社会关联审计效应的调节作用。

表 5-7 结果表明,无论是 FUTURE 还是 FUTURE 与各社会关联的交乘项,其系数均不显著,说明审计师风格偏好对审计质量的影响在统计学上不显著,且审计风格偏好对社会关联的审计效应影响不显著,可忽略不计。由表 5-7 栏目(1)~(5)各社会关联的系数显著性知,身份型、规范型认同与协调功能的信息机制仍显著发挥审计效用,并不受审风格偏好的因素干扰。

表 5-7 认同与协调功能审计效应的替代性解释检验

变量	AQ_DUM (1)	AQ_DUM (2)	AQ_DUM (3)	AQ_DUM (4)	AQ_DUM (5)
BIRTH_TIE	0.425***	0.449***	0.449***	0.449***	0.444***
	(4.422)	(5.099)	(5.103)	(5.100)	(5.039)
SCHOOL_TIE	−0.745***	−0.797***	−0.748***	−0.746***	−0.747***
	(−4.531)	(−4.348)	(−4.547)	(−4.542)	(−4.537)
WORK_TIE	1.109***	1.110***	1.477***	1.107***	1.109***
	(3.026)	(3.022)	(3.276)	(3.013)	(3.018)
SCHOOLPLC_TIE	−0.079	−0.077	−0.081	−0.074	−0.078
	(−0.456)	(−0.447)	(−0.471)	(−0.428)	(−0.454)
WORKLOCL_TIE	0.178*	0.178*	0.178*	0.199*	0.180*
	(1.837)	(1.839)	(1.835)	(1.851)	(1.854)
WORKPAST_TIE	0.250*	0.246*	0.244*	0.245*	0.231*
	(1.949)	(1.923)	(1.908)	(1.909)	(1.792)
WORKTENURE_TIE	0.177***	0.176***	0.177***	0.176***	0.198***

续表

变量	AQ_DUM (1)	AQ_DUM (2)	AQ_DUM (3)	AQ_DUM (4)	AQ_DUM (5)
	(3.800)	(3.767)	(3.784)	(3.764)	(3.877)
WORKEXP_TIE	0.179	0.177	0.177	0.176	0.180
	(1.043)	(1.032)	(1.031)	(1.022)	(1.049)
FUTURE×BIRTH_TIE	0.113				
	(0.723)				
FUTURE×SCHOOL_TIE		0.210			
		(0.660)			
FUTURE×WORK_TIE			−0.963		
			(−1.536)		
FUTURE×SCHOOLPLC_TIE					
FUTURE×WORKLOCL_TIE				−0.088	
				(−0.516)	
FUTURE×WORKTENURE_TIE					−0.113
					(−1.342)
FUTURE	−0.035	−0.012	0.012	0.061	0.066
	(−0.253)	(−0.087)	(0.093)	(0.346)	(0.474)
PREROE	−0.199***	−0.200***	−0.200***	−0.199***	−0.198***
	(−2.771)	(−2.780)	(−2.776)	(−2.774)	(−2.754)
SPECIALIST	0.111	0.110	0.111	0.112	0.111
	(1.363)	(1.355)	(1.370)	(1.375)	(1.362)
INFLUENCE	−0.117	−0.118	−0.116	−0.118	−0.114
	(−1.475)	(−1.486)	(−1.461)	(−1.487)	(−1.438)
MROTFIRST	−0.158	−0.160	−0.158	−0.159	−0.159
	(−1.017)	(−1.027)	(−1.011)	(−1.017)	(−1.016)
MROTFINAL	−0.359**	−0.360**	−0.362***	−0.358**	−0.350**
	(−2.557)	(−2.570)	(−2.577)	(−2.550)	(−2.492)
EFFORT	0.219***	0.218***	0.217***	0.217***	0.218***
	(6.089)	(6.077)	(6.056)	(6.044)	(6.084)
BIG4	−1.551***	−1.547***	−1.546***	−1.546***	−1.543***
	(−6.537)	(−6.531)	(−6.530)	(−6.529)	(−6.512)
AUDITMA	0.018	0.017	0.019	0.018	0.016
	(0.195)	(0.188)	(0.203)	(0.192)	(0.180)

续表

变量	AQ_DUM (1)	AQ_DUM (2)	AQ_DUM (3)	AQ_DUM (4)	AQ_DUM (5)
SIZE	−0.253***	−0.252***	−0.252***	−0.252***	−0.252***
	(−5.689)	(−5.680)	(−5.675)	(−5.675)	(−5.692)
ROS	0.252	0.251	0.252	0.252	0.245
	(1.253)	(1.249)	(1.251)	(1.254)	(1.215)
LEVERAGE	−0.452***	−0.452***	−0.452***	−0.453***	−0.448***
	(−3.111)	(−3.105)	(−3.111)	(−3.110)	(−3.083)
SOE	−0.505***	−0.507***	−0.506***	−0.508***	−0.507***
	(−5.372)	(−5.386)	(−5.379)	(−5.386)	(−5.392)
SUBSID	−0.002	−0.003	−0.002	−0.002	−0.001
	(−0.038)	(−0.057)	(−0.049)	(−0.045)	(−0.033)
Intercept	2.202***	2.199***	2.193***	2.185***	2.179***
	(3.944)	(3.938)	(3.923)	(3.910)	(3.914)
Year Fixed	YES	YES	YES	YES	YES
Industry Fixed	YES	YES	YES	YES	YES
pseudo R^2	0.101	0.101	0.101	0.101	0.101
Wald Chi^2	391.253	390.176	394.725	390.512	392.999
N	5 415	5 415	5 415	5 415	5 415

注：***，**，*分别表示在1%、5%和10%分位上显著。

二、内生性检验

本书结论可能会存在一种内生性问题，即因变量审计质量的高低有可能影响审计师与客户的某一社会关联的匹配。如高审计质量的审计师一般拥有较为优秀的谈判策略和沟通力，更有可能利用同乡或同事关联这一社会属性赢得客户信任缔结审计业务，进而实施审计，因而我们观察到与客户有乡土和工作连带的审计师拥有较高的审计质量，即审计质量的高低决定审计师与客户乡土、工作关系的有无，而非本书结论——乡土关联、工作关联显著发挥提升审计质量的效用。

为解决这一可能的反因果问题，本书运用工具变量和Heckman二阶段回归法[277]检验。借鉴戴亦一等[268]，选取地势起伏度(relief degree of land surface, RDLS)作为工具变量，因为它是天然的地理条件，与人口密度强相关[278]，但与因变量审计质量无关；而自变量——上市公司注册地、事务所注册地和审计师出生地分布情况则受当地人口密度制约，即工具变量(地势起伏度)与自变量(乡土连带)、上市公司由当地事务所审计的工作关联具有相关性①。参考 Liu 等[279]的计算方法，选取上市公司所属省份平均地势起伏度作为 RDLS 的数值。DWH 检验显示 RDLS 先通过工具变量的外生性检验[Durbin（score）chi2(1)＝5.44446，$p＝0.0196$；Wu-Hausman $F＝5.41535, p＝0.0200$]。然后将其加入模型实行 2SLS 双阶段最小二乘回归，如表 5-8 所示，栏目（1）（3）第一阶段结果表明，RDLS 系数显著为负，说明地势起伏度与乡土关联、工作同事关联显著负相关（未列示相关性检验还显示，地势起伏度与净人口流入显著负相关，相关度为－0.3064）；栏目（2）（4）的第二阶段回归结果中，自变量 BIRTH_TIE，WORK_TIE 与因变量审计质量显著正相关，符号和显著性均未变化，本书 H1 和 H2a 假设依旧成立②。第二阶段回归结果中，校友关联均与审计质量呈显著负相关，人情机制影响较为稳定，不受工具变量检测的影响。

表 5-8 认同与协调功能审计效应的内生性检验

变量	Full Sample		Full Sample	
	工具变量Ⅳ：RDLS BIRTH_TIE		工具变量Ⅳ：RDLS WORK_TIE	
	第一阶段	第二阶段	第一阶段	第二阶段
	(1)	(2)	(3)	(4)
RDLS	－0.207***		0.160*	
	(－5.230)		(1.904)	
BIRTH_TIE		1.823***	0.243	0.498***
		(3.370)	(0.614)	(4.933)
SCHOOL_TIE	－0.916***	－0.516***	1.283**	－0.765***
	(－4.757)	(－2.815)	(2.421)	(－3.900)
WORK_TIE	0.474	1.002***		3.760**
	(1.199)	(2.644)		(2.088)
SCHOOLPLC_TIE	－0.123	－0.021	0.378	0.085

---

① 经检验事务所与客户毕业于同一所高校的校友关联与地势起伏度无显著相关性，故这里仅检验乡土关联和工作关联。

② 此外，为规避样本选择偏差对主检验可能的内生性干扰，内生性检验中，使用倾向值匹配法 PSM (propensity score matching)按 1∶1 比例从非乡土连带子样本中寻找乡土连带样本的配对组。具体地，将回归模型中除乡土关联变量 BIRTH_TIE 外的其他控制变量作为匹配变量，以使得匹配组其他影响审计质量的因子与乡土连带实验组相当，使用匹配后的样本重新进行 logit 回归，自变量 BIRTH_TIE 仍旧与审计质量 AQ_DUM 显著正相关，本书 H1 和 H2a 结论仍能维持不变。由于客户由当地事务所审计的比例占据样本绝大部分，PSM 法中无法根据 1∶1 比例进行匹配，故工作关联的审计效应仅选取了工具变量法进行检验。

续表

变量	Full Sample		Full Sample	
	工具变量Ⅳ:RDLS BIRTH_TIE		工具变量Ⅳ:RDLS WORK_TIE	
	第一阶段	第二阶段	第一阶段	第二阶段
	(1)	(2)	(3)	(4)
WORKLOCL_TIE	(−0.599)	(−0.122)	(0.851)	(0.406)
	1.932***	−0.345	0.001	0.190*
	(15.670)	(−1.551)	(0.003)	(1.755)
WORKPAST_TIE	0.283***	0.161*	0.500**	0.258***
	(3.728)	(1.926)	(2.233)	(2.829)
WORKTENURE_TIE	0.378***	—	−0.905***	—
	(6.280)	—	(−3.898)	—
WORKEXP_TIE	−0.179	0.219	—	—
	(−0.928)	(1.268)	—	—
PREROE	−0.131*	−0.159**	0.041	−0.228***
	(−1.715)	(−2.158)	(0.157)	(−2.755)
SPECIALIST	−0.075	0.130	0.035	0.067
	(−0.890)	(1.604)	(0.152)	(0.728)
INFLUENCE	−0.333***	−0.026	−0.053	−0.138
	(−3.831)	(−0.297)	(−0.184)	(−1.520)
MROTFIRST	−0.059	−0.114	−0.116	−0.351**
	(−0.377)	(−0.723)	(−0.108)	(−2.065)
MROTFINAL	−0.210	−0.279*	0.193	−0.459***
	(−1.365)	(−1.935)	(0.280)	(−2.788)
EFFORT	−0.054	0.231***	−0.001	0.312***
	(−1.304)	(6.396)	(−0.010)	(7.460)
BIG4	−0.950***	−1.317***	—	—
	(−3.307)	(−5.239)	—	—
AUDITMA	−0.121	0.041	0.663**	−0.039
	(−1.352)	(0.443)	(2.183)	(−0.376)
SIZE	−0.025	−0.248***	0.239	−0.232***
	(−0.413)	(−5.636)	(1.391)	(−4.564)
ROS	0.034	0.249	−0.299	0.099
	(0.165)	(1.238)	(−0.478)	(0.446)
LEVERAGE	−0.130	−0.409***	−0.886	−0.605***

续表

变量	Full Sample 工具变量Ⅳ:RDLS BIRTH_TIE		Full Sample 工具变量Ⅳ:RDLS WORK_TIE	
	第一阶段	第二阶段	第一阶段	第二阶段
	(1)	(2)	(3)	(4)
	(−0.609)	(−2.847)	(−1.369)	(−3.960)
SOE	−0.169	−0.454***	−2.259***	−0.443***
	(−1.362)	(−4.730)	(−4.504)	(−3.726)
SUBSID	0.124**	−0.035	0.085	−0.032
	(2.210)	(−0.772)	(0.389)	(−0.589)
Intecept	−1.379	2.029***	−4.694**	1.287**
	(−1.513)	(3.722)	(−2.160)	(2.024)
Year Fixed	YES	YES	YES	YES
Industry Fixed	YES	YES	YES	YES
pseudo R^2	0.175	0.097	0.178	0.084
Wald Chi^2	445.363	386.552	179.246	290.455
N	5 415	5 415	4 155	4 155

注：***，**，*分别表示在1%、5%和10%分位上显著。

三、样本群测试

本部分主要通过改变审计师群体和客户群体的大小进行样本测试，具体如下。

其一，审计师群体原因干扰。主模型(5.1)自变量之一 $BIRTH\_TIE_{j,t}=0$ 时，审计师样本不仅包含与其他客户有乡土关联而与客户j无乡土关联的审计师，还包含所有上市公司客户中均无乡土关联的审计师，故为更清晰显示对某一审计师的客户群来说，在其他情境不变的情况下，有乡土关联的子客户群体的审计质量优于无乡土关联的客户子群体，这里剔除所有上市客户中均无乡土关联的审计师样本，重点对比考察对同一审计师审计有无乡土关联客户时审计质量的差异性。由于另一自变量 $SCHOOL\_TIE=1$ 样本很少，大多数是与客户没有校友关联的事务所，若运用同样方法会损失过大样本，$WORKLOCL\_TIE=0$ 时也很少有与所有客户都不在同一省份的事务所，故这里仅需考虑乡土社会关联的审计师群体干扰。剔除掉均没有身份型社会关联的样本，$SCHOOL\_TIE$，$WORK\_TIE$ 表5-9栏目(1)结果支持主结论。

其二，地域原因干扰。审计师的乡土城市分布广泛，其中一些超级城市的商业环境与其他城市存在着巨大差异，经济、政策等多类资源的集中性固有优势易吸引

表 5-9 认同与协调功能审计效应的稳健性检验

变量	审计师样本替换 拥有社会关联 (1)	客户样本替换 排除一线城市 (2)	自变量替换 有序变量 (3)	因变量替换 1 AQ_DUM2 (4)	因变量替换 2 ADJ_MAG (5)	因变量替换 3 AQ_MAG (6)	因变量替换 4 deltaDA (7)
BIRTH_TIE	0.416*** (2.713)	0.459*** (4.423)		0.123* (1.771)		0.0003** (2.020)	−1.602* (−1.708)
SCHOOL_TIE	−0.762*** (−2.750)	−0.686*** (−3.579)	−0.714*** (−4.355)	−0.311* (−1.886)	−0.014* (−1.762)	−0.0005* (−1.984)	0.188 (0.079)
WORK_TIE	1.920*** (3.030)	1.000** (2.404)		0.516** (2.207)		0.0013* (1.887)	−1.987** (−2.261)
BIRTH_TIE$_{sum}$			0.361*** (6.093)		0.009*** (3.008)		
WORK_TIE$_{sum}$			1.101*** (3.023)		0.025* (1.719)		
SCHOOLPLC_TIE	−0.452* (−1.782)	0.241 (1.154)	−0.065 (−0.377)	0.177 (1.085)	−0.000 (−0.020)	0.0002 (0.481)	−1.253 (−1.336)
WORKLOCL_TIE	0.319* (1.807)	0.229** (2.175)	0.158* (1.654)	0.206*** (2.584)	−0.000 (−0.001)	0.0001 (1.793)	0.415 (0.496)
WORKPAST_TIE	0.390*** (2.990)	0.179** (1.990)	0.243*** (3.131)	0.102 (1.265)	−0.002 (−0.438)	−0.0002 (−0.996)	−0.419 (−0.283)
WORKTENURE_TIE	0.079 (1.112)	0.124** (2.280)	0.164*** (3.522)	0.189*** (4.846)	0.010*** (3.882)	0.0004*** (3.702)	0.128 (0.223)

续表

变量	审计师样本替换 拥有社会关联 (1)	客户样本替换 排除一线城市 (2)	自变量替换 有序变量 (3)	因变量替换 1 AQ_DUM2 (4)	因变量替换 2 ADJ_MAG (5)	因变量替换 3 AQ_MAG (6)	因变量替换 4 deltaDA (7)
WORKEXP_TIE	0.304 (1.143)	0.215 (1.041)		0.257* (1.855)		0.0005 (1.227)	−1.842*** (−2.982)
WORKEXP_TIE$_{sum}$			1.101*** (3.023)		0.020** (2.056)		
PREROE	−0.292*** (−2.640)	−0.265*** (−3.184)	−0.191*** (−2.656)	0.438*** (6.562)	0.036*** (7.434)	−0.0008*** (−4.285)	1.417 (1.526)
SPECIALIST	0.128 (1.068)	0.202** (2.080)	0.110 (1.348)	0.112 (1.424)	0.007 (1.329)	0.0001 (0.384)	−0.949 (−0.979)
INFLUENCE	−0.151 (−1.337)	−0.182* (−1.943)	−0.113 (−1.417)	−0.051 (−0.707)	0.002 (0.478)	0.0000 (0.026)	0.140 (0.187)
MROTFIRST	0.345 (1.496)	0.052 (0.289)	−0.152 (−0.972)	−0.052 (−0.314)	0.011 (0.933)	0.0005 (1.094)	−0.995* (−1.862)
MROTFINAL	−0.446* (−1.810)	−0.232 (−1.431)	−0.350** (−2.506)	0.009 (0.061)	0.004 (0.378)	0.0003 (0.734)	0.401 (0.439)
EFFORT	0.300*** (5.828)	0.207*** (4.625)	0.215*** (6.001)	0.125*** (3.966)	0.009*** (4.549)	0.0003*** (3.521)	0.115 (0.495)
BIG4	−2.034*** (−4.731)	−1.190*** (−3.803)	−1.540*** (−6.501)	−1.039*** (−4.253)	−0.025*** (−3.608)	−0.0003 (−0.732)	−0.517 (−0.282)

续表

变量	审计师样本替换 拥有社会关联 (1)	客户样本替换 排除一线城市 (2)	自变量替换 有序变量 (3)	因变量替换 1 AQ_DUM2 (4)	因变量替换 2 ADJ_MAG (5)	因变量替换 3 AQ_MAG (6)	因变量替换 4 deltaDA (7)
AUDITMA	0.010	−0.042	0.015	0.066	0.003	0.0002	−0.465
	(0.077)	(−0.402)	(0.169)	(0.743)	(0.436)	(0.792)	(−0.788)
SIZE	−0.259***	−0.227***	−0.247***	−0.379***	−0.025***	−0.0011***	0.444
	(−4.171)	(−4.317)	(−5.606)	(−10.337)	(−10.775)	(−10.979)	(0.875)
ROS	0.389	0.134	0.236	−0.930***	−0.081***	−0.0019***	1.648
	(1.153)	(0.573)	(1.180)	(−5.307)	(−5.549)	(−2.728)	(1.004)
LEVERAGE	−0.503**	−0.747***	−0.449***	0.565***	0.051***	0.0023***	−2.944***
	(−2.510)	(−4.808)	(−3.099)	(4.239)	(4.841)	(4.858)	(−3.067)
SOE	−0.366***	−0.436***	−0.510***	−0.242***	−0.008	−0.0009***	−0.799
	(−2.737)	(−4.125)	(−5.434)	(−3.507)	(−1.574)	(−4.293)	(−0.783)
SUBSID	−0.062	0.034	−0.009	0.110***	0.004*	0.0001	0.389
	(−0.974)	(−0.628)	(−0.198)	(2.778)	(1.730)	(1.251)	(0.947)
Intercept	0.875	2.069***	2.187***	2.377***	0.288***	0.0140***	−2.928
	(1.069)	(3.049)	(3.989)	(4.956)	(9.560)	(10.900)	(−0.422)
Year Fixed	YES	YES	YES	YES	YES	YES	YES
Industry Fixed	YES	YES	YES	YES	YES	YES	YES
Adj. R2/pseudo R²	0.111	0.091	0.103	0.080	0.098	0.084	0.007
Wald Chi²	202.953	291.214	399.476	426.144			
N	2 611	3 975	5 415	5 415	5 415	5 415	5 415

注:***、**、*分别表示在1%、5%和10%分位上显著。

上市公司落户、专业化人才流入以及事务所分所集中开设,为避免这些超级城市对本书乡土、工作社会关联的审计效应检验的整体适用性,本书通过删去注册地属于北京、上海、广州和深圳一线城市(依据样本区间内中国城市等级划分)区域的样本,以剔除此特殊情况影响①。结果显示,删除地域特殊性子样本后,本书乡土、工作关联与审计质量的显著相关关系并不受影响[见表5-9栏目(2)],乡土、工作关联的认同与协调功能通过信息机制发挥显著提升作用,而校友关联的认同与协调功能则会触发人情机制,损害审计质量,结论保持不变。

四、衡量方法测试

(一) 自变量测试

为减少衡量误差对 H1 和 H2 结论的影响,稳健性检验中还尝试改变自变量和因变量中的衡量方法。其中,原哑变量 $BIRTH\_TIE$ 表示审计师与客户所在地存在乡土关联,这里用有序变量 $BIRTH\_TIE_{SUM}$ 替代,即计数与客户有乡土关联的签字注册会计师个数,有序变量 $BIRTH\_TIE_{SUM}$ 取 0,1,2 三值。工作同事关联($WORK\_TIE_{sum}$)、有审计经验的高管个数($WORKEXP\_TIE_{sum}$)定义同上。而 $WORKLOCL\_TIE$ 刻画的是事务所层面的工作关联,不能如个人层面那样进行计数,只能用哑变量来测量,且校友关联 $SCHOOL\_TIE$ 本身样本比例较少,换用有序变量有效性不佳,故在稳健性检验中保持自变量 $SCHOOL\_TIE$,$WORKLOCL\_TIE$ 等其他社会关联不变。实证结果表明随着签字注册会计师乡土关联数量的增多,有审计经验的高管个数增多,其对审计质量的提升作用越强,同哑变量检验结论一致;$WORK\_TIE_{sum}$ 作用稍弱,但仍与审计质量呈正相关[表5-9栏目(3)],主结论仍维持不变。

(二) 因变量测试

1) 主要因变量测试方法

其一,运用审计调整的连续性变量 ADJ_MAG 来替代哑变量 AQ_DUM。ADJ_MAG 定义为审计调整程度,即调整前后利润额差的绝对值除以调整前利润额绝对值。

其二,借鉴已有方法,严格缩小审计质量衡量标准,将较小幅度的调整亦视为低质量的审计,此时若 $ADJ\_MAG \leq 5\%$,$AQ\_DUM2=0$,否则 $AQ\_DUM2=1$,较大调整幅度表示较高的审计质量(借鉴 Li 等,2017 和吴溪等,2015)。

2) 其他因变量测度方法

其一,以审计前单位总资产的利润调整数表示审计质量,审计前单位总资产下

---

① 前十大审计师出生城市分别为上海、北京、武汉、杭州、南京、西安、广州、泸州、哈尔滨和天津,共占比 54.37%,其中上海和北京即占比 30.65%,呈现出一定的集中性。

利润调整的越多,审计质量越好,表示为 AQ_MAG[①]。

其二,由于已有代替审计质量的代理变量多为审计后盈余质量,同时包含审计前客户质量和审计质量。

参照前文第三章,使用 $PRETAC$ 即审计前客户总应计大小,作为审计前盈余质量代理变量;审计后的盈余质量换用盈余管理程度 DA;而审计质量不再使用 AQ_DUM、AQ_DUM2 和 ADJ_MAG,以单位审计前应计 $PRETAC$ 下,审计师调整审计前总应计的程度,即 $(DA-PRETAC) \div |PRETAC|$ 来表示审计质量,以 $deltaDA$ 指代,其数值越大,表明审计师应调整而未调整的比例越大,审计质量就越低。

表5-9栏目(4)~(7)显示,尽管此时当地事务所和教育关联效果有所波动,整体上结论仍保持稳定,$BIRTH\_TIE$ 系数显著性维持不变。由上可见,一系列扩展研究和稳健性检验说明本书主结论并不受遗漏变量、内生问题干扰,同时在改变样本群及自变量和因变量的衡量方法后,各社会关联与审计质量的显著相关关系维持不变,本书主结论具有稳健性。

第六节 本 章 小 结

基于特殊的中国社会情境——文化背景和人口流动特征,利用审计师籍贯数据,本书首次提供了乡土关联对审计质量影响的经验证据,并系统讨论了审计师与客户所有社会关联可能的影响机理和激活机制,丰富了审计领域行为人社会属性的研究成果。依据信息优势获取方式的不同,对社会属性作用机理进行类别划分,并逐个检验,同时考察信息机制的相关信息和知识激活要件是否成立。本章主要结论有:

(1)各个社会经历阶段形成的社会关联对审计行为的影响模式不同。基于已有研究成果,分别以地理邻近和文化相似性检验身份型和规范型认同与协调功能的信息机制存在性。结果显示,乡土关联对审计质量起主导作用的影响模式是信息机制,包含身份型和规范型认同与协调两种功能,以提升审计质量。工作同事关系发挥了身份型认同与协调功能的信息机制,而其他工作关联如当地事务所审计、审计师曾经审计过该客户以及事务所任期长短发挥的审计效应为基于规范型认同与协调功能的信息机制,有助于审计质量的提升。而校友关联为基于身份认同与协调人情交换机制,对审计质量产生负面影响。在规避了审计师个人主观固定偏好、可能的反因果等情况干扰后,同时在改变审计师和客户样本群或者主变量的衡

[①] 由于调整利润差额远小于审计前客户总资产规模,故 AQ_MAG 的回归系数较小,这里保留四位小数以列示。

量方法后,本书结论仍具有稳健性。

(2) 社会资本相关知识的激活机理。基于社会认知论,从可接近性和情境显著性两方面检验了社会关联信息机制的激活要件(可用性条件在审计同乡客户时自然满足)。依据可激活社会资本相关信息的可接近性和情境显著性因子对样本分组后,随着审计师工作同事中的同乡人数或曾审计过该客户的人数增多,以及审计工作年限加长或宏观经济环境较好、市场中介服务完善度较好,身份型、规范型认同与协调功能的信息机制发挥将更为显著。同时,研究发现信息机制中,不同社会关联间的作用路径有互补效应:当基于身份认同与协调的信息机制较弱时,规范型认同与协调可有效补充相关信息优势,进而显著提升审计质量。

第六章　社会资本相对资源权力功能的审计效应研究

继第四章讨论了事务所与客户社会资本互动的相对资源权力功能、可能的资源权力配置组合后,本章进一步运用博弈论分析相对资源权力功能的发挥过程,观察审计双方社会资本相对资源权力功能对审计质量的影响机理并作实证检验。

第一节　理论推导与研究假设

为较为便利直观分析,本章设定的基本假设有:

(1) 事务所和客户无直接社会关联,剔除第五章的有社会关联情况下社会资本发挥的认同与协调功能,以便单独计算和直观显示双方各自社会资本的相对资源权力功能带来的审计效应。

(2) 审计双方存在两个阶段的匹配,第一阶段的匹配发生在企业选择事务所的过程中,主要为非社会资本的匹配策略。审计业务缔约时,虽然被审计客户可能有相应的审计团队人员结构大致要求,但事务所仍可自由选择派遣哪位审计师来负责审计这家客户;审计师个人和客户社会合谋操纵事务所选择的情形暂不考虑。本章博弈过程重点讨论的是第二阶段社会资本及匹配度对审计质量产出的影响①。

(3) 第二阶段的匹配主要为审计过程中人力资本和社会资本的匹配。审计业务缔约后,事务所指派特定的审计师团队进驻客户公司,与被审计客户高管人员建立联结,以此作为研究起点。本章重点讨论第二阶段的社会资本匹配,其静态博弈过程双方行为模式分析如下②:

依据审计定价理论[280],审计定价模型中除了需要覆盖审计投入成本($C_i \times Q_i$ 表示审计资源单价与服务资源数量的乘积),还需要对审计风险进行溢价补贴,包括:

---

① 本书重点讨论第二阶段社会资本匹配的过程,至于第一阶段事务所与客户的非社会资本匹配情况,均在实证检验中添加相关控制变量以控制这一情况对审计质量的影响。

② 为便于分析,后文博弈过程均简化成线性函数(博弈过程简化主要参考如龚启辉和刘桂良,2006;马忠和吴翔宇,2007等)。

第六章　社会资本相对资源权力功能的审计效应研究

(1) 财务重大错报引起的损失变现,即 $E(D_i) \times P(AR)$,其中审计风险为固有风险(IR)、检查风险(CR)、重大错报风险(MR)乘积,即 $P(AR)=P(IR \times MR \times CR)$。

(2) 诉讼风险引起的未来收益损失现值(审计的保险价值),即客户财务状况恶化后给投资者带来损失、审计师遭受的可能的诉讼风险 $E(L_i) \times rL$,其中诉讼风险概率 rL。

(3) 可能的声誉损失现值,即 $E(R_i) \times r_R$,r_R 指代声誉损失概率。对管理层来说,若使审计师 i 提供虚假审计报告,其应给予审计师的报酬至少应大于这些风险损益,即 $MinGain_i = E(D_i) \times P(AR) + E(L_i) \times r_L + E(R_i) \times r_R$。

而管理层 j 因财务造假获取的可能收益为根据薪酬激励制度因虚假业绩获得的额外收入 $E(I_j)$,即根据激励相容原则,所有者为激励管理层努力工作,在薪酬设计时会依据业绩提供一系列的奖励措施,管理层通过虚增财务信息可获得额外相应报酬 $E(I_j)$。同时,若财务虚构行为被发现,其不仅会被没收额外侵占所得,还需要承担来自法律处罚 $E(T_j)$ 和信誉损失 $E(M_j)$ 的风险,其中 $E(M_j)$ 为经理人市场上此管理者因信誉损失丧失的未来机会收益,则总成本为 $[E(T_j)+E(M_j)] \times P(AR)$。管理层 j 与审计师成功合谋购买审计意见所愿意承担的最大支付额度为其净收益值,即 $MaxPay_j = E(I_j) \times [1-P(AR)] - [E(T_j)+E(M_j)] \times P(AR)$。

由此可以看出,若单独考虑非社会资本净收益(即忽略社会资本)时,$MaxPay_j > MinGain_i$,则审计师很可能接受审计意见的购买,提供虚假审计报告,审计合谋发生,博弈均衡是(管理层造假,审计师提供虚假报告),审计质量受到损害。此时重大错报已经发生 $P(MR)=1,P(AR)=P(IR \times MR \times CR)=P(CR)$,将以上各公式代入 $MaxPay_j > MinGain_i$ 求解得,检查风险概率 $P(CR) < \dfrac{E(I_j)-E(L_i) \times r_L - E(R_i) \times r_R}{E(D_i)+E(I_j)+E(T_j)+E(M_j)}$,检查风险低于此值时即发生审计合谋,损害审计质量。

若考虑社会资本,将社会资本视作博弈双方可以调用的资源(包括信息资源),博弈过程中资源变现的收益计为 QF,则双方的期望效用函数中均包含自身 QF 的折现值 $QF \times r$;由前文分析知,社会资本是通过与其他非社会资本互动影响审计产出的,故社会资本发挥的正常经济效益包含在审计正常收费和审计意见报告中。但在发生上述审计合谋的情况下,管理层还会利用社会资本对对方施加影响,攫取因社会资本带来的额外不当收益,其发生的净收益取决于对方审计师 i 的社会资本强弱,即 $(QF_i - QF_j) \times r \times f(QF_i > QF_j)$;若合谋被发现,双方均可以利用自身社会关系网如监管方、媒体等尽可能降低其合谋成本,此时的惩罚成本、声誉损失或诉讼成本均有一定变化,同样地,相应成本为自身社会资本的部分丧失,设流失率分别为 g_i,g_j(社会资本的贴现收益率 r 一般情况下大于流失率 g,只有这样组

社会资本匹配与审计行为:理论框架和影响机理研究

织成员方有动力进行社会资本的维护和巩固,资本才能增值),则管理层运用社会资本所获净收益$[(QF_i-QF_j) \times r \times f - QF_i \times r \times g_i \times P(AR)]$,重复上述计算①,得到考虑社会资本时检查风险概率:

$$P(CR)' < \frac{(QF_i - QF_j) \times r \times f + E'(I_j) - E'(L_i) \times r_L - E'(R_i) \times r_R}{(QF_i \times g_i + QF_j \times g_j) \times r + E'(D_i) + E'(I_j) + E'(T_j) + E'(M_j)}$$

对比 $P(CR)$ 和 $P(CR)'$ 可知,考虑社会资本效应后双方利益分配策略发生了变化,社会资本匹配度通过改变审计合谋发生概率的阈值大小,与经济能力一起同时影响双方交易策略和共生行为。两者大小取决于社会资本的折现率、流失率和双方相对社会资本资源权力大小。这表明,在重大错报风险确定的前提下,若检查风险 CR 低于审计师与管理层利益分配所得,审计方与被审计受托方就会结盟,获取差额收益 M,两者间的差异收益 M 分配则由双方谈判力量决定。具体如下。

(1) 如果客户的社会资本大于审计师,即被审计方的相对资源权力较大,$QF_i<QF_j$,则成功合谋阈值 $P(CR)'$ 的不等式右侧分子变小,分母增大,故此时事务所与客户发生成功合谋的阈值 $P(CR)'$ 将低于 $P(CR)$,即发生合谋的概率处于高水准,客户社会资本相对资源权力较大,发挥了权力的威胁优势,损害审计师应有的公允独立原则,最终会降低审计质量。有部分心理学研究讨论了社会地位不匹配对行为决策的直接影响,更少社会经验的人在交往与行为中会受到压抑,产生"阻吓(intimidating)"(Arkin 和 Shepperd,1989),不自觉的情感焦虑(Frijda,1987)和功能性紊乱(Brief,1998),弱势地位限制了他们对结果的管控,导致"只见树木,不见森林"[281]。Bennett 和 Hatfield[282] 即发现初级审计员在面对更富有经验的客户时,如果知识与经验不如客户(不匹配),易认识到这种差异,可能决策短视,会收集更少的审计证据,进而影响职业判断能力,对审计质量不利。

(2) 如果审计师的社会资本大于客户,相对资源权力相差一定数值,即若 $QF_i>QF_j$ 且 $QF_i>QF_j \times (1+g_j)/(1-g_i)$,则 $(QF_i-QF_j) \times r < (QF_i \times g_i + QF_j \times g_j) \times r$,故此时成功合谋的阈值 $P(CR)'$ 将高于 $P(CR)$,即发生合谋的概率处于低水准。审计方相对较高的社会资本帮助其从其他渠道获得客户更多信息,并在审计谈判沟通中占据权力优势地位,从而增强了审计师的职业判断水平和独立性,发挥信息机制和资源权力机制;同时,从声誉理论上来分析,社会资本较高的组织,从社会资本中获益增多的同时,维护社会关系网络的成本也随之增高,声誉损失风险加大,流失率 g_i 值会远大于审计师社会资本低时的流失率,此时相对资源

---

① 为后文分析更为直观和简便,本书选取较为简洁的线性公式表达资本匹配情况,将社会资本与非社会资本的权重初设为等同,逻辑推导和图表展示仅为示意之用,意在表述社会资本互动时的相对资源权力功能发挥过程。

权力的不等式更容易满足,合谋概率降低,此时审计师与管理层在利益上均无法协调,其他条件不变的情况下,审计师独立性较高。故在一个相对有效的审计供给方市场,尤其是供给方竞争激烈的我国审计市场,审计师牺牲长期以来维护的因社会关系网络带来的声誉,换取短期经济利益的成本加大,高的社会资本会无形提高审计师的合谋成本。此时声望捍卫式的自我保护机制也会发挥作用①。故提出假设 H1:审计师相对客户的社会资本权力越大,审计质量越高。

第二节 研 究 设 计

一、事务所(总所)社会资本权力计量方法

本书进行社会资本相对资源权力计量时,将严格区分经济资本和社会资本,不使用财务数据衡量社会资本,防止出现较大的测量误差。综合借鉴边燕杰和丘海雄[27]、杨鹏鹏等[86]、耿新和张体勤[58]、朱建民和王红燕[59]对组织社会资本的划分方法,按照组织接触的社会网络对象性质将组织社会资本划分为商业型社会资本、政治型社会资本和其他社会资本。其中,其他社会资本包括企业的日常非经营活动如括捐赠、社会责任承担等社会资本维护活动;但在审计师与被审计方进行互动的审计活动中,企业或事务所通过其他类型社会资本所获得的消息或声誉并不像商业型社会资本和政治型社会资本一样,能直接形成较大的权力优势,且会计师事务所社会责任数据来源有限②,故测算事务所与客户的社会资本相对资源权力时,不再考虑其他社会资本类型。本书事务所与客户的社会资本匹配体现在商业性社会资本匹配和政治性社会资本匹配上。

(一) 政治社会资本权力计量

由于没有注册会计师社会经历的详细简历,审计师团队政治社会资本层面的计量无法细化③,仅以事务所的组织层面政治资本来衡量。李敏才[183]发现客户在首次公开募股(IPO)过会前两年即有目的地选择拥有发审委委员资格的合伙人所在事务所进行审计,由此可见,来自发审委的政治资本对审计双方的匹配产生影响。虽然本

---

① 应注意到,这里讨论的是审计合谋发生的阈值大小,而合谋发生后,合谋动机强度既取决于双方资本情况也会受特定制度和文化软约束制约。
② 2015 年我国慈善法颁布实施后,国际四大会计师事务所之一的德勤会计师事务所于同年率先成立了德勤公益基金会,并披露了中国会计师事务所首个公益基金会报告,详见 http://www.icixun.com/2017/1122/5946.html。本书样本区间为 2006—2011 年,无法进行事务所与客户其他类社会资本的匹配。
③ 前文已经将其社会历程进行系统归纳,其个人所能调动的社会资源必然囊括于其出生成长、工作和受教育经历中。故注册会计师个人社会资本的运用一部分表现为规范型和身份型认同与协调功能;即使其与客户的规范相似性为零或与客户无身份型社会关联,没有产生规范型和身份型的认同与协调功能,其调用的社会资本仍可能为其带来信息优势和资源权力,表现在残差之中。

书讨论的企业不包括首次公开募股(IPO)企业(参照 Lennox 等[242]的样本筛选方法),但发审委委员会成员中仍有一定数量的证监会成员。我国除了首次公开募股(IPO),上市公司的配股、再融资、并购等一系列资本活动仍需要向证监会报备审核,且定期和不定期的财务报告均需通过与证监会取得联系,故具备或曾具备发审委委员资格的事务所将有更多来自监管方的政治资源可以调动,这类政治资本将对审计行为发挥持续性影响,并不仅限于对首次公开募股(IPO)活动产生影响。故在审计过程中事务所的政治资本是一种天然优势,是上市公司寻找到有利的投融资机会或获取新监管信息、加强与监管方沟通渠道等所亟需的。拥有或曾拥有发审委委员资格将帮助事务所在审计过程中行使相对资源权力、增加谈判砝码。本书用三个指标表征事务所的政治社会资本:自发审委成立起,是否现任或曾任过发审委委员,用哑变量 PSC_AF_DUM 来表示;自发审委成立起,截至当期担任发审委委员届数,用 PSC_AF_TENM 来指代;截至当期,自发审委成立起担任发任委委员的年限①, PSC_AF_PERD 表示,变量说明详见表 6-1。

表 6-1 相对资源权力功能的审计效应:变量定义及说明

计量对象	社会资本类别	衡量指标	变量符号	定义	计算方法
事务所	政治社会资本	发审委政治资本	(1) PSC_AF_DUM (2) PSC_AF_TENM (3) PSC_AF_PERD	(1) PSC_AF_DUM 事务所是否有合伙人现任或曾任过发审委委员 (2) PSC_AF_TENM 事务所合伙人担任发审委委员届数 (3) PSC_AF_PERD 事务所合伙人起担任发任委委员的年限	(1) 若自发审委成立起,事务所合伙人现任或曾任过发审委委员则为1,否则为0 (2) 自发审委成立起,事务所合伙人截止当期担任发审委委员的届数总和 (3) 截至当期,事务所合伙人自发审委成立起担任发任委委员的年限加总
	商业社会资本	事务所对某一客户的商业社会资本	$BSC\_AF_{i,j}$	事务所在某一客户所处行业的客户总数量	统计审计师 i 在其客户 j 所在行业的客户总数量,再将按事务所逐一加总事务所内所有审计师 i 的统计值

---

① 2003 年年底发审委改组,故首次公开募股(IPO)发审委委员的公开数据从 2004 年起可获得,本书对发审委任期和届数的统计区间为 2004—2011 年。自发审委成立起担任发任委委员的年限和届数两个指标并不等同,这是由于样本区间内有不少非连续担任情况。

第六章 社会资本相对资源权力功能的审计效应研究

续表

计量对象	社会资本类别	衡量指标	变量符号	定义	计算方法
事务所	总社会资本	SC_AF	PSC_AF+BSC_AF		事务所政治资本与商业社会资本加总
客户	政治社会资本	组织政治社会资本	PSC_CF	客户所有权类政治社会资本	哑变量,若上市公司为国企则为1,否则为0
客户	政治社会资本	高管团队政治社会资本	PSC_CM	客户高管的政治社会资本	高管团队曾任职行政事业单位数量
客户	商业社会资本	组织商业社会资本	BSC_CF	客户产业链上的商业社会资本	高管的历任或现任本公司或公司股东单位职位数量、高管历任或现兼任其他参股或关联方企业职位数量
客户	商业社会资本	高管团队商业社会资本	BSC_CM	客户非产业链上的商业社会资本	高管历任或现兼任高校和科研机构、中介协会组织等职务的数量上,若在金融机构任职则任职数量权重赋为2
客户	总社会资本	SC_CFM	PSC_CF+PSC_CM+BSC_CF+BSC_CM		客户政治社会资本与商业社会资本加总
事务所相对客户	相对社会资本	DSC	SC_AF−SC_CFM		事务所总社会资本减去客户的总社会资本

(二) 商业社会资本权力计量

从资源权力观来看,组织除了"向上"寻找资源权力,还会向"横向"——审计产业链各节点如事务所、其他客户等寻找资源。横向社会资本即旨在捕获事务所审计过程中能广泛动员与该客户相关的资源或所能获取该客户信息的渠道。由于审计活动是一对一服务,各事务所间存在竞争关系,向其他事务所获取信息或资源的可能性很小,故实施审计的事务所对客户可施加影响的横向社会资本为事务所对客户同行业或竞争对手的熟知度,用事务所 i 与该客户 j 同一行业的客户数量来表征 $BSC\_AF_{i,j}$。

二、客户社会资本权力计量方法

（一）政治社会资本权力计量

客户的政治性社会资本包括所有权政治资本和高管团队政治资本。得益于资本市场披露要求，客户高管团队的社会资本可以从简历中整理获得。所有权政治资本以客户是否国有企业来衡量，用 PSC_CF 表示；高管团队政治资本（同前文认同与协调功能的审计效应研究设计方案，也使用 CFO、CEO 和董事会主席的数据）包括高管是否人大代表或政协委员、高管中曾担任过政府行政人员的职务个数，加总所得 PSC_CM。

（二）商业社会资本权力计量

客户的商业性社会资本主要以高管团队的商业经历来衡量。不使用企业层面商业型社会资本衡量方法主要有三个原因：

其一，高管所能调动的商业资源即为该企业组织所能调动的商业资源。

其二，企业长期以来与银行、科研机构、供应商和销售商、同行业其他竞争者等外部利益相关者交流而积累的社会资本反映在其债务结构、研发能力和供销比和市场份额之中，无法与经济资本相割裂，相比企业层面的政治社会资本，单独抽离出企业层面的商业型社会资本有很大困难。事实上现有学者研究供销商关系[159]时也采用了经济资本代理的方法，但这种供销关系实际上是一种经济关系，而非严格意义上的社会关系网络。

其三，高管商业型社会资本与企业层面商业社会资本的重合性大。具体地，高管团队中有不少是曾经任职于前十大股东的管理人员①，其在大股东单位任职时期获得的社会资本计为高管商业型社会资本；这样，企业在产业链上的关键性社会关系就表现在高管的历任或现任本公司或公司股东单位职位数量、历任或现兼任其他关联方企业②（包括企业参股公司、不存在控制关系的关联方）职位数量上，用 BSC_CF 表示以高管商业经历形成的组织层面商业性社会资本。

而企业在非产业链上的商业社会关系则反映在高管历任或现兼任高校和科研机构、中介协会组织③等非企业关联方职务的数量上④，用 BSC_CM 来表示以高管

---

① 我国资本市场非集团整体上市，故集团大股东和上市公司是分离开的。但大股东可以通过派遣董事、高管人员等方式实施对上市公司运营决策的影响和控制。

② 其中，高管在市场化改革前的供销社等商业单位形成的社会资本被看作商业社会资本而非政治社会资本。

③ 其中，商管在脱钩改制前的事务所任职形成的社会资本被看作商业社会资本而非政治社会资本。

④ 这里高管商业型社会资本仅统计其就业后的职务情况，并不统计其毕业院校、毕业专业这一类教育背景，以避开与第五章节高管人力资本或教育社会关联在衡量方法上的重合。

商业经历形成的高管团队层面商业性社会资本。

然后,加总组织层面和高管团队层面的商业性社会资本,即 $BSC\_CF + BSC\_CM$①,得到高管团队曾任职和现任职的企业总数量(包括兼职数量),用来衡量客户能获取的商业性社会资源总大小。

同时,由于投融资活动是企业除经营活动外最能制约组织进一步发展的关键因素,如优质的投资标的和合理成本下的资金获得的是高管商业活动能力的重要指标;由于银行等金融机构的特殊性,与各个行业均有紧密的产业关联,尤其在债券市场并不繁荣的中国大银行式金融体系、并购等投资活动异常活跃的背景下,银行、投资机构等金融机构占据较多组织网络的结构洞,如果高管曾有金融类工作经历,则说明其能帮助组织从结构洞中获得较多的资金和投资信息,还有可能将其横向社会资本扩展到另一行业,实现战略转型升级。故以其是否曾在投资公司、银行等金融机制构任职来捕获其金融型商业社会资源大小,如果是,则在企业任职总数量上再加 1,这样金融机构方面的商业社会资本就相当于权重赋为 2。

三、模型设计

据前文结论,模型中需同时控制可发挥认同与协调功能的社会资本,以保证观察到的社会资本的审计效应来源于其相对资源权力功能的发挥,而非遗漏因子认同与协调功能部分的作用。其他控制变量与第五章模型相同,同样控制人力与结构资本,仅 SOE 没有纳入其中②。

$$\begin{aligned}AQ\_DUM_{j,t} =& \theta_0 + \theta_1 DSC_{j,t} + \theta_2 BIRTH\_TIE_{j,t} + \theta_3 SCHOOL\_TIE_{j,t} + \\& \theta_4 WORK\_TIE_{j,t} + \theta_5 SCHOOLPLC\_TIE_{j,t} + \\& \theta_6 WORKLOCL\_TIE_{j,t} + \theta_7 WORKPAST\_TIE_{j,t} + \\& \theta_8 WORKTENURE\_TIE_{j,t} + \theta_9 WORKEXP\_TIE_{j,t} + \\& \theta_{10} REROE_{j,t} + \theta_{11} SPECIALIST_{j,t} + \theta_{12} INFLUENCE_{j,t} + \\& \theta_{13} MROTFIRST_{j,t} + \theta_{14} MROTFINAL_{j,t} + \theta_{15} EFFORT_{j,t} + \\& \theta_{16} BIG4_{j,t} + \theta_{17} AUDITMA_{j,t} + \theta_{18} SIZE_{j,t} + \theta_{19} ROS_{j,t} + \\& \theta_{20} LEVERAGE_{j,t} + \theta_{21} SUBSID_{j,t} + \pi_{j,t}\end{aligned} \quad (式6.1)$$

---

① 具体计量时,如果科研院或高校属于控股股东则算入企业所属社会资本中,则不单独算入历任科研院校职务数量中,即不属于 BSC_CM,同样计入其历任或现任本公司形成的社会网络中,属于 BSC_CF。

② 事实上,结构资本中有用来刻画所有权属性的国有企业 SOE 变量,同时也是政治社会资本的代理变量,从这点就能窥见组织三类资本间的相互渗透性,结构资本与政治类型社会资本存在相互交叉,也可以相互转化。

四、样本与数据来源

(一) 客户社会资本权力数据来源

由于各公司对董事长、CEO 和 CFO 的称呼不一,故在高管个人简历中确立筛选词条,手工筛选确认高管团队人员名单。其中,董事长职务确认词条包括"董事长,董事会主席,名誉董事长";CEO 职务确认词条包括"总裁、CEO、总经理";CFO 职务确认的词条包括"财务总监、财务负责人、财务部经理、财务经理、财务处经理、财务总经理、总会计师、总经济师、财务部部长、财务部长、财务中心主任"。其中,当且仅当无财务总监、财务负责人词条时,财务部经理等字条方为 CFO 人选确认的依据。若出现董事长兼任 CEO 情况,将分别加入董事长和 CEO 个人的社会资本。数据主要来自国泰安数据库中的高管个人简历字段,数据库中缺失的 CEO、CFO 和董事长个人简历,通过财务报表和百度搜索补充完整,以求社会资本信息完整性①。

(二) 事务所社会资本权力数据来源

每届的发审委委员所属事务所数据来自证监会官网和各大财经媒体转载②,本书将搜集的 2006—2010 年发审委委员所属事务所数据与李敏才[183]对照。

除此之外,模型中所有审计调整数据来自 CICPA 报备数据库,样本区间同第五章认同与协调功能的审计效应检验,以便统一对比分析社会资本匹配双功能的审计效应异同。

第三节 实证分析

一、描述性统计

由于其他控制变量均同第五章,这里仅描述统计本章研究重点——事务所和客户各自的社会资本资源权力和相对资源权力大小。对审计双方划分政治和商业两种类型社会资本,描述性统计结果见表 6-2。

---

① 需要说明的是,国泰安人物特征数据库中对董高监背景详细信息的分类列示从 2008 年开始,虽列示了高管政治、金融和在股东单位任职的背景,但并未将其区分产业链和非产业链的任职经历,且数据中仅以哑变量来计量高管任职经历的有无;本书则统计了高管历任的每一个商业型和政治型职位数量,均为连续性变量,计量更为精确。故相比国泰安数据库统计,本书手工整理所得数据能观测到更为细致的实证结论。

② 详见网址 http://finance.people.com.cn/stock/GB/14396037.html。

第六章　社会资本相对资源权力功能的审计效应研究

表 6-2　审计双方社会资本资源权力情况统计

均值	社会资本	商业社会资本	政治社会资本
1. 相对资源权力	4.659	5.723	−1.068
2. 事务所资源权力	22.528	21.347	1.180
3. 客户资源权力			
总计	17.869	15.621	2.248
总计（不包括党纪委书记）	16.896		1.276
来自产业链总计		11.391	
来自非产业链总计		4.230	
客户高管团队细分			
（1）董事长	7.279	6.154	1.125
（不包括党纪委书记）	6.643		1.189
其中：董事长不兼任CEO	7.236	6.016	1.221
（不包括党纪委书记）	6.533		0.517
（2）CEO	6.810	6.214	0.595
（不包括党纪委书记）	6.460		0.246
（3）CFO	5.315	5.160	0.154
（不包括党纪委书记）	5.261		0.101

统计显示，依事务所相对客户所在行业的上市公司数量表征其商业社会资本时，均值为 21.347 个，每家事务所平均拥有某一客户所在行业上市公司约 22 个。事务所合伙人曾经或当期担任发审委委员整体上达 1.18 届①。以客户高管团队在各行业任职数表征的客户商业社会资本均值为 15.621，略低于事务所商业社会资本数，其中来自产业链的商业社会资本达 11.391，大大高于来自非产业链的 4.23。同时，客户的政治社会资本均值为 2.248，若不计入高管担任党纪委书记，均值为 1.276，大于事务所的政治社会资本大小。故审计双方政治型社会资本的相对资源权力为负值，而商业型社会资本的相对资源权力为正值，总的社会资本相对资源权力大小为 4.659。

细分客户高管团队职位后进一步发现，董事长和 CEO 的商业型社会资本相当，分别为 6.154 和 6.214，CFO 的商业型社会资本其次，均值大小为 5.16。客户高管团队内政治型社会资本差距较大，从大到小依次为董事长＞CEO＞CFO，单独计算不兼任 CEO 的董事长排序也不发生变化。这与我国上市公司董事长的背景有

---

① 其他描述性统计发现，发审委委员资格的事务所与国内十大事务所有 0.3 左右的相关性，说明政治性社会资本与经济资本重合性不高，研究政治性社会资本的经济后果更有实践意义。

关,商业实践中有不少来自官员下海或事业单位人员在单位改制后自行创办企业,同时央企国企中的董事长由国资委任命,因而董事长的政治性社会资本较高;而 CEO 有不少来自职业经理人,故政治性社会资本较小,描述性统计与商业现实相符。

二、回归结果分析

模型 6.1 中用 DSC 表示事务所与客户的相对资源权力大小,与审计质量的回归结果见表 6-3。首行 $normDSC$ 表示以标准化后的 DSC 作为自变量时与 AQ_DUM 回归系数。表 6-3 显示,DSC 与 AQ_DUM 成正相关,在 1% 水平上显著,这说明事务所相对客户的社会资本资源权力越大,审计质量越高。审计方的社会资本在审计过程中,发挥独特的相对资源权力,为审计师在审计沟通过程中带来有利的谈判地位,在收集证据、调整财务数据决策时更有话语权,得以保障审计质量,假设 H1 得以验证。

表 6-3　相对资源权力功能影响审计行为的回归分析

变量	AQ_DUM Full Sample (1)	AQ_DUM Full Sample (2)
$normDSC$		0.138***
		(3.178)
DSC	0.005***	
	(3.178)	
$BIRTH\_TIE$	0.466***	0.466***
	(5.297)	(5.297)
$SCHOOL\_TIE$	−0.759***	−0.759***
	(−4.628)	(−4.628)
$WORK\_TIE$	1.236***	1.236***
	(3.336)	(3.336)
$SCHOOLPLC\_TIE$	−0.045	−0.045
	(−0.264)	(−0.264)
$WORKLOCL\_TIE$	0.159*	0.159*
	(1.650)	(1.650)
$WORKPAST\_TIE$	0.237***	0.237***
	(3.069)	(3.069)
$WORKTENURE\_TIE$	0.157***	0.157***
	(3.368)	(3.368)

第六章 社会资本相对资源权力功能的审计效应研究

续表

变量	AQ_DUM Full Sample	AQ_DUM Full Sample
	(1)	(2)
WORKEXP_TIE	0.289*	0.289*
	(1.732)	(1.732)
PREROE	−0.202***	−0.202***
	(−2.834)	(−2.834)
SPECIALIST	0.108	0.108
	(1.343)	(1.343)
INFLUENCE	−0.126	−0.126
	(−1.597)	(−1.597)
MROTFIRST	−0.205	−0.205
	(−1.291)	(−1.291)
MROTFINAL	−0.410***	−0.410***
	(−2.906)	(−2.906)
EFFORT	0.208***	0.208***
	(5.729)	(5.729)
BIG4	−1.434***	−1.434***
	(−5.930)	(−5.930)
AUDITMA	−0.028	−0.028
	(−0.306)	(−0.306)
SIZE	−0.312***	−0.312***
	(−7.364)	(−7.364)
ROS	0.320*	0.320*
	(1.646)	(1.646)
LEVERAGE	−0.419***	−0.419***
	(−2.849)	(−2.849)
SUBSID	0.018	0.018
	(0.412)	(0.412)
Intercept	2.661***	2.683***
	(4.951)	(4.988)
Year & Industry Fixed	YES	YES
pseudo R^2	0.095	0.095
Wald Chi^2	373.500	373.500
N	5 415	5 415

注：***，**，*分别表示在1%、5%和10%分位上显著。

第四节 扩展性研究

在验证主假设 H1 的基础上,本节扩展性部分将先分别考察政治社会资本的相对资源权力、商业社会资本的相对资源权力对审计质量的影响;然后改变划分类别,观察其他类型如组织内部社会资本和外部社会资本,以及客户高管团队内部各成员的社会资本对审计行为的影响差异性,以寻找审计双方社会资本相对资源权力能发挥审计效应主要来自的社会资本的类型。

一、政治社会资本和商业社会资本细分研究

依据前文计量方法,先区分政治社会资本和商业社会资本,观察哪种类型的社会资本为审计师的工作质量带来了显著提升。表 6-4 结果显示,两种类型的社会资本均对审计行为产生显著影响。表 6-4 的栏目(5)和(6)为分别计算事务所与客户的商业社会资本和政治社会资本相对资源权力即 deltaBSC(或标准化后的 normdeltaBSC)和 deltaPSC(或标准化后的 normdeltaPSC)后,再统一放入模型 6.4 中回归所得结果。它们的回归结果同样印证了,在我国,商业社会资本和政治社会资本对审计质量的影响均占据重要地位,且系数大小显示政治型社会资本略优于商业型社会资本的审计效应。

表 6-4 相对资源权力的审计效应(一):政治与商业社会资本

变量	AQ_DUM Full Sample		AQ_DUM Full Sample		AQ_DUM Full Sample	
	商业社会资本		政治社会资本		商业和政治社会资本	
	(1)	(2)	(3)	(4)	(5)	(6)
normdeltaBSC		0.120***				0.092**
		(2.779)				(2.088)
normdeltaPSC				0.152***		0.138***
				(3.731)		(3.314)
deltaBSC	0.004***				0.003**	
	(2.779)				(2.088)	
deltaPSC			0.049***		0.044***	
			(3.731)		(3.314)	
BIRTH_TIE	0.464***	0.464***	0.476***	0.476***	0.476***	0.476***
	(5.280)	(5.280)	(5.369)	(5.369)	(5.377)	(5.377)

续表

变量	AQ_DUM Full Sample 商业社会资本		AQ_DUM Full Sample 政治社会资本		AQ_DUM Full Sample 商业和政治社会资本	
	(1)	(2)	(3)	(4)	(5)	(6)
SCHOOL_TIE	−0.758***	−0.758***	−0.761***	−0.761***	−0.762***	−0.762***
	(−4.627)	(−4.627)	(−4.669)	(−4.669)	(−4.661)	(−4.661)
WORK_TIE	1.242***	1.242***	1.230***	1.230***	1.214***	1.214***
	(3.358)	(3.358)	(3.315)	(3.315)	(3.262)	(3.262)
SCHOOLPLC_TIE	−0.044	−0.044	−0.066	−0.066	−0.060	−0.060
	(−0.259)	(−0.259)	(−0.387)	(−0.387)	(−0.354)	(−0.354)
WORKLOCL_TIE	0.161*	0.161*	0.177*	0.177*	0.164*	0.164*
	(1.670)	(1.670)	(1.825)	(1.825)	(1.699)	(1.699)
WORKPAST_TIE	0.239***	0.239***	0.228***	0.228***	0.229***	0.229***
	(3.085)	(3.085)	(2.948)	(2.948)	(2.953)	(2.953)
WORKTENURE_TIE	0.155***	0.155***	0.162***	0.162***	0.166***	0.166***
	(3.327)	(3.327)	(3.476)	(3.476)	(3.551)	(3.551)
WORKEXP_TIE	0.288*	0.288*	0.269	0.269	0.281*	0.281*
	(1.720)	(1.720)	(1.628)	(1.628)	(1.703)	(1.703)
PREROE	−0.202***	−0.202***	−0.202***	−0.202***	−0.201***	−0.201***
	(−2.840)	(−2.840)	(−2.834)	(−2.834)	(−2.818)	(−2.818)
SPECIALIST	0.109	0.109	0.097	0.097	0.100	0.100
	(1.349)	(1.349)	(1.190)	(1.190)	(1.236)	(1.236)
INFLUENCE	−0.128	−0.128	−0.124	−0.124	−0.120	−0.120
	(−1.620)	(−1.620)	(−1.567)	(−1.567)	(−1.516)	(−1.516)
MROTFIRST	−0.211	−0.211	−0.186	−0.186	−0.177	−0.177
	(−1.329)	(−1.329)	(−1.167)	(−1.167)	(−1.109)	(−1.109)
MROTFINAL	−0.414***	−0.414***	−0.399***	−0.399***	−0.393***	−0.393***
	(−2.937)	(−2.937)	(−2.823)	(−2.823)	(−2.771)	(−2.771)
EFFORT	0.206***	0.206***	0.208***	0.208***	0.214***	0.214***
	(5.669)	(5.669)	(5.790)	(5.790)	(5.915)	(5.915)
BIG4	−1.430***	−1.430***	−1.568***	−1.568***	−1.526***	−1.526***
	(−5.900)	(−5.900)	(−6.615)	(−6.615)	(−6.422)	(−6.422)
AUDITMA	−0.018	−0.018	−0.010	−0.010	−0.043	−0.043
	(−0.203)	(−0.203)	(−0.114)	(−0.114)	(−0.479)	(−0.479)

续表

变量	AQ_DUM Full Sample 商业社会资本		AQ_DUM Full Sample 政治社会资本		AQ_DUM Full Sample 商业和政治社会资本	
	(1)	(2)	(3)	(4)	(5)	(6)
SIZE	−0.315***	−0.315***	−0.291***	−0.291***	−0.293***	−0.293***
	(−7.409)	(−7.409)	(−6.708)	(−6.708)	(−6.755)	(−6.755)
ROS	0.321*	0.321*	0.322	0.322	0.321	0.321
	(1.646)	(1.646)	(1.638)	(1.638)	(1.642)	(1.642)
LEVERAGE	−0.423***	−0.423***	−0.428***	−0.428***	−0.415***	−0.415***
	(−2.870)	(−2.870)	(−2.922)	(−2.922)	(−2.833)	(−2.833)
SUBSID	0.020	0.020	0.015	0.015	0.011	0.011
	(0.452)	(0.452)	(0.334)	(0.334)	(0.253)	(0.253)
Intercept	2.678***	2.702***	2.494***	2.442***	2.513***	2.484***
	(4.976)	(5.015)	(4.586)	(4.475)	(4.631)	(4.553)
Year & Industry Fixed	YES	YES	YES	YES	YES	YES
pseudo R2	0.094	0.094	0.096	0.096	0.097	0.097
Wald Chi2	370.565	370.565	386.632	386.632	389.600	389.600
N	5 415	5 415	5 415	5 415	5 415	5 415

注：***，**，*分别表示在1%、5%和10%分位上显著。

进一步地，区分开事务所和客户的社会资本绝对权力，事务所商业性社会资本和政治性社会资本分别为 BSC-AF 和 PSC-AF，客户的商业性社会资本和政治性社会资本分别为 BSC-CF 和 PSC-CF，观察审计哪一方、哪一类型的社会资本发挥了资源权力优势，回归结果见表 6-5。结果表明，事务所的商业性和政治性社会资本均对审计质量产生正向影响，而客户的商业性社会资本未发挥显著作用，客户的政治性社会资本越大，审计质量越低，对审计质量产生负面作用。

表6-5 绝对资源权力的审计效应（二）：政治与商业社会资本

变量	AQ_DUM Full Sample 事务所社会资本	AQ_DUM Full Sample 客户社会资本	AQ_DUM Full Sample 审计双方社会资本
	(1)	(2)	(3)
BSC-AF	0.003*		0.003*
	(1.894)		(1.872)

续表

变量	AQ_DUM Full Sample 事务所社会资本 (1)	AQ_DUM Full Sample 客户社会资本 (2)	AQ_DUM Full Sample 审计双方社会资本 (3)
PSC-AF	0.094***		0.093***
	(3.174)		(3.128)
BSC-CF		0.002	0.002
		(0.361)	(0.356)
PSC-CF		−0.037**	−0.035**
		(−2.374)	(−2.285)
BIRTH_TIE	0.487***	0.465***	0.489***
	(5.505)	(5.258)	(5.505)
SCHOOL_TIE	−0.755***	−0.760***	−0.759***
	(−4.613)	(−4.662)	(−4.638)
WORK_TIE	1.227***	1.244***	1.206***
	(3.367)	(3.362)	(3.286)
SCHOOLPLC_TIE	−0.075	−0.054	−0.078
	(−0.446)	(−0.314)	(−0.463)
WORKLOCL_TIE	0.150	0.182*	0.155
	(1.546)	(1.880)	(1.594)
WORKPAST_TIE	0.230***	0.235***	0.226***
	(2.968)	(3.039)	(2.911)
WORKTENURE_TIE	0.165***	0.156***	0.172***
	(3.505)	(3.339)	(3.640)
WORKEXP_TIE	0.303*	0.254	0.284*
	(1.795)	(1.526)	(1.696)
PREROE	−0.202***	−0.201***	−0.200***
	(−2.838)	(−2.829)	(−2.805)
SPECIALIST	0.105	0.102	0.102
	(1.299)	(1.254)	(1.257)
INFLUENCE	−0.123	−0.130	−0.118
	(−1.552)	(−1.639)	(−1.494)

续表

变量	AQ_DUM Full Sample 事务所社会资本 (1)	AQ_DUM Full Sample 客户社会资本 (2)	AQ_DUM Full Sample 审计双方社会资本 (3)
MROTFIRST	−0.201	−0.205	−0.180
	(−1.272)	(−1.291)	(−1.129)
MROTFINAL	−0.415***	−0.409***	−0.399***
	(−2.969)	(−2.890)	(−2.831)
EFFORT	0.212***	0.200***	0.216***
	(5.865)	(5.568)	(5.971)
BIG4	−1.609***	−1.480***	−1.615***
	(−6.755)	(−6.152)	(−6.816)
AUDITMA	−0.063	0.023	−0.068
	(−0.699)	(0.253)	(−0.756)
SIZE	−0.325***	−0.295***	−0.306***
	(−7.655)	(−6.700)	(−6.957)
ROS	0.316	0.326*	0.320
	(1.627)	(1.652)	(1.639)
LEVERAGE	−0.432***	−0.433***	−0.424***
	(−2.953)	(−2.941)	(−2.902)
SUBSID	0.013	0.021	0.008
	(0.298)	(0.477)	(0.191)
Intercept	2.726***	2.517***	2.571***
	(5.110)	(4.559)	(4.717)
Year & Industry Fixed	YES	YES	YES
pseudo R2	0.096	0.094	0.098
Wald Chi2	378.884	377.007	391.617
N	5 415	5 415	5 415

注：***，**，*分别表示在1%、5%和10%分位上显著。

二、其他类型社会资本细分研究

这里探讨客户的不同类型的社会资本与事务所社会资本匹配时，对审计行为

第六章　社会资本相对资源权力功能的审计效应研究

产生的影响差异,以考究起关键作用的相对资源权力是客户哪种类型的社会资本。

（一）客户内外部社会资本相对资源权力的审计效应探析

组织的内外部社会资本分别代表组织内外部的社会网络大小,内部社会资本大表明其组织内部的资源多,外部社会资本大则表明组织拥有更多外部联系。这里进一步细分客户社会资本中的内部、外部社会资本,观察哪种类型的社会资本对审计质量影响更大。

因会计师事务所并无过多披露义务,可获得的内部社会资本数据有限,现有研究也仅从经济资本角度观察事务所总分所的治理水平差异,不容易区分内外部社会资本。但我国多由事务所分所承接客户,有时会加派总所或调派其他分所的人员同时进驻审计,事务所从组织内部可以调用的社会资源获取相关信息,这部分信息优势已经反映在本书的因变量审计调整数据中,并不会产生因事务所组织内部社会资本的不可直接观测性而引起变量遗漏,进而引起测量误差。故这里重点关注事务所可量化的外部社会资本与客户内外部社会资本匹配时对审计调整的影响是否有差异。

客户内部社会资本计量方法上,以高管团队在集团内部历任职位数、任职年份数来分别表征客户内部社会资本的广度和强度。根据高管个人简历情况筛选属于CEO、CFO和董事长职务的起始日期;出现连任而国泰安数据库没有追溯以往年份进行职务截止日期更新的,手工进行再更新和统一;出现缺失值的,通过以后年度个人简历信息补充。客户外部社会资本计量上,则以高管团队在集团外任职数、兼职数表示。在样本区间内高管社会资本和事务所社会资本各年度均有一些轻微的变化,如兼任变化、更换高管、事务所更换客户等。表6-6回归结果显示,对客户来说,组织的内外部社会资本对审计质量均产生重要影响,这说明事务所应同时关注客户的内部和外部社会资本,在谈判过程中客户的内外部社会资本对审计行为的作用强度是近似等同的。

表6-6　相对资源权力的审计效应（三）：内部与外部社会资本

变量	AQ_DUM Full Sample 内部社会资本		AQ_DUM Full Sample 外部社会资本	
	(1)	(2)	(3)	(4)
norminnerDSC		0.133***		
		(3.030)		
normextDSC				0.135***
				(3.069)

续表

变量	AQ_DUM Full Sample 内部社会资本		AQ_DUM Full Sample 外部社会资本	
	(1)	(2)	(3)	(4)
innerDSC	0.005***			
	(3.030)			
extDSC			0.005***	
			(3.069)	
BIRTH_TIE	0.467***	0.467***	0.467***	0.467***
	(5.318)	(5.318)	(5.309)	(5.309)
SCHOOL_TIE	−0.758***	−0.758***	−0.758***	−0.758***
	(−4.618)	(−4.618)	(−4.630)	(−4.630)
WORK_TIE	1.229***	1.229***	1.241***	1.241***
	(3.334)	(3.334)	(3.371)	(3.371)
SCHOOLPLC_TIE	−0.050	−0.050	−0.045	−0.045
	(−0.293)	(−0.293)	(−0.264)	(−0.264)
WORKLOCL_TIE	0.157	0.157	0.160*	0.160*
	(1.621)	(1.621)	(1.659)	(1.659)
WORKPAST_TIE	0.238***	0.238***	0.238***	0.238***
	(3.077)	(3.077)	(3.076)	(3.076)
WORKTENURE_TIE	0.159***	0.159***	0.156***	0.156***
	(3.405)	(3.405)	(3.339)	(3.339)
WORKEXP_TIE	0.274	0.274	0.294*	0.294*
	(1.635)	(1.635)	(1.761)	(1.761)
PREROE	−0.200***	−0.200***	−0.202***	−0.202***
	(−2.817)	(−2.817)	(−2.834)	(−2.834)
SPECIALIST	0.110	0.110	0.110	0.110
	(1.369)	(1.369)	(1.363)	(1.363)
INFLUENCE	−0.128	−0.128	−0.126	−0.126
	(−1.614)	(−1.614)	(−1.598)	(−1.598)
MROTFIRST	−0.208	−0.208	−0.212	−0.212
	(−1.309)	(−1.309)	(−1.329)	(−1.329)
MROTFINAL	−0.413***	−0.413***	−0.413***	−0.413***

续表

变量	AQ_DUM Full Sample 内部社会资本		AQ_DUM Full Sample 外部社会资本	
	(1)	(2)	(3)	(4)
	(−2.931)	(−2.931)	(−2.932)	(−2.932)
EFFORT	0.207***	0.207***	0.207***	0.207***
	(5.697)	(5.697)	(5.683)	(5.683)
BIG4	−1.433***	−1.433***	−1.437***	−1.437***
	(−5.917)	(−5.917)	(−5.954)	(−5.954)
AUDITMA	−0.024	−0.024	−0.028	−0.028
	(−0.268)	(−0.268)	(−0.307)	(−0.307)
SIZE	−0.312***	−0.312***	−0.319***	−0.319***
	(−7.361)	(−7.361)	(−7.508)	(−7.508)
ROS	0.319	0.319	0.326*	0.326*
	(1.637)	(1.637)	(1.670)	(1.670)
LEVERAGE	−0.423***	−0.423***	−0.422***	−0.422***
	(−2.876)	(−2.876)	(−2.860)	(−2.860)
SUBSID	0.018	0.018	0.020	0.020
	(0.407)	(0.407)	(0.446)	(0.446)
Intercept	2.641***	2.691***	2.699***	2.777***
	(4.921)	(5.009)	(5.012)	(5.139)
Year & Industry Fixed	YES	YES	YES	YES
pseudo R2	0.095	0.095	0.095	0.095
Wald Chi2	371.705	371.705	372.123	372.123
N	5 415	5 415	5 415	5 415

注：***，**，*分别表示在1%、5%和10%分位上显著。

（二）依客户高管职位划分社会资本相对资源权力的审计效应探析

表6-7栏目(1)(3)和(5)分别表示董事长、CEO、CFO的社会资本相对资源权力对审计质量的影响情况，栏目(2)(4)和(6)表示高管个人的商业社会资本和政治社会资本对审计质量的影响检验。栏目结果表明，商业社会资本并未起到显著作用，CEO和CFO的政治社会资本对审计质量有显著的负向影响，而董事长则对审计质量没有明显的降低作用，这说明，CEO、CFO的政治社会资本过高，会引发较严重的代理问题，进而损害审计质量，再次印证了表6-5列示的区分政治和商业型

表6-7 相对资源权力的审计效应(四):客户高管职业划分

变量	AQ_DUM Full sample 董事长		AQ_DUM Full Sample CEO		AQ_DUM Full Sample CFO		AQ_DUM Full Sample 未兼任CEO的董事长	
	(1)	(2)	(3)	(4)	(5)	(6)	(7)	(8)
normDSC	0.147***		0.145***		0.149***		0.140***	
	(3.332)		(3.301)		(3.151)		(2.867)	
DSC	0.005***		0.005***		0.005***		0.005***	
	(3.332)		(3.301)		(3.151)		(2.867)	
BSC-CF		−0.011		0.002		0.010		−0.012
		(−1.047)		(0.199)		(0.683)		(−1.155)
PSC-CF		−0.026		−0.092***		−0.214***		−0.037*
		(−1.285)		(−3.258)		(−3.858)		(−1.754)
BSC-AF		0.003*		0.003*		0.003*		0.003
		(1.891)		(1.934)		(1.834)		(1.441)
PSC-AF		0.095***		0.092***		0.098***		0.101***
		(3.180)		(3.088)		(3.134)		(3.070)
BIRTH_TIE	0.470***	0.488***	0.466***	0.490***	0.438***	0.449***	0.428***	0.450***
	(5.343)	(5.500)	(5.267)	(5.463)	(4.717)	(4.790)	(4.394)	(4.567)
SCHOOL_TIE	−0.758***	−0.759***	−0.752***	−0.746***	−0.668***	−0.669***	−0.722***	−0.715***
	(−4.622)	(−4.634)	(−4.572)	(−4.539)	(−3.808)	(−3.825)	(−3.919)	(−3.861)
WORK_TIE	1.226***	1.216***	1.228***	1.169***	1.238***	1.191***	1.288***	1.276***
	(3.327)	(3.287)	(3.340)	(3.205)	(3.379)	(3.209)	(2.927)	(2.873)
SCHOOLPLC_TIE	−0.051	−0.077	−0.048	−0.077	−0.070	−0.080	0.085	0.049
	(−0.298)	(−0.455)	(−0.280)	(−0.448)	(−0.400)	(−0.455)	(0.420)	(0.241)

续表

变量	AQ_DUM Full sample 董事长		AQ_DUM Full Sample CEO		AQ_DUM Full Sample CFO		AQ_DUM Full Sample 未兼任CEO的董事长	
	(1)	(2)	(3)	(4)	(5)	(6)	(7)	(8)
WORKLOCL_TIE	0.154	0.151	0.162*	0.158	0.150	0.144	0.135	0.136
	(1.591)	(1.561)	(1.672)	(1.622)	(1.451)	(1.393)	(1.276)	(1.287)
WORKPAST_TIE	0.238***	0.227***	0.235***	0.224***	0.231***	0.220***	0.232***	0.218**
	(3.064)	(2.920)	(3.025)	(2.876)	(2.780)	(2.644)	(2.680)	(2.514)
WORKTENURE_TIE	0.159***	0.166***	0.160***	0.175***	0.198***	0.219***	0.210***	0.217***
	(3.404)	(3.514)	(3.416)	(3.699)	(4.001)	(4.385)	(4.112)	(4.228)
WORKEXP_TIE	0.278*	0.297*	0.291*	0.282*	0.274	0.274	0.358*	0.380*
	(1.658)	(1.755)	(1.726)	(1.665)	(1.624)	(1.640)	(1.713)	(1.793)
PREROE	−0.203***	−0.204***	−0.200***	−0.198***	−0.228***	−0.233***	−0.206***	−0.209***
	(−2.851)	(−2.871)	(−2.785)	(−2.761)	(−3.000)	(−3.038)	(−2.637)	(−2.674)
SPECIALIST	0.115	0.106	0.112	0.104	0.141	0.134	0.108	0.096
	(1.429)	(1.310)	(1.390)	(1.270)	(1.628)	(1.529)	(1.204)	(1.070)
INFLUENCE	−0.128	−0.120	−0.121	−0.115	−0.110	−0.103	−0.195**	−0.182**
	(−1.618)	(−1.514)	(−1.528)	(−1.448)	(−1.293)	(−1.201)	(−2.226)	(−2.073)
MROTFIRST	−0.209	−0.186	−0.203	−0.176	−0.227	−0.172	−0.185	−0.156
	(−1.317)	(−1.173)	(−1.255)	(−1.083)	(−1.353)	(−1.029)	(−1.093)	(−0.925)
MROTFINAL	−0.415***	−0.406***	−0.387***	−0.370***	−0.336***	−0.308**	−0.398***	−0.384***
	(−2.945)	(−2.892)	(−2.738)	(−2.621)	(−2.205)	(−2.045)	(−2.673)	(−2.590)
EFFORT	0.208***	0.216***	0.207***	0.218***	0.188***	0.207***	0.200***	0.209***
	(5.717)	(5.970)	(5.669)	(5.981)	(4.878)	(5.405)	(5.060)	(5.315)

续表

变量	AQ_DUM Full sample 董事长		AQ_DUM Full Sample CEO		AQ_DUM Full Sample CFO		AQ_DUM Full Sample 未兼任CEO的董事长	
	(1)	(2)	(3)	(4)	(5)	(6)	(7)	(8)
BIG4	−1.433***	−1.614***	−1.430***	−1.599***	−1.293***	−1.529***	−1.605***	−1.802***
	(−5.930)	(−6.789)	(−5.797)	(−6.673)	(−5.083)	(−6.054)	(−6.319)	(−7.269)
AUDITMA	−0.033	−0.069	−0.034	−0.066	0.011	−0.042	−0.006	−0.046
	(−0.365)	(−0.768)	(−0.375)	(−0.724)	(0.117)	(−0.431)	(−0.062)	(−0.457)
SIZE	−0.316***	−0.313***	−0.323***	−0.314***	−0.321***	−0.290***	−0.290***	−0.282***
	(−7.441)	(−7.064)	(−7.640)	(−7.362)	(−7.075)	(−6.230)	(−6.363)	(−5.939)
ROS	0.321	0.314	0.332*	0.316	0.259	0.231	0.262	0.256
	(1.643)	(1.607)	(1.695)	(1.610)	(1.231)	(1.087)	(1.257)	(1.227)
LEVERAGE	−0.419***	−0.420***	−0.439***	−0.445***	−0.451***	−0.460***	−0.489***	−0.487***
	(−2.843)	(−2.858)	(−2.955)	(−3.025)	(−2.884)	(−3.003)	(−3.126)	(−3.115)
SUBSID	0.017	0.007	0.023	0.016	0.034	0.015	0.011	0.000
	(0.386)	(0.168)	(0.509)	(0.355)	(0.733)	(0.328)	(0.231)	(0.007)
Intercept	2.667***	2.664***	2.739***	2.706***	2.763***	2.419***	2.567***	2.535***
	(4.954)	(4.869)	(5.104)	(5.041)	(4.874)	(4.211)	(4.390)	(4.272)
Year Fixed	YES	YES	YES	YES	YES	YES	YES	YES
Industry Fixed	YES	YES	YES	YES	YES	YES	YES	YES
pseudo R2	0.095	0.097	0.095	0.099	0.094	0.101	0.102	0.105
Wald Chi2	373.461	385.551	370.978	401.441	328.187	349.644	327.637	342.427
N	5 412	5 412	5 374	5 374	4 807	4 807	4 458	4 458

注：***，**，*分别表示在1%、5%和10%分位上显著。

社会资本时,客户的政治型社会资本对审计质量的负向效应。与已有研究企业社会网络和风险承担水平的结论类似,相比总经理的社会网络,董事长的社会网络更有利于提升企业风险承担水平[283],董事长与审计师的社会资本相对资源权力越大,审计质量越高。

第五节 稳健性检验

本节稳健性检验包括对自变量和因变量社会资本相对资源权力的计算方法测试。其中自变量测试方面,稳健性检验包括:

(1) 客户商业社会资本替换。将金融机构权重由 2 赋为 1,重新计算相对资源权力大小,结果输出见表 6-8 栏目(1)。

(2) 客户政治社会资本替换。去除客户政治社会资本中的党(纪)委(副)书记任职数量,结果输出见表 6-8 栏目(2)。

(3) 事务所政治资本替换。将事务所政治社会资本衡量方法依次换为 PSC_AF_PERD 和 PSC_AF_DUM,即运用发审委任职届数、自首次任职发审委员起年限表征事务所政治社会资本的强度,结果输出见表 6-8 栏目(3)和(4)。

同时,参考第五章的稳健性检验,因变量测试时尝试使用大幅度调整哑变量 AQ_DUM2、审计调整的连续变量 ADJ_MAG 来代替原因变量 AQ_DUM,自变量和因变量的测试结果输出见表 6-8 栏目(5)和(6)。表 6-8 结果显示本书主结论仍具有稳健性,并不会因自变量和因变量的计算方法改变而波动。

表 6-8 相对资源权力功能的审计效应稳健性检验

变量	自变量测试1 客户商业社会资本替换	自变量测试2 客户政治社会资本替换	自变量测试3 事务所政治资本替换1	自变量测试4 事务所政治资本替换2	因变量测试1 AQ_DUM2	因变量测试2 ADJ_MAG
	(1)	(2)	(3)	(4)	(5)	(6)
$normDSC$	0.141***	0.132***	0.142***	0.130***	0.131***	0.004**
	(3.236)	(3.046)	(3.287)	(2.984)	(3.534)	(2.012)
DSC	0.005***	0.004***	0.005***	0.004***	0.004***	0.000**
	(3.236)	(3.046)	(3.287)	(2.984)	(3.074)	(2.012)
$BIRTH\_TIE$	0.466***	0.466***	0.465***	0.465***	0.133	0.009**
	(5.301)	(5.292)	(5.283)	(5.285)	(1.644)	(1.962)
$SCHOOL\_TIE$	−0.760***	−0.759***	−0.760***	−0.759***	−0.330**	−0.016
	(−4.632)	(−4.628)	(−4.634)	(−4.630)	(−2.030)	(−1.433)

续表

变量	自变量测试1 客户商业社会资本替换	自变量测试2 客户政治社会资本替换	自变量测试3 事务所政治资本替换1	自变量测试4 事务所政治资本替换2	因变量测试1 AQ_DUM2	因变量测试2 ADJ_MAG
	(1)	(2)	(3)	(4)	(5)	(6)
WORK_TIE	1.236***	1.238***	1.231***	1.238***	0.554**	0.026*
	(3.335)	(3.345)	(3.329)	(3.342)	(1.992)	(1.756)
SCHOOLPLC_TIE	−0.045	−0.044	−0.046	−0.044	0.191	−0.003
	(−0.262)	(−0.256)	(−0.271)	(−0.259)	(1.078)	(−0.356)
WORKLOCL_TIE	0.159*	0.160*	0.159	0.161*	0.183**	0.000
	(1.645)	(1.652)	(1.643)	(1.664)	(2.023)	(0.046)
WORKPAST_TIE	0.237***	0.238***	0.238***	0.238***	0.098	−0.003
	(3.070)	(3.074)	(3.072)	(3.077)	(1.211)	(−0.567)
WORKTENURE_TIE	0.157***	0.157***	0.158***	0.157***	0.183***	0.011***
	(3.367)	(3.357)	(3.381)	(3.353)	(3.953)	(4.444)
WORKEXP_TIE	0.289*	0.290*	0.290*	0.287*	0.319**	0.025**
	(1.729)	(1.733)	(1.740)	(1.721)	(2.169)	(2.492)
PREROE	−0.202***	−0.202***	−0.202***	−0.202***	0.438***	0.036***
	(−2.834)	(−2.842)	(−2.835)	(−2.836)	(6.182)	(7.387)
SPECIALIST	0.108	0.109	0.109	0.108	0.112	0.006
	(1.343)	(1.345)	(1.345)	(1.344)	(1.432)	(1.288)
INFLUENCE	−0.126	−0.127	−0.126	−0.127	−0.050	0.002
	(−1.596)	(−1.610)	(−1.592)	(−1.606)	(−0.640)	(0.406)
MROTFIRST	−0.205	−0.208	−0.205	−0.207	−0.067	0.012
	(−1.290)	(−1.306)	(−1.288)	(−1.302)	(−0.401)	(1.015)
MROTFINAL	−0.410***	−0.412***	−0.410***	−0.411***	−0.009	0.004
	(−2.905)	(−2.920)	(−2.908)	(−2.915)	(−0.067)	(0.379)
EFFORT	0.209***	0.208***	0.209***	0.207***	0.128***	0.009***
	(5.736)	(5.711)	(5.752)	(5.704)	(3.694)	(4.520)
BIG4	−1.434***	−1.435***	−1.439***	−1.430***	−0.969***	−0.024***
	(−5.930)	(−5.931)	(−5.943)	(−5.907)	(−3.097)	(−3.597)
AUDITMA	−0.029	−0.025	−0.030	−0.023	0.014	0.001
	(−0.319)	(−0.282)	(−0.333)	(−0.252)	(0.160)	(0.116)
SIZE	−0.312***	−0.314***	−0.313***	−0.312***	−0.407***	−0.026***
	(−7.355)	(−7.399)	(−7.377)	(−7.359)	(−9.681)	(−12.257)

续表

变量	自变量测试1 客户商业社会资本替换	自变量测试2 客户政治社会资本替换	自变量测试3 事务所政治资本替换1	自变量测试4 事务所政治资本替换2	因变量测试1 AQ_DUM2	因变量测试2 ADJ_MAG
	(1)	(2)	(3)	(4)	(5)	(6)
ROS	0.319	0.321*	0.321*	0.321*	−0.903***	−0.075***
	(1.641)	(1.648)	(1.646)	(1.646)	(−4.436)	(−5.278)
LEVERAGE	−0.419***	−0.421***	−0.418***	−0.421***	0.590***	0.056***
	(−2.850)	(−2.860)	(−2.843)	(−2.857)	(3.922)	(5.524)
SUBSID	0.018	0.019	0.018	0.019	0.115**	0.005**
	(0.405)	(0.430)	(0.402)	(0.428)	(2.414)	(2.099)
Intercept	2.658***	2.678***	2.664***	2.660***	2.607***	0.290***
	(4.946)	(4.981)	(4.958)	(4.946)	(4.865)	(12.234)
Year Fixed	YES	YES	YES	YES	YES	YES
Industry Fixed	YES	YES	YES	YES	YES	YES
Adj. R2/pseudo R2	0.095	0.090	0.095	0.094	0.080	0.093
Wald Chi2	373.806	354.791	373.950	372.502	347.147	
N	5 415	5 415	5 415	5 415	5 415	5 415

注：***，**，*分别表示在1%、5%和10%分位上显著。

第六节 本章小结

继第五章解释了事务所与客户不同类型社会关联对审计质量的影响机制后，本章回答了如果事务所与其客户没有社会关联时，双方社会资本匹配在审计过程中发挥的功能、功能发挥的机制在对审计行为产生显著影响的社会资本类型。

社会资源在社会中并不是均匀分布的，而是按照社会地位高低呈金字塔分布，在共生网络中，每一网络成员所拥有的社会资源取决于其所处的社会地位。各回归结果显示，事务所与客户社会资本的相对资源权力越大，审计质量越高。事务所的政治和商业社会资本对审计质量均有较好的提升作用，客户的政治社会资本与审计质量负相关，商业社会资本作用并不明显。客户的内外部社会资本对审计质量均有显著影响。另外，高管团队中，CEO、CFO以及不兼任CEO的董事长的政治型社会资本对审计质量有负面影响，审计师与高管团队中各成员展开审计沟通交流时，事务所的政治和商业社会资本均起到了显著保障审计质量的作用。

单就本章研究的深化而言,未来学者可从以下两方面着手研究。

其一,社会资本相对资源权力功能方面,由于本书仅定义对审计师选择、审计活动有关键性影响的 CEO、CFO 以及不兼任 CEO 的董事长三职为高管团队,并没有考察董事会中所有董事构成的社会关系子网络。

其二,社会资本黏性较大,针对社会资本这部分,未来还可以研究发生社会资本损失事件后,社会资本的变化对审计行为带来的"冲击性"影响,来验证并深挖本章所示的社会资本互动的相对资源权力功能。

第七章　结论、启示与展望

社会学理论指出,经济行为内嵌于复杂的社会网络中,多重社会属性带来的社会连带对行为人的经济行动影响迥异,越来越多的学者开始关注如社会人的心理预设、情境映射等对经济行为的影响,试图补充解释现有经济现象。

传统审计理论假设理性经济人对有限经济资源条件做出合理资源配置,忽略了我国的人力审计市场是镶嵌于复杂的关系型人情网络中的,无法有效解释当前审计关系长期稳定的经济后果;且已有研究对社会资本及其匹配情况的审计效应缺少系统认知,社会资本中如人际关系、交往规范和网络结构位置等特征的机制发挥过程也尚未可知。

基于经济社会人假设,本书首次构建社会资本匹配与审计活动理论框架,提出审计双方社会资本互动机制,并着重分析各机制的逻辑起点、内在关联及机制的发挥过程,研究结论如下(见附录B审计双方社会资本的互动功能与影响机理)。

第一节　研究结论

本书研究结论如下:

(1)事务所与客户各层面社会资本互动时发挥的功能各异。借鉴社会网络理论、社会认同论、资源基础/依赖论和组织制度论,围绕社会资本三大核心要素——信任、规范和关系网络,分类别考察认知、关系和结构三层面社会资本互动时发挥的功能,由理论分析知,有社会关联时,事务所与客户进行认知和关系面社会资本的互动,发挥认同与协调功能;而无社会关联时,事务所与客户进行结构面社会资本互动,发挥相对资源权力功能。其中,认同与协调功能又细分为身份型认同与协调功能、规范型认同与协调两类。

(2)审计双方不同类型的社会关联对审计行为的影响机制不同。本书分别以地理邻近和文化相似性检验身份型和规范型认同与协调功能的信息机制存在性。经检验发现,乡土关联对审计质量起主导作用的影响模式是信息机制,包含身份型和规范型认同与协调两种功能,有助于提升审计质量。工作经历中,当地事务所审计、曾审计过该客户以及较长的事务所任期形成的双方工作关联可发挥基于规范型认同与协调的信息机制,而与客户高管为前同事关系的工作关联发挥基于身份型认同与协调功能的信息机制,有助于审计质量的提升。教育经历中形成的校友关联发挥身份型认同与协调功能,但因利益导向性强,会触发人情交换机制,进而对审计质量产生负面影响。另外,本书一步考察了社会资本认同与协调功能的信息机制影响因子,基于社会认知论,依据可激活社会资本相关信息的可接近性和情境显著性因子对样本分组后,经研究发现,在审计师工作同事中的同乡人数或曾审计过该客户的人数增多,以及注册会计师执业年限加长或宏观经济环境较好、市场中介服务完善度较好时,社会关联身份型、规范型认同与协调功能的信息机制发挥将更为显著。同时,信息机制中不同社会关联间的作用路径有互补效应。当身份型认同与协调的信息机制较弱时,规范型认同与协调可有效补充基于规范型认同与协调功能的信息,进而显著提升审计质量。

(3) 无社会关联时,事务所相对客户社会资本的相对资源权力越大,审计质量越高。审计师与高管团队中各成员展开审计沟通交流时,事务所的政治和商业社会资本均起到了显著保障审计质量的作用;而客户的政治社会资本与审计质量负相关,商业社会资本作用并不明显。另外,高管团队中,CEO、CFO以及不兼任CEO的董事长的政治型社会资本对审计质量均有负面影响,且CEO、CFO政治社会资本较大时,更容易产生权力寻租、加剧代理问题,会降低审计质量。

第二节 现 实 启 示

以上研究结论有助于加深对包括非正式规范、关系等在内的社会资本审计效应的了解,不论是对事务所的审计团队人员结构优化,以及客户不同社会资本比重的管理,或者包括社会资本匹配在内的审计政策的修订和完善均有一定的有现实意义,相关启示如下。

(一) 事务所层面:充分利用社会资本,提升审计业务水平

本书第三章检验表明,职业声誉机制并未得以有效发挥,要从多方面提升审计质量控制;第五章结论发现,审计师与客户的不同社会关联对审计质量的影响渠道和影响方向也不尽相同。故而事务所在实施职业培训和业务派遣时,除了关注通用性和专用性人力资本的软知识与信息集,还应充分利用社会资本关注审计师个人生活经历对审计的经济产出发挥的持续影响。本书研究表明,教育和工作经历当作人力资本时有正向作用,个人与客户的乡土关联以及当地事务所审计或曾审计过该客户而产生的工作关联还可能为其带来信息优势,发挥降低信息不确定性、提高认知和判断力的作用。而教育经历带来的社会关联却使得审计师对独立性的维护愈发艰难,基于社会关联信息优势获取的机制变为人情交换的机制,尤其是在

我国审计相关制度环境硬约束和事后惩罚机制较弱时,合谋的动机会被激发转化为行动。因而事务所应充分利用可能的利于审计业务展开的信息机制,同时努力规避校友这一层社会关联,以防止独立性受到威胁,触发人情交换机制。

此外,本书第六章结论显示,事务所的商业社会资本和政治社会资本均显著提升了审计质量,因此,事务所应借鉴企业社会资本运营经验,订立专门的社会资本管理制度,重视社会资本的生成和维护。这一系列社会资本运营可大大降低人力资本维护成本和审计成本,在提升效率的同时改善审计活动的成本收益比,提升审计效益。

(二) 监管层面:完善匹配政策并优化监管方案

首先,行业政策上应加深对包括社会规范、社会关系等在内的社会资本的了解,将事务所与客户的社会资本情况纳入审计政策探讨和制订中。

本书所归纳的社会资本匹配的审计效应机制有助于从社会关联维度解释现实审计活动真实业态。监管方应充分认识到财务虚假事件的背后是大量的社会关联网络,应加大对社会关联网络的关注,尤其是客户的政治社会资本。政治社会资本在我国有独特且重要的研究意义,在政府管制型的市场经济下,我国国有企业整体上占据优势市场地位,政治资源和信息的获取对民营企业和国营企业的进一步发展起着不容忽视的作用。本书的客户的政治社会资本对审计质量的负向影响结论,说明我国当前的关系型社会情境会激发事务所与客户将重心转移到政治资源的获取上,而非积极建设市场型的商业社会资本,容易发生"逆向选择"。监管方应关注这种可能对商业社会资本的排挤效应,平衡"有形的手"与"无形的手"的调控机制。一个有效的市场应该是各参与主体自发地主动积累商业社会资本、维护商业声誉,以价格、声誉等市场机制有序、规范运行,审计市场结构方能在重复性竞争博弈中达到优化。监管方应将上市公司政治社会资本这类作为监管对象,同时将其纳入事务所与客户匹配指导政策中,限制这一类社会资本的负面影响。

其次,优化对社会资本的监管手段。虽然当前中国注册会计师协会对事务所开展的审计活动形成了事前监督、事中控制、事后惩罚的系统化管理,但还可进一步完善。如监管方在实施如约谈等事前控制时可充分考虑非正式社会关系正反两向的审计后果,酌情予以风险控制和筛选约谈对象。

(三) 客户层面:优化社会资本结构,降低代理成本

资源依赖观下,较丰富的社会资本可为企业实现多元性的发展目标。但本书提供的高管团队内部社会资本的公司治理效应经验证据表明,资源权力相对过大,尤其是高管 CEO、CFO 的相对资源权力过大,会产生较大的代理成本,尤其是政治社会资本越多,其对审计质量的负面影响越大。同时,研究发现客户的商业社会资本并未有效改善公司的信息质量。我国上市公司应进一步改善治理结构,约束

CEO 和 CFO 的权力寻租,尤其是政治社会资本带来的权力寻租;另外,优化客户的社会资本结构,以增强商业社会资本的方式降低政治社会资本占组织社会资本的比重,改善社会资本对经济活动的不利影响。

第三节 研究展望

因学科交叉性、计量复杂性,对社会资本及其匹配度在审计活动过程中的作用研究仍处于探索阶段,本书在提供的嵌入社会资本新理论框架、社会资本多重功能下的影响机制分析范式、审计领域社会资本计量等方面做了有益尝试,对后续学者们展开社会资本一系列审计效应的研究有积极借鉴意义。未来审计领域社会资本研究可在本书思路基础上,细化研究颗粒度、多维度拓展审计领域的社会资本的细分研究,可着眼于以下几点以丰富现有审计理论体系。

(一) 改进审计方社会资本的测量方法

首先是改进个人社会资本的测度,扩展个人层面社会资本匹配的研究。本书利用可获得数据测量了事务所层面的商业社会资本和政治社会资本,未来研究可参考社会学文献的个人社会资本测量方法,设计调查问卷,观察计量审计师个人层面的社会资本大小,完成组织层面双方社会资本和个人层面双方社会资本的匹配,可以探讨审计团队与客户高管团队或股东团体社会资本间的匹配度,进而考察其带来的审计效应。如 PCAOB 最新发布审计政策要求自 2017 年 1 月 31 日起正式在审计报告中披露审计师姓名,可看出将责任风险推至个人层面已成为各国监管方共识,考察团队层面社会资本互动效应研究可为社会资本的审计效应提供更为细致地人员层面的实证支撑。

此外,已有文献指出(如赵晶等,2016),个人社会资本和组织社会资本的契合度不同,其对经济行为的真实影响是有所差异的。因而改进审计方社会资本的测量方法,可帮助更精确地捕捉组织与个人层面社会资本经济效用可能出现的异质性。

其次是改进事务所社会资本的测度,可同样实施调查问卷法,细化到分所层面的事务所社会资本测度。目前来看,已有研究发现,总、分所呈现出显著分化的审计质量水平(王春飞等,2016),总所对分所的业务控制水平会直接影响各个分所的审计水准。限于数据可获得性,本书仅探讨到总所社会资本的计量,未来研究可进一步细分,以提供更为精确和多元化的事务所社会资本经验证据。

(二) 拓展审计领域社会资本子网络研究

审计领域社会研究不应局限于当前的单一社会关联研究,可深挖审计某一方结构面社会资本的网络结构形态对审计行为的影响。结构层面社会资本既有基于网络结构的资源流动,也有基于网络结构的资源封闭情况。封闭型网络的典型代表有事务所总分所子网络、集团的母子公司网络两类网络(赵晶等,2010;王世权等,2016),事务所总分所子网络、母子公司子网络的不同社会资本配置情况所引起相应审计行为的差异性目前仍是未知。

(三) 丰富社会资本的审计效用检验

本书旨在初步提供一个嵌入社会资本的审计行为理论框架和社会资本匹配对审计质量的基本影响机制,不能具化到分别对其他审计行为如审计定价、任期等各层面的进一步理论分析,细分领域广阔的研究空间有待未来学者作深入探讨和完善。

(四) 改善审计双方相对资源权力机制的理论推导

首先,机制拓展可在相对资源权力功能方面着手,本书仅探讨了审计双方社会资本相对资源权力的静态博弈过程。审计过程中,参与双方通过行动发送相应个人社会资本信号,信号接收方观察到先行动者的信号,推测其审计判断意见的概率分布,依据此信念选择自己的行动。先行动者根据后行动者的行动进一步选择自己的行为方式。整个博弈过程中,参与双方均会不断调整信念和行动。故未来可进一步探讨不完全信息动态博弈,以更清晰刻画审计过程、预测审计的经济后果。

其次,限于时间和篇幅,本书仅从理论上提出审计双方社会资本互动的功能及作用机制,所得结论是静态的,并没有考虑社会资本与非社会资本相对资源权力相互转化情况,一系列问题仍需要未来学者深入探讨。

此外,本书所搜集和获取的独特数据仅包括事务所的数据,故只能讨论第三方独立审计——民间事务所审计与客户的社会资本互动,因此,无法实证检验社会资本匹配对其他审计行为的影响如政府审计行为或内部审计行为,这也是本书的不足之一。未来学者进行研究可深挖内部审计、政府审计等数据,进一步丰富审计领域社会资本研究成果。

参 考 文 献

[1] PUTNAM R D. Making democracy work: civic traditions in modern Italy[M]. Princeton: Princeton University Press, 1993.

[2] KNOKE D. Organizational networks and corporate social capital[C]//Leenders R. T. A. J., Gabbay S. M.. Corporate Social Capital and Liability. US: Springer, 1999.

[3] ADLER P, KWON S W. Social capital: prospects for a new concept[J]. The Academy of Management Review, 2002(1): 17-40.

[4] FEI H. Peasant life in China[M]. London: Routledge & Kegan, 1948.

[5] HWANG K. Face and favor: the Chinese power game[J]. American Journal of Sociology, 1987, 92(4): 944-974.

[6] HO D. Indigenous psychologies: research and experience in cultural context[M]. Thousand Oaks, Ca: Sage Publications, Inc., 1993.

[7] KRACKHARDT D, PORTER L W. When friends leave: a structural analysis of the relationship between turnover and stayer's attitudes[J]. Administrative Science Quarterly, 1985(30): 242-261.

[8] 王立彦,谌嘉席,伍利娜. 我国上市公司审计费用存在"粘性"吗？[J]. 审计与经济研究, 2014(3): 3-12.

[9] WALLACE W A. Research in accounting regulation[M]. The Touche ross and Co. Aid to education Program, 1980.

[10] WATTS R, ZIMMERMAN J. Agency problems, auditing, and the theory of the firm: some evidence[J]. The Journal of Law & Economics, 1983, 26(3): 613-633.

[11] MENON K, WILLIAMS D D. The insurance hypothesis and market prices[J]. The Accounting Review, 1994(2): 327-342.

[12] DEANGELO L. Auditor size and audit quality[J]. Journal of Accounting and Economics, 1981(3): 183-199.

[13] CHANEY P K, JETER D. C., SHIVAKUMAR L. Self-selection of auditors and audit pricing in private firms[J]. The Accounting Review, 2004(1): 51-72.

[14] BROWN S V, KNECHEL W R. Auditor-client compatibility and audit firm selection[J]. Journal of Accounting Research, 2016(3): 725-775.

[15] GRANOVETTER M. Economic action and social structure: The problem of embeddedness

[J]. American Journal of Sociology, 1985(3): 481.

[16] POWELL W W. Neither market nor hierarchy: network forms of organization[J]. Research in Organizational Behavior, 1990(12): 295-336.

[17] BOURDIEU P. Outline of a theory of practice[M]. England: Cambridge University Press, 1977.

[18] LOURY G. A dynamic theory of racial income differences[M]. Lemund: Lexington Books, 1977.

[19] COLEMAN J. Foundations of social theory[M]. Cambridge, Ma: Belknap Press of Harvard University Press, 1990.

[20] STEWART T, RUCKDESCHEL C. Intellectual capital: the new wealth of organizations[J]. Performance Improvement, 1998(7): 9-56.

[21] NAHAPIET J, GHOSHAL S. Social capital, intellectual capital, and the organizational advantage[J]. Academy of Management, 1998(2): 242-266.

[22] COLEMAN J. Social capital in the creation of human capital[J]. American Journal of Sociology, 1988(94): 95-120.

[23] 彭灿. 团队智力资本、团队社会资本及其关系研究[J]. 现代管理科学, 2010(10): 91-94.

[24] HICKS J R. Value and capital: an inquiry into some fundamental principles of economic theory[M]. Oxford: Oxford University Press, 1975.

[25] 蔡春, 田秋蓉, 刘雷. 经济责任审计与审计理论创新[J]. 审计研究, 2011(2): 9-12.

[26] BROWN T F. Theoretical perspectives on social capital[N/OL]. Working Paper. 1977. http://hal.lamar.edu/~broentf/soccap.html.

[27] 边燕杰, 丘海雄. 企业的社会资本及其功效[J]. 中国社会科学, 2000(2): 87-99, 207.

[28] GRANOVETTER M. The strength of weak ties[J]. American Journal of Sociology, 1973(6): 1420-1443.

[29] LIN N, ENSEL W M, VAUGHN J. C. Social resources and strength of ties: structural factors in occupational status attainment[J]. American Sociological Review, 1981(4): 393-405.

[30] LIN N. Social resources and social mobility[C]//R. Breiger. Social mobility and social structure. New York: Cambridge University Press, 1990.

[31] BURT R S. Structural holes: the social structure of competition[M]. Harvard University Press, 1992.

[32] FUKUYAMA. Trust: the social virtues and the creation of prosperity[M]. New York: Free Press, 1995.

[33] HO Y F, CHIU C Y. Components of individualism, collectivism, and social organization: an application in the study of Chinese culture[C]. Individualism and collectivism: theory, method, and applications. London: Sage, 1994.

[34] LUO J. Particularistic trust and general trust — a network analysis in Chinese organizations

[J]. Management and Organizational Review,2005(3):437-458.

[35] BARBER B. The logic and limits of trust[M]. N. J.: Rutgers University Press,1983.

[36] UPHOFF N T. Learning from Gal Oya: possibilities for participatory development and post-newtonian social science[M]. London: Intermediate Technology Publications,1986.

[37] PUTNAM R D. Bowling alone: America's declining social capital[J]. Journal of Democracy,1995(1):65-78.

[38] GUISO L,SAPIENZA P.,ZINGALES L. Cultural biases in economic exchange?[J]. The Quarterly Journal of Economics,2009(3):1095-1131.

[39] 潘越,戴亦一,吴超鹏,等. 社会资本、政治关系与公司投资决策[J]. 经济研究,2009(11):82-94.

[40] 潘越,吴超鹏,史晓康. 社会资本、法律保护与IPO盈余管理[J]. 会计研究,2010(5):62-67,95.

[41] 戴亦一,潘越,刘新宇. 社会资本、政治关系与我国私募股权基金投融资行为[J]. 南开管理评论,2014(4):88-97.

[42] KRACKHARDT D. The strength of strong ties: the importance of philos in organizations[C]//N. A. E. Nohria. Networks and organization: structure form, and action. Boston: Harvard Business School Press,1992.

[43] 罗家德. 清华社会学讲义[M]. 北京:社会科学文献出版社,2004.

[44] NOHARIA N,ECCLES R. Face to face: making network organizations work[C]//Nohria and Eccles. Network and Organizations. Boston: Harvard Business School Press,1992.

[45] 陈晓萍,徐淑英. 北京大学出版社[M]. 北京:北京大学出版社,2008.

[46] FLAP H. Creation and returns of social capital[J]. La Revue Tocqueville,1999(1):1-22.

[47] LIN N. Social capital: a theory of social structure and action[M]. N. Y.: Cambridge University Press,2001.

[48] GUISO L,SAPIENZA P,ZINGALES L. The role of social capital in financial development[J]. American Economic Review,2004,94(3):526-556.

[49] INGLEHART R,HAERPFER C.,MORENO A.,et al. World values survey: all rounds-country-pooled datafile version[R]. Madrid: JD Systems Institute.,2014.

[50] 张维迎,柯荣住. 信任及其解释:来自中国的跨省调查分析[J]. 经济研究,2002(10):59-70,96.

[51] FREEMAN L C. Centrality in social networks conceptual clarification[J]. Social Networks,1978,1(3):215-239.

[52] WASSERMAN S,FAUST K. Social network analysis: methods and applications[M]. Cambridge: Cambridge University Press,1994.

[53] KRACKHARDT D,KILDUF M. Friendship patterns and culture: the control of organizational diversity[J]. American Anthropologist,1990(1):142-154.

[54] KRACKHARDT D,HANSON J R. Informal networks: the company behind the chart[J].

Harvard Business Review, 1993(4): 104-111.

[55] 张方华. 企业社会资本与技术创新绩效:概念模型与实证分析[J]. 研究与发展管理, 2006(3): 47-53.

[56] 石军伟, 胡立君, 付海艳. 企业社会资本的功效结构:基于中国上市公司的实证研究[J]. 中国工业经济, 2007(2): 84-93.

[57] 孙俊华, 陈传明. 企业家社会资本与公司绩效关系研究——基于中国制造业上市公司的实证研究[J]. 南开管理评论, 2009(2): 28-36.

[58] 耿新, 张体勤. 企业家社会资本对组织动态能力的影响——以组织宽裕为调节变量[J]. 管理世界, 2010(6): 109-121.

[59] 朱建民, 王红燕. 企业社会资本对创新绩效的影响研究——基于知识吸收能力的中介效应[J]. 科技管理研究, 2017(16): 215-223.

[60] 单凤儒. 论大数据时代企业经营者社会资本培育机制创新——以生活为媒介的"双网"渗透培育机制探究[J]. 中国软科学, 2014(6): 81-97.

[61] POWELL W, KOPUT K, SMITT L. Interorganizational collaboration and the locus of innovation: networks of learning in biotechnology[J]. Administrative Science Quarterly, 1996(1): 116-145.

[62] BAUM J, CALABRESE T, SILVERMAN B. Don't go it alone: alliance network composition and startups' performance in canadian biotechnology[J]. Strategic Management Journal, 2000, 21(3): 267-294.

[63] 梁上坤, 金叶子, 王宁, 等. 企业社会资本的断裂与重构——基于雷士照明控制权争夺案例的研究[J]. 中国工业经济, 2015(4): 149-160.

[64] PENG M, ZHOU J. How network strategies and institutional transitions evolve in asia[J]. Asia Pacific Journal of Management, 2005, 22(4): 321-336.

[65] 陈倩倩, 尹义华. 民营企业、制度环境与社会资本——来自上市家族企业的经验证据[J]. 财经研究, 2014(11): 71-81.

[66] 胡旭阳, 吴一平. 中国家族企业政治资本代际转移研究——基于民营企业家参政议政的实证分析[J]. 中国工业经济, 2016(1): 146-160.

[67] WATANABE S. Job-searching: a comparative study of male employment relations in the United States and Japan[D]. Los Angeles: University of California at Los Angeles, 1987.

[68] BIAN Y. Bringing strong ties back in: indirect ties, network bridges, and job searches in china[J]. American Sociological Review, 1997, 62(3): 366-385.

[69] CHEN C C, CHEN Y R, XIN K. Guanxi practices and trust in management: a procedural justice perspective[J]. Organization Science, 2004(2): 200-209.

[70] LIN J, SI S X. Can guanxi be a problem? Contexts, ties, and some unfavorable consequences of social capital in China[J]. Asia Pacific Journal of Management, 2010(3): 561-581.

[71] FABIO S. Social capital and the quality of economic development[J]. Kyklos, 2008,

61(3): 466-499.

[72] LI J J, POPPO L, ZHOU K Z. Do managerial ties in China always produce value? Competition, uncertainty, and domestic vs. foreign firms[J]. Strategic Management Journal, 2008(4): 383-400.

[73] DANIS W M, CHAIBURU D S, LYLES M A. The impact of managerial networking intensity and market-based strategies on firm growth during institutional upheaval: A study of small and medium-sized enterprises in a transition economy[J]. Journal of International Business Studies, 2010(2): 287-307.

[74] ISMAIL K M, FORD D L, WU Q, et al. Managerial ties, strategic initiatives and firm performance in Central Asia and Caucasus[J]. Asia Pacific Journal of Management, 2012(2): 433-446.

[75] 陈爽英,井润田,龙小宁,等. 民营企业家社会关系资本对研发投资决策影响的实证研究[J]. 管理世界, 2010(1): 88-97.

[76] 孙永风,廖貅武,李垣. 转型背景下中国企业基于社会资本的知识管理研究[J]. 中国工业经济, 2008(3): 118-126.

[77] 巫景飞,何大军,林日韦,等. 高层管理者政治网络与企业多元化战略:社会资本视角——基于我国上市公司面板数据的实证分析[J]. 管理世界, 2008(8): 107-118.

[78] 罗党论,刘晓龙. 政治关系、进入壁垒与企业绩效——来自中国民营上市公司的经验证据[J]. 管理世界, 2009(5): 97-106.

[79] 罗磊,苏晓华. 社会资本与企业融资研究前沿探析[J]. 经济学动态, 2012(2): 99-104.

[80] 董振林,邹国庆. 权变视角下的管理者社会关系与企业创新绩效[J]. 财经问题研究, 2016(3): 18-26.

[81] BARLEY S, FREEMAN J, HYBELS R. Strategic alliances in commercial biotechnology[C]//Nohria N., Eccles R. Networks and organizations: Structure, form and action. Boston: Harvard Business School Press, 1992.

[82] POWELL W, BRANTLEY P. Competitive cooperation in biotechnology: learning through networks[C]//Nohria, N., Eccles R. Networks and organisations: structure, form and action. Boston: Harvard Business School Press, 1982.

[83] GULATI R. Social structure and alliance formation patterns: a longitudinal analysis[J]. Administrative Science Quarterly, 1995(4): 619-652.

[84] FLORIN J, LUBATKIN M, SCHULZE W. A social capital model of high-growth ventures[J]. Academy of Management, 2003(3): 374-384.

[85] 石秀印. 中国企业家成功的社会网络基础[J]. 管理世界, 1998(6): 187-196, 208.

[86] 杨鹏鹏,万迪昉,王廷丽. 企业家社会资本及其与企业绩效的关系——研究综述与理论分析框架[J]. 当代经济科学, 2005(4): 85-91, 112.

[87] 贺远琼,田志龙,陈昀. 环境不确定性、企业高层管理者社会资本与企业绩效关系的实证研究[J]. 管理学报, 2008(3): 423-429.

[88] 游家兴,邹雨菲. 社会资本、多元化战略与公司业绩——基于企业家嵌入性网络的分析视角[J]. 南开管理评论, 2014(5): 91-101.

[89] LEENDERS R, GABBAY S. Corporate social capital and liability[M]: Springer, 1999.

[90] ENGELBERG J, GAO P, PARSONS C A. Friends with money[J]. Journal of Financial Economics, 2012(1): 169-188.

[91] 游家兴,刘淳. 嵌入性视角下的企业家社会资本与权益资本成本——来自我国民营上市公司的经验证据[J]. 中国工业经济, 2011(6): 109-119.

[92] CAI Y, SEVILIR M. Board connections and M&A transactions[J]. Journal of Financial Economics, 2012(2): 327-349.

[93] 田利辉,张伟. 政治关联影响我国上市公司长期绩效的三大效应[J]. 经济研究, 2013(11): 71-86.

[94] 田利辉,叶瑶. 政治关联与企业绩效:促进还是抑制?——来自中国上市公司资本结构视角的分析[J]. 经济科学, 2013(6): 89-100.

[95] FRACASSI C. Corporate finance policies and social networks[J]. Management Science, 2017(8): 2420-2438.

[96] 周晓珺,陈清华. 社会资本能影响上市公司财务治理效率吗?——基于核心利益相关者的实证研究[J]. 审计与经济研究, 2014(3): 68-76.

[97] FRACASSI C, TATE G. External networking and internal firm governance[J]. Journal of Finance, 2012(1): 153-194.

[98] CAI J, WALKLING R A, YANG K. The price of street friends: social networks, informed trading, and shareholder costs[J]. Journal of Financial and Quantitative Analysis, 2016(3): 801-837.

[99] ISHII J, XUAN Y. Acquirer-target social ties and merger outcomes[J]. Journal of Financial Economics, 2014(3): 344-363.

[100] NGUYEN B. Does the rolodex matter? corporate elite's small world and the effectiveness of boards of directors[J]. Management Science, 2012, 58(2): 236-252.

[101] BEBCHUK L A, CREMERS M, PEYER U. The CEO pay slice[J]. Journal of Financial Economics, 2011(1): 199-221.

[102] FOGEL K, MA L, MORCK R. Powerful independent directors [J]. European Corporate Governance Institute (ECGI), 2018(In-Press).

[103] 赵晶,张书博,祝丽敏,等. 个人社会资本与组织社会资本契合度对企业实际控制权的影响——基于国美电器和雷士照明的对比[J]. 中国工业经济, 2014(3): 123-135.

[104] 赵晶. 社会资本控制:公司治理的新范式[M]. 北京:经济管理出版社, 2016.

[105] 祝继高,王春飞. 大股东能有效控制管理层吗?——基于国美电器控制权争夺的案例研究[J]. 管理世界, 2012(4): 138-152, 158.

[106] 高闯,郭斌. 创始股东控制权威与经理人职业操守——基于社会资本的"国美电器控制权争夺"研究[J]. 中国工业经济, 2012(7): 124-135.

[107] 高闯,关鑫. 社会资本、网络连带与上市公司终极股东控制权——基于社会资本理论的分析框架[J]. 中国工业经济,2008(9):88-97.

[108] 关鑫,高闯. 我国上市公司终极股东的剥夺机理研究:基于"股权控制链"与"社会资本控制链"的比较[J]. 南开管理评论,2011(6):16-24.

[109] 关鑫,高闯,吴维库. 终极股东社会资本控制链的存在与动用——来自中国60家上市公司的证据[J]. 南开管理评论,2010(6):97-105.

[110] 赵晶,郭海. 公司实际控制权、社会资本控制链与制度环境[J]. 管理世界,2014(9):166-177.

[111] 赵晶,张书博,祝丽敏,等. 个人社会资本与组织社会资本契合度对企业实际控制权的影响——基于国美电器和雷士照明的对比[J]. 中国工业经济,2014(3):123-135.

[112] 赵晶,关鑫,高闯. 社会资本控制链替代了股权控制链吗?——上市公司终极股东双重隐形控制链的构建与动用[J]. 管理世界,2010(3):127-139,167.

[113] 高闯,郭斌,赵晶. 上市公司终极股东双重控制链的生成及其演化机制——基于组织惯例演化视角的分析框架[J]. 管理世界,2012(11):156-169.

[114] 王小乔,舒眉. 黄光裕事出何因?[N/OL]. 南方周末. 2008-12-1. http://www.infzm.com/content/20478.

[115] BOHMAN L. Director interlocking and firm ownership: longitudinal studies of 1-and 3-Mode network dynamics[C]. Stockholm studies in sociology. Stockholm: Acta Universitatis Stockholmiensis, 2010.

[116] USEEM M. Business and politics in the United States and United Kindom[J]. Thoery and Society, 1983(3):281-308.

[117] BIZJAK J, LEMMON M, WHITBY R. Option backdating and board interlocks[J]. Review of Financial Studies, 2009(2):4821-4847.

[118] LARCKER D F, SO E C, WANG C Y. Boardroom centrality and firm performance[J]. Journal of Accounting and Economics, 2013(2):225-250.

[119] 万良勇,郑小玲. 董事网络的结构洞特征与公司并购[J]. 会计研究,2014(5):69-74,97.

[120] 陈运森,谢德仁. 网络位置、独立董事治理与投资效率[J]. 管理世界,2011(7):113-127.

[121] 陈运森,谢德仁. 董事网络、独立董事治理与高管激励[J]. 金融研究,2012(2):168-182.

[122] 曲亮,任国良. "质"的耕耘还是"量"的拓展?——浙江上市公司连锁董事网络对企业绩效的非线性影响[J]. 浙江工商大学学报,2014(4):90-103.

[123] FICH E M, SHIVDASANI A. Are busy boards effective monitors[J]. Journal of Finance, 2006(2):689-724.

[124] RAPP M S, WOLFF M. Director networks, firm performance, and shareholder base[J]. Working Paper, 2010.

[125] 刘涛,朱敏. 动态性环境中企业连锁董事与绩效关系的实证研究[J]. 软科学,2009(23):93-97.

[126] KOEING T, GOGEL R, SONQUIST J. Models of significance of interlocking corporate directorates[J]. American Journal of Economics and Sociology, 1979(2): 173-186.

[127] 彭正银, 廖天野. 连锁董事治理效应的实证分析——基于内在机理视角的探讨[J]. 南开管理评论, 2008(1): 99-105.

[128] LESAGE C, WECHTLER H. An inductive typology of auditing research[J]. Contemporary Accounting Research, 2012, 29(2): 487-504.

[129] 陈汉文. 实证审计理论[M]. 北京: 中国人民大学出版社, 2012.

[130] KLEIN B, CRAWFORD R G, ALCHIAN A A. Vertical integration, appropriable rents, and the competitive contracting process[J]. Journal of Law and Economics, 1978(2): 297-326.

[131] 陈胜蓝, 马慧. 竞争压力、规模经济性与会计师事务所行业专长溢价[J]. 会计研究, 2015(5): 87-93, 95.

[132] 闫焕民, 刘宁, 陈小林. 事务所转制是否影响审计定价策略——来自我国上市公司的经验证据[J]. 审计研究, 2015(5): 93-101.

[133] 程璐, 陈宋生. 审计市场供需不平衡、事务所选聘与审计收费[J]. 会计研究, 2016(5): 87-94, 96.

[134] CHEN S, SUN Y J, WU D. Client importance, institutional improvements, and audit quality in China: an office and individual auditor level analysis[J]. The Accounting Review, 2010(1): 127-158.

[135] JENSEN M, MECKLING W H. Theory of the firm: managerial behavior, agency costs and ownership structure[J]. Journal of Financial Economics, 1976, 3(4): 305-360.

[136] LA PORTA R, LOPEZ-DE-SILANES F, SHLEIFER A. Corporate ownership around the world[J]. Journal of Finance, 1999, 54(2): 471-517.

[137] LA PORTA R, LOPEZ-DE-SILANES F, SHLEIFER A, et al. Investor protection and corporate valuation[J]. Journal of Finance, 2002, 57(3): 1147-1170.

[138] LA PORTA R, LOPEZ-DE-SILANES F, SHLEIFER A, et al. Agency problems and dividend policies around the world[J]. Journal of Finance, 2000, 55(1): 1-33.

[139] DAHLQUIST M, ROBERTSSON G. Direct foreign ownership, institutional investors, and firm characteristics[J]. Journal of Financial Economics, 2001(3): 413-440.

[140] BUSHEE B J, CARTER M E, GERAKOS J. Institutional investor preferences for corporate governance mechanisms[J]. Journal of Management Accounting Research, 2010(2): 123-149.

[141] HANIFFA R M, COOKE T E. Culture, corporate governance and disclosure in Malaysian corporations[J]. ABACUS, 2002(3): 317-349.

[142] NTIM C G, SOOBAROYEN T. Corporate governance and performance in socially responsible corporations: New empirical insights from a neo-institutional framework[J]. Corporate Governance: An International Review, 2013(5): 468-494.

[143] DE-GRAAF F J, STOELHORST J W. The role of governance in corporate social responsibility: lessons from Dutch finance[J]. Business & Society, 2013(2): 282-317.

[144] HSU W, TROY C, HUANG Y. The determinants of auditor choice and audit pricing among property-liability insurers[J]. Journal of Accounting and Public Policy, 2015(1): 95-124.

[145] BEASLEY M S, PETRONI K R. Board independence and audit-firm type[J]. Auditing: A Journal of Practice & Theory, 2001(1): 97-114.

[146] O'SULLIVAN N. The impact of board composition and ownership on audit quality: evidence from large UK companies[J]. The British Accounting Review, 2000(4): 397-414.

[147] 孙铮, 于旭辉. 分权与会计师事务所选择——来自我国国有上市公司的经验证据[J]. 审计研究, 2007(6): 52-58.

[148] 陈德球, 叶陈刚, 李楠. 控制权配置、代理冲突与审计供求——来自中国家族上市公司的经验证据[J]. 审计研究, 2011(5): 57-64.

[149] DARMADI S. Ownership concentration, family control, and auditor choice: evidence from an emerging market[J]. Asian Review of Accounting, 2016(1): 19-42.

[150] SRINIDHI B N, HE S, FIRTH M. The effect of governance on specialist auditor choice and audit fees in U.S. family firms[J]. The Accounting Review, 2014(6): 2297-2329.

[151] DEFOND M L. The association between changes in client firm agency costs and auditor switching[J]. Auditing: A Journal of Practice and Theory, 1992(1): 16-31.

[152] FAN J, WONG T J. Do external auditors perform a corporate governance role in emerging markets? evidence from east Asia[J]. Journal of Accounting Research, 2005(1): 35-72.

[153] 张敏, 冯虹茜, 张雯. 机构持股、审计师选择与审计意见[J]. 审计研究, 2011(6): 82-88.

[154] DANOS P, EICHENSEHER J W. Long-term trends toward seller concentration in the U.S. audit market[J]. The Accounting Review, 1986, 61(4): 633-650.

[155] KAUSAR A, SHROFF N, WHITE H. Real effects of the audit choice[J]. Journal of Accounting and Economics, 2016(1): 157-181.

[156] ASTHANA S, RAMAN K K, XU H K. US-listed foreign companies' choice of a US-based v. s. home country-based Big N principal auditor and the effect on audit fees and earnings quality[J]. Accounting Horizons, 2015(3): 631-666.

[157] 王少飞, 周国良, 何小杨, 等. 关系型投资与审计行为[J]. 财经研究, 2010(5): 16-26.

[158] 张敏, 马黎珺, 张胜. 供应商—客户关系与审计师选择[J]. 会计研究, 2012(12): 81-86, 95.

[159] 方红星, 张勇. 供应商/客户关系型交易、盈余管理与审计师决策[J]. 会计研究, 2016(1): 79-86, 96.

[160] SHU S Z. Auditor resignations: clientele effects and legal liability[J]. Journal of Accounting and Economics, 2000(2): 173-205.

[161] FANG V W, MAFFETT M, ZHANG B. foreign institutional ownership and the global convergence of financial reporting practices[J]. Journal of Accounting Research, 2015(3): 593-631.

[162] FANG J X, PITTMAN J, ZHANG Y Q, et al. Auditor choice and its implications for group-affiliated firms[J]. Contemporary Accounting Research, 2017(1): 39-82.

[163] WALLACE W A. The economic role of the audit in free and regulated market: a look back and a look forward[J]. Research in Accounting Regulation, 1987(1): 7-34.

[164] 吴锡皓, 秦帅, 胡国柳. 董事高管责任保险、审计意见与银行信贷决策[J]. 保险研究, 2016(11): 78-89.

[165] LIAO P, RADHAKRISHNAN S. The effects of the auditor's insurance role on reporting conservatism and audit quality[J]. The Accounting Review, 2016, 91(2): 587-602.

[166] 伍利娜, 郑晓博, 岳衡. 审计赔偿责任与投资者利益保护——审计保险假说在新兴资本市场上的检验[J]. 管理世界, 2010(3): 32-43.

[167] 王春飞, 陆正飞. 事务所"改制"、保险价值与投资者保护[J]. 会计研究, 2014(5): 81-87, 95.

[168] JAGGI B L. The impact of the cultural environment on financial disclosures[J]. The International Journal of Accounting, 1975: 75-84.

[169] HOFSTEDE G. Culture's consequences: international differences in work-related values[M]. Beverley Hills: Sage Publications, 1980.

[170] GRAY S J. Towards a theory of cultural influence on the development of accounting systems internationally[J]. ACABUS, 1988(1): 1-15.

[171] 陈冬华, 胡晓莉, 梁上坤, 等. 宗教传统与公司治理[J]. 经济研究, 2013(9): 71-84.

[172] MCGUIRE S, OMER T C, SHARP N Y. The impact of religion on financial reporting irregularities[J]. The Accounting Review, 2012(2): 645-673.

[173] DU X Does religion mitigate tunneling? Evidence from China[J]. Journal of Business Ethics, 2014(2): 299-327.

[174] 贺建刚. 宗教传统与资本市场会计研究:文献述评[J]. 会计研究, 2015(11): 51-56, 99.

[175] 胡国强, 肖泽忠. 会计环境与会计价值:Gray(1988)理论框架的一项拓展[J]. 会计研究, 2015(9): 5-12, 98.

[176] ANG J S, CHENG Y, WU C. Trust, investment, and business contracting[J]. Journal of Financial and Quantitative Analysis, 2015, 50(3): 569-595.

[177] 黄新建, 严虹, 唐良霞. 政府干预、社会资本与审计需求——中国上市公司的经验研究[J]. 重庆大学学报(社会科学版), 2012(6): 24-28.

[178] 雷光勇, 邱保印, 王文忠. 社会信任、审计师选择与企业投资效率[J]. 审计研究, 2014(4): 72-80.

[179] JHA A, CHEN Y. Audit fees and social capital[J]. The Accounting Review, 2014(2): 611-639.

[180] GUEDHAMI O, PITTMAN J, SAFFAR W. Auditor choice in politically connected firms[J]. Journal of Accounting Research, 2014, 52(1): 107-162.

[181] 雷光勇, 李书锋, 王秀娟. 政治关联、审计师选择与公司价值[J]. 管理世界, 2009(7): 145-155.

[182] 杨华. 公司治理、政治关联与审计收费——来自我国A股化工行业上市公司2011～2013年的经验证据[J]. 财政研究, 2015(8): 107-112.

[183] 李敏才. 发审委社会资本影响审计需求和审计收费吗?——来自中小板IPO的实证证据[J]. 审计与经济研究, 2013(5): 50-59.

[184] 杜兴强, 周泽将. 政治联系与审计师选择[J]. 审计研究, 2010(2): 47-53.

[185] 杜兴强, 周泽将, 杜颖洁. 政治联系、审计师选择的"地缘"偏好与审计意见——基于国有上市公司的经验证据[J]. 审计研究, 2011(2): 77-86.

[186] 蔡吉甫. 政治关联、盈余管理与审计师选择[J]. 当代财经, 2015(11): 118-129.

[187] HE K, PAN X, TIAN G G. Political connections, audit opinions, and auditor choice: evidence from the ouster of government officers[J]. Auditing: a Journal of Practice & Theory, 2017, 36(3): 91-114.

[188] 龚启辉, 吴联生, 王亚平. 政府控制与审计师选择[J]. 审计研究, 2012(5): 42-50.

[189] 陈仕华. 会计师事务所的选择: 一个关系嵌入视角[J]. 审计研究, 2009(1): 58-63.

[190] 陈仕华, 马超. 连锁董事联结与会计师事务所选择[J]. 审计研究, 2012(2): 75-81, 97.

[191] MENON K, WILLIAMS D D. Former audit partners and abnormal accruals[J]. The Accounting Review, 2004, 79(4): 1095-1118.

[192] LENNOX C. Audit quality and executive officers' affiliations with CPA firms[J]. Journal of Accounting and Economics, 2005, 39(2): 201-231.

[193] BABER W, KRISHNAN J, ZHANG Y. investor perceptions of the earnings quality consequences of hiring an affiliated auditor[J]. Review of Accounting Studies, 2014, 19(1): 69-102.

[194] 蔡春, 谢柳芳, 马可哪呐. 高管审计背景、盈余管理与异常审计收费[J]. 会计研究, 2015(3): 72-78, 95.

[195] GUAN Y, SU L, WU D., et al. Do school ties between auditors and client executives influence audit outcomes? [J]. The Accounting Review, 2016, 61(2): 506-525.

[196] HE X, PITTMAN J, RUI O, et al. Do social ties between external auditors and audit committee members affect audit quality? [J]. The Accounting Review, 2017, 92(5): 61-87.

[197] KRISHNAN G V, RAMAN K K, YANG K, et al. CFO/CEO-board social ties, Sarbanes-Oxley, and earnings management[J]. Accounting Horizons, 2011, 25(3): 537-557.

[198] BRUYNSEELS L, CARDINAELS E. The audit committee: management watchdog or personal friend of the CEO? [J]. The Accounting Review, 2012, 89(1): 113-145.

[199] GEIGER M, LENNOX C, NORTH D. The hiring of accounting and finance officers from audit firms: how did the market react?[J]. Review of Accounting Studies, 2008, 13(1): 55-86.

[200] NAIKER V, SHARMA D S. Former audit partners on the audit committee and internal control deficiencies[J]. The Accounting Review, 2009(2): 559-587.

[201] NAIKER V, SHARMA D S, SHARMA V D. Do former audit firm partners on audit committees procure greater nonaudit services from the auditor?[J]. The Accounting Review, 2013(1): 297-326.

[202] KWON S, YI H. Do social ties between CEOs and engagement audit partners affect audit quality and audit fees?[J]. Auditing: a Journal of Practice & Theory, 2018(In-Press).

[203] 张俊民,胡国强,孔德立. 高管审计背景、会计师事务所关联与审计定价——来自中国A股上市公司的经验证据[J]. 中央财经大学学报, 2013(5): 90-96.

[204] TAJFEL H. Human groups and social categories[M]. Cambridge, UK: Cambridge University Press, 1981.

[205] SHAPIRO D, SHEPPARD B H, CHERASKIN L. Business on a handshake[J]. Negotiation Journal, 1992(4): 365-377.

[206] LEWICKI R J, BUNKER B B. Developing and maintaining trust in work relationships[C]// R. M. Kramer, T. R. Tyle. Trust in Organizations. Thousand Oaks, CA: Sage, 1996.

[207] MEYER J W, ROWAN B. Institutionalized Organizations: Formal Structure as Myth and Ceremony[J]. American Journal of Sociology, 1977(2): 340-363.

[208] ZUCKER L G. The role of institutionalization in cultural persistence[J]. American Sociological Review, 1977, 42(5): 726-743.

[209] NORTH DOUGLASS. Institutions, institutional change and economic performance[M]. Cambridge: Cambridge University Press, 1990.

[210] WILLIAMSON O. The economics of organization: the transaction cost approach[J]. American Journal of Sociology, 1981(3): 548-577.

[211] WILLIAMSON O. Markets and hierarchies[M]. New York: Free Press, 1975.

[212] WILLIAMSON O. Calculativeness, trust and economic organization[J]. Journal of Law and Economics, 1993(1): 453-486.

[213] EMERSON R M. Power-dependence relations[J]. American Sociological Review, 1962(1): 31-41.

[214] WERNERFELT B. A resource-based view of the firm[J]. Strategic Management Journal, 1984(5): 171-180.

[215] PFEFFER J, SALANCIK G R. The external control of organizations: a resource dependence perspective[M]. New York: Harper & Row, 1978.

[216] CASCIARO T, PISKORSKI M J. Power imbalance, mutual dependence and constraint absorption: a closer look at resource dependence theory[J]. Administrative Science

Quarterly, 2005(2): 167-199.

[217] 王兵,辛清泉. 分所审计是否影响审计质量和审计收费? [J]. 审计研究, 2010(2): 70-76.

[218] GAVER J J, PATERSON J S. The influence of large clients on office-level auditor oversight: evidence from the property-casualty insurance industry [J]. Journal of Accounting and Economics, 2007(2): 299-320.

[219] REYNOLDS J K, FRANCIS J R. Does size matter? The influence of large clients on office-level auditor reporting decisions [J]. Journal of Accounting and Economics, 2000(3): 375-400.

[220] 胡海燕,唐建新. 招标选聘审计师、审计质量与审计收费 [J]. 会计研究, 2015(3): 79-86, 95.

[221] KRISHNAN G. Does big 6 auditor industry expertise constrain earnings management? [J]. Accounting Horizons (Supplement), 2003(1): 1-16.

[222] BALSAM S, KRISHNAN J, YANG J S. Auditor industry specialization and earnings quality [J]. Auditing: A Journal of Practice & Theory, 2003(2): 71-97.

[223] REICHELT K J, WANG D. National and office-specific measures of auditor industry expertise and effects on audit quality [J]. Journal of Accounting Research, 2010(3): 647-686.

[224] 杨明增,张继勋. 经验、努力程度对审计判断偏误的影响研究 [J]. 南开管理评论, 2010(2): 151-158.

[225] 王晓珂,王艳艳,于李胜,等. 审计师个人经验与审计质量 [J]. 会计研究, 2016(9): 75-81.

[226] 刘笑霞,李明辉. 会计师事务所人力资本特征与审计质量:来自中国资本市场的经验证据 [C]//中国会计学会, 2012: 751-765.

[227] 蒋尧明,唐衍军. 会计师事务所人力资本、进入权与审计质量 [J]. 会计研究, 2016(8): 89-95, 97.

[228] 张健,魏春燕. 法律风险、执业经验与审计质量 [J]. 审计研究, 2016(1): 85-93.

[229] LOBO G J, ZHAO Y P. Relation between audit effort and financial report misstatements: evidence from quarterly and annual restatements [J]. The Accounting Review, 2013(4): 1385-1412.

[230] CHAN K H, WU D H. Aggregate quasi rents and auditor independence: evidence from audit firm mergers in China [J]. Contemporary Accounting Research, 2011(1): 175-213.

[231] DECHOW P, SLOAN R, SWEENEY A. Detecting earnings management [J]. The Accounting Review, 1995(2): 193-225.

[232] 张奇峰. 政府管制提高会计师事务所声誉吗?——来自中国证券市场的经验证据 [J]. 管理世界, 2005(12): 14-23.

[233] 陈胜蓝,马慧. 会计师事务所行业专长、声誉与规模经济性的传递效应 [J]. 审计研究,

2013(6): 84-92.

[234] DECHOW P, GE W, LARSON C R, et al. Predicting material accounting misstatements [J]. Contemporary Accounting Research, 2011(1): 17-82.

[235] PALMROSE Z, RICHARDSON V J, SCHOLZ S. Determinants of market reactions to restatement announcements[J]. Journal of Accounting and Economics, 2004(1): 59-89.

[236] LENNOX C, WU X, ZHANG T Y. The effect of audit adjustments on earnings quality: evidence from China[J]. Journal of Accounting and Economics, 2016(2): 545-562.

[237] WANG Q., WONG T J, XIA L. State ownership, the institutional environment, and auditor choice: evidence from china[J]. Journal of Accounting and Economics, 2008, 46(1): 112-134.

[238] CHEN H, CHEN J Z, LOBO G J, et al. Effects of audit quality on earnings management and cost of equity capital: evidence from China[J]. Contemporary Accounting Research, 2011(3): 892-925.

[239] DEFOND M, WONG T J, LI S. The impact of improved auditor independence on auditor market concentration in China[J]. Journal of Accounting and Economics, 1999(3): 269-305.

[240] HAMBRICK D C, MASON P A. Upper echelons: the organization as a reflection of its top managers[J]. The Academy of Management Review, 1984, 9(2): 193-206.

[241] GUL F A, WU D, YANG Z. Do individual auditors affect audit quality? Evidence from archival data[J]. The Accounting Review, 2013(6): 1993-2023.

[242] LENNOX C S, WU X, ZHANG T. Does mandatory rotation of audit partners improve audit quality? [J]. The Accounting Review, 2014(5): 1775-1803.

[243] HATFIELD R C, JACKSON S B, VANDERVELDE S D. The effects of prior auditor involvement and client pressure on proposed audit adjustments[J]. Behavioral Research in Accounting, 2011(2): 117-130.

[244] SHIPMAN J E, SWANQUIST Q T, ROBERT L. Propensity score matching in accounting research[J]. The Accounting Review, 2017(1): 213-244.

[245] KE B, LENNOX C, XIN Q. The effect of China's weak institutional environment on the quality of Big Four audits[J]. The Accounting Review, 2014(4): 1591-1619.

[246] LI L, QI B, TIAN G., et al. The contagion effect of low-quality audits at the level of individual auditors[J]. The Accounting Review, 2017, 92(1): 137-163.

[247] KNACK STEPHEN. Social capital and the quality of government: evidence from the States[J]. American Journal of Political Science, 2002(4): 772.

[248] CUMMINGS L L, BROMILEY P. The organizational trust inventory: development and validation[C]//R. M. A. T. Kramer. Trust in organizations. London: Sage Publication Inc., 1996.

[249] ZUCKER L G. Production of trust: institutional sources of economic structure[J].

Research in Organizational Behavior, 1986(2): 53-111.

[250] CHOI J H, KIM J B, QIU A. A., et al. Geographic proximity between auditor and client: how does it impact audit quality? [J]. Auditing: A Journal of Practice & Theory, 2012(2): 43-72.

[251] 刘文军. 审计师的地理位置与审计定价策略[J]. 财经研究, 2014(9): 122-133.

[252] 张俊民, 胡国强. 高管审计背景与审计定价: 基于角色视角[J]. 审计与经济研究, 2013(2): 25-34.

[253] TSAI W, GHOSHAL S. Social capital and value creation: the role of intrafirm networks [J]. Academy of Management Journal, 1998, 41(4): 464-476.

[254] LIN N. Social resources and social action[M]. N. Y.: Cambridge University Press, 1998.

[255] UZZI B. The sources and concequences of embeddedness for the economic performance of organizations[J]. American Sociological Review, 1996(4): 298-674.

[256] HARDIN R. Conceptions and explanations of trust[C]//Karean S. Cook. Trust in Society. N. Y.: Russel Sage Foundation, 2001.

[257] 吴溪, 王晓, 姚远, 等. 从审计师成为客户高管: 对旋转门现象的一项案例研究[J]. 会计研究, 2010(11): 72-80, 97.

[258] 陈旭霞, 吴溪, 杨育龙. 审计师成为客户高管前对未来雇主的审计更宽松吗?[J]. 审计研究, 2015(1): 84-90.

[259] COHEN J, GAYNOR, AMOORTHY L M, WRIGHT A. The effects of audit committee ties and industry expertise on investor judgement[J]. Working Paper, 2017.

[260] 吴溪, 王春飞, 陆正飞, 等. 独立董事与审计师出自同门是"祸"还是"福"?——独立性与竞争—合作关系之公司治理效应研究[J]. 管理世界, 2015(9): 137-146, 188.

[261] COHEN L, FRAZZINI A, MALLOY C. Sell-side school ties[J]. The Journal of Finance, 2010(4): 1409-1437.

[262] COHEN L, FRAZZINI A, MALLOY C. The small world of investing: Board connections and mutual fund returns[J]. Journal of Political Economy, 2008(5): 951-979.

[263] CHAN H, LIN K, MO P. A political-economic analysis of auditor reporting and auditor switches[J]. Review of Accounting Studies, 2006(1): 21-48.

[264] LENNOX C S, PARK C W. Audit firm appointments, audit alumni, and audit committee independence[J]. Contemporary Accounting Research, 2007(1): 235-258.

[265] DEFOND M, ZHANG J Y. A review of archival auditing research[J]. Journal of Accounting and Economics, 2014(2): 275-326.

[266] LENNOX C S, WANG Z T, WU X. Earnings management, audit adjustments, and the financing of corporate acquisitions: evidence from China[J]. Journal of Accounting and Economics, 2018(1): 21-40.

[267] DURKIN. Developmental Social Psychology [C]//Hewstone, M. et al. Introduction to social psychology: a European perspective. Oxford: Blackwell, 2001.

[268] 戴亦一，肖金利，潘越."乡音"能否降低公司代理成本？——基于方言视角的研究[J]. 经济研究，2016(12)：147-160，186.

[269] 曹志耘，赵日新. 汉语方言地图集：语音卷[M]. 北京：商务印书馆，2008.

[270] 中国社会科学院. 中国语言地图集：汉语方言卷[M]. 北京：商务印书馆，2012.

[271] 刘文军. 审计师的地理位置是否影响审计质量？[J]. 审计研究，2014(1)：81-89.

[272] JENSEN K, KIM J M, YI H. The Geography of US auditors：information quality and monitoring costs by local versus non-local auditors[J]. Review of Quantitative Finance and Accounting，2015(3)：513-549.

[273] HIGGINS E, RHOLES W, JONES C. Category accessibility and impression formation. [J]. Journal of Experimental Social Psychology，1977，13(2)：141-154.

[274] FAN G, WANG X, ZHU H P. NERI Index of Marketization of China's Provinces[M]. Beijing：Economics Science Press，2003.

[275] FAN G, WANG X, ZHU H P. NERI Index of Marketization of China's Provinces[M]. Beijing：Economics Science Press，2010.

[276] POOL V K, STOFFMAN N, YONKER S E. The people in your neighborhood：social interactions and mutual fund portfolios[J]. The Journal of Finance，2015(6)：2679-2732.

[277] HECKMAN J J. Sample selection bias as a specification error[J]. Econometrica，1979(1)：153-161.

[278] 封志明，唐焰，杨艳昭，等. 中国地形起伏度及其与人口分布的相关性[J]. 地理学报，2007(10)：1073-1082.

[279] LIU Y, DENG W, SONG X. Relief degree of land surface and population distribution of mountainous areas in China[J]. Journal of Mountain Science，2015(2)：518-532.

[280] SIMUNIC D. The pricing of audit seervices：theory and evidence[J]. Journal of Accounting Research，1980(1)：161-190.

[281] FRIEDMAN R S, FORSTER J. Implicit affective cues and attentional tuning：an integrative review[J]. Psychological Bulletin，2010(5)：875.

[282] BENNETT G B, HATFIELD R C. The effect of the social mismatch between staff auditors and client management on the collection of audit evidence[J]. The Accounting Review，2013(1)：31-50.

[283] 张敏，童丽静，许浩然. 社会网络与企业风险承担——基于我国上市公司的经验证据[J]. 管理世界，2015(11)：173-187.

附录 A 审计职业声誉的有效性问题重点文献统计

主题	作者与年份	审计质量替代变量与模型	样本区间与大小	主要结论
国际四大相机抉择	Ke 等(2014)	盈余管理	1994—2008年,297个观测值	运用中国数据发现国际四大倾向于选择较低质量的审计师进行国内审计,论证了不同制度环境下的审计质量相机抉择现象
国际四大相机抉择	辛清泉和王兵(2010)	盈余管理、业绩控制指标的修正琼斯模型(Kothari,2005)		国际四大审计可能是导致A H 股公司盈余质量相比于A 股公司更高的一个重要原因,声誉机制可能是国际四大执业激励产生变化的一个动因
国际四大客户真实盈余质量	郭照蕊和黄俊(2015)	真实盈余管理REM	2007—2012年,9 991个观测值	国际四大显著抑制了上市公司的真实活动盈余管理,提供了更高质量的审计;而企业性质则起着重要作用,国际四大对国有上市公司真实活动盈余管理的抑制程度显著下降,且这一现象在央企上市公司中更为明显
国际四大客户真实盈余质量	李江涛和何苦(2012)	真实盈余管理REM	2008—2010年,1 018个观测值	国际四大会计师事务所审计的公司,真实盈余管理强度显著大于非四大事务所审计的公司
国际四大负向审计结果	袁知柱、王泽燊和吴粒等(2014)	股价波动性	2003—2011年,9 291个观测值	国际四大审计的上市公司的股价波动同步性与非四大审计没有显著差异,因此两者提供的审计质量差异不显著

· 164 ·

附录 A 审计职业声誉的有效性问题重点文献统计

续表

主题	作者与年份	审计质量替代变量与模型	样本区间与大小	主要结论
国际四大负向审计结果	郭照蕊(2011)	盈余管理;借鉴 Basu(1997)思想构建了关于盈余管理的稳健性模型	2007—2009 年,3 874个观测值	国际四大与非国际四大在审计质量上并不存在显著的差异;某些年度国际四大甚至比非国际四大更差
国际四大负向审计结果	刘运国和麦剑青(2006)	审计意见和盈余修正的截面琼斯模型;以事务所的规模作为审计质量的代理变量	2002—2004 年	四大会计师事务所与非四大的审计市场相比,两者在中国审计市场的审计质量没有显著差异
国际四大审计质量差异性结果	王永海和石青梅(2016)	上市公司存在(不存在)财务重述、违规处罚和操控性应计利润、审计人员对其出具的上市公司,审计出具"非标准审计意见"("标准审计意见"),是则为高审计质量,感则为 1,否则为 0	2000—2014 年,10 644个观测值	非四大会计师的公司风险承受与独立审计供给质量显著负相关,这表明我国高质量审计供给较为缺乏,而国际四大在遏制风险承受负向影响、提高审计质量方面的效果较好
国际四大审计质量差异性结果	李青原和周孜卓(2016)	可操纵应计利润、出具标准审计意见的概率和审计费用三个代理变量;Heckman 两阶段回归模型;同时,为随机调整影响模型设计中的影响因素,设计出 3 000种不同的模型比较匹配前和匹配后审计质量差异	2007—2013 年 A 股上市公司	以会计事务所出具标准审计意见的概率为代理变量,四大有显著高于非四大的审计质量;但以审计费用为审计质量的代理变量,两类会计事务所审计质量间并无显著差异

· 165 ·

续表

主题	作者与年份	审计质量替代变量与模型	样本区间与大小	主要结论
国际四大审计质量差异性结果	曾亚敏和张俊生(2014)	审计意见、盈余管理两个代理变量；回归模型中控制了样本自选择	2010年	非标准审计意见的概率作为审计质量的表征量，那么公司四大明显优于国际四大所；以客户企业财务报表的可控应计作为审计质量的表征量，那么国际会计公司成员所与国际四大或本土所均不存在明显差异
国际四大审计质量差异性结果	陈波(2013)	盈余管理、业绩控制指标的修正琼斯模型（Kothari, 2005）	2007—2010年，4 209个观测值	事务所分所的审计师对于重要程度性排序在前25%的大客户，更容易容客户管理层的盈余操纵行为，尤其是旨在增调盈余的操纵行为，但这一现象仅存在于非四大事务所中
国际四大审计质量差异性结果	王艳艳和陈汉文(2006)	会计稳健性和及时性(Basu, 1997; Ball, Kothari 和 Rob, 2000)	2001—2004年，4 482个观测值	四大审计的上市公司会计信息的透明度显著高于非四大审计的上市公司
国际四大审计质量差异性结果	王咏梅和王鹏(2006)	超额累积收益率 CAR	1998—2002年	市场更认可"四大"的审计质量，并且表现出认同的一致性；"四大"与"非四大"审计质量市场认同度差异明显受到不同时间段会计制度和市场格局变化因素的影响
国际四大审计质量差异性结果	漆江娜，陈慧霖和张阳(2004)	审计意见和盈余管理变量	2002年	"四大"审计收费显著高于本土事务所；经"四大"审计的公司每单位资产操控性应计利润额略低于本土事务所审计的公司，从一个角度说明"四大"在中国审计市场保持了较好的审计质量

附录 B 审计双方社会资本的互动功能与影响机理

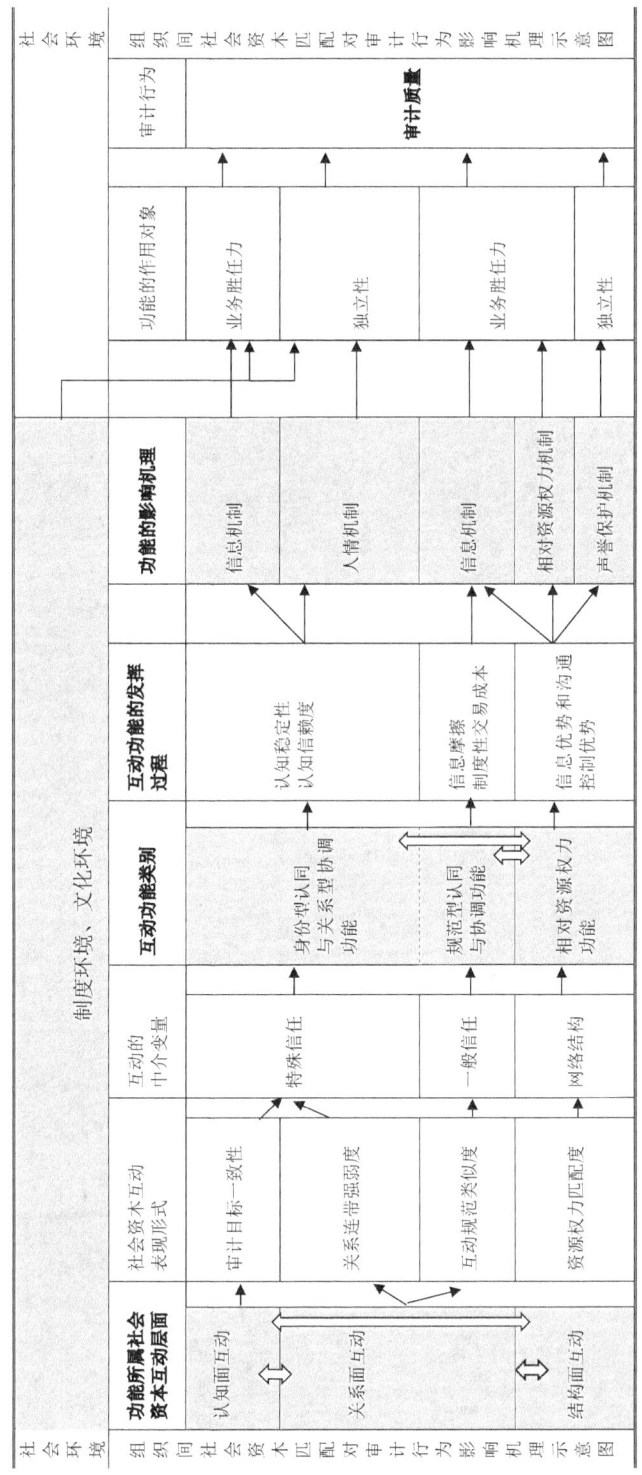